本书为国家社会科学基金重点项目『项目批准号：15AZX011』结项成果

本书获二〇二二年贵州省出版传媒事业发展专项资金资助

本书获贵州省孔学堂发展基金会资助

【阳明文库】学术专著系列

日本阳明学家经典著作译注与研究丛书　刘金才　主编

中江藤树《翁问答》译注与研究

左汉卿　译著

孔學堂書局

本书获2022年贵州省出版传媒事业发展专项资金资助
本书获贵州省孔学堂发展基金会资助

图书在版编目（CIP）数据

中江藤树《翁问答》译注与研究 / 左汉卿译著. –
贵阳： 孔学堂书局, 2023.5
（阳明文库.学术专著系列）
ISBN 978-7-80770-397-6

Ⅰ.①中… Ⅱ.①左… Ⅲ.①王守仁（1472-1528）
－哲学思想－研究－日本 Ⅳ.①B248.25

中国国家版本馆CIP数据核字（2023）第019425号

阳明文库（学术专著系列）
日本阳明学家经典著作译注与研究丛书　刘金才　主编

中江藤树《翁问答》译注与研究　左汉卿　译著
ZHONGJIANGTENGSHU WENGWENDA YIZHU YU YANJIU

项目执行：苏　桦
责任编辑：黄文华　陈　倩
责任校对：张基强
书籍设计：曹琼德
责任印制：张　莹

出　　品：贵州日报当代融媒体集团
出版发行：孔学堂书局
地　　址：贵阳市乌当区大坡路26号
印　　刷：雅昌文化（集团）有限公司
开　　本：889mm×1194mm　1/24
字　　数：248千字
印　　张：10.5
版　　次：2023年5月第1版
印　　次：2023年5月第1次
书　　号：ISBN 978-7-80770-397-6
定　　价：88.00元

版权所有·翻印必究

阳明文库

编辑出版委员会

主　任　卢雍政

副主任　谢　念　耿　杰

委　员（按姓氏笔画排序）

王大鸣　邓国超　代　乐　朱光洪　李　筑

苏　桦　夏　虹　谢丹华　蔡光辉　戴建伟

办公室主任　耿　杰

办公室副主任　邓国超　李　筑　苏　桦

学术委员会（按姓氏笔画排序）

顾　问　安乐哲　杜维明　陈　来　陈祖武

主　任　郭齐勇

副主任　顾　久

委　员

丁为祥　干春松　朱　承　刘金才　李承贵

杨国荣　肖立斌　吴　光　吴　震　何　俊

张学智　张新民　陆永胜　陈立胜　欧阳祯人

赵平略　姚新中　索晓霞　钱　明　徐　圻

董　平　蒋国保　温海明

总序

一、缘起

明代大儒王守仁(1472—1529)集心学之大成而创立的阳明心学,成就了中国儒家思想史上一个新的高峰,是中华传统思想文化的精华。阳明心学自16世纪初创立以降,其"门徒遍天下,流传逾百年"(《明儒学案》),形成了黔中、江右、浙中、楚中、闽粤、南中、北方、泰州八大王门学派,不仅在明代中后期"震动一世,而风行天下",对中国人文精神发展和近代思想的启蒙发挥了"震霆启寐,烈耀破迷"的作用,而且渐次传播到东亚诸国,被输入国基于自我文化自觉认知、吸纳、阐发和转化,诞生了一批批异域阳明学者和流派,著述浩瀚,言说纷呈,对传播、丰富、拓展阳明心学思想和促进东亚人文精神的发展做出了重要贡献。

特别是与中国一衣带水的邻邦日本,早在1513年,就有室町幕府(1336—1573)遣明正使、高僧了庵桂悟(1424—1514)在浙江拜会王阳明"辩空""论教",获得阳明所赠《送日东正使了庵和尚归国序》及其心学著作。了庵桂悟东归后开始了阳明心学的传播,于儒学被定为官方意识形态的江户幕府(1603—1868)治世初期,应运诞生了以"近江圣人"中江藤树(1608—1648)为始祖的日本阳明学。自17世纪40年代初中江藤树开办藤树书院、著《翁问答》《孝经启蒙》等而开创具有日本特色的阳明学流派,阳明心学的"心即理""致良知""知行合一""万物一体之仁"等核心思想和精神便在日本近世儒学者和中下阶层中不断传布。他们以"致良知"为宗,视"心"为"万物之本体",立"孝德"为"明德"伦理之核心,主张以良知为镜而慎独、自省和践行,以及反对泥古而强调"时·处·位"之权变等思想,尽管经历了"蕃山遭禁"(1687—1691)、宽正"异学之禁"(1787—1793)等坎坷,但一直薪火相传,学者辈出、著作层现,形成了独特的日本近世阳明学之谱系。

纵观继中江藤树之后的日本近世阳明学发展轨迹,各个时期都涌现出了具有代表性的人物、著作和受阳明心学影响的思想精神。例如在江户时代前期,既有阳明学主事功派代表熊泽蕃山(1619—

1691）及其《集义和书》和《大学或问》，亦有阳明学主内省派代表渊冈山（1617—1686）及其《冈山先生示教录》等。在江户时代中期，既有主张"致良知""知行合一"之旨为孔孟之正宗的三重松庵（1674—1734）及其《王学名义》，亦有被称为"外朱内王之学"的大阪怀德堂第一任学主三宅石庵（1665—1730）及其《藤树先生书简杂著》；既有以传播阳明学为使命而在日本最先注解《传习录》的三轮执斋（1669—1744）及其《日用心法》和《四句教讲义》等，亦有倡"致良知"之教、明"天地万物一体"之义的中根东里（1694—1765）及其《大人歌》和"人说"等。在江户时代后期，既有主张"朱王调和"的佐藤一斋（1772—1859）及其《言志四录》和《传习录栏外书》等，亦有开陈"良知、太虚"之哲学的贫民起义领袖大盐中斋（1793—1837）及其《洗心洞札记》和《儒门空虚聚语》等。幕末更出现了大力张扬阳明"万物一体"思想的吉村秋阳（1799—1866）及其《王学提纲》、农政家二宫尊德（1787—1856）强调"至诚即神·实行为先"的"报德思想"，以及藩政改革家山田方谷（1805—1877）贯彻"致良知"的"诚意本位主义"精神等。

正是这些日本近世阳明学家言说和思想的传承及其对社会大众的近代思想启蒙作用，使阳明学不但成为日本江户时代封建社会思想解体的催化剂，而且成了鼓舞吉田松阴、高杉晋作、西乡隆盛等幕末志士进行倒幕维新的思想武器和行为动力，为成就明治维新变革做出了重要贡献。到了日本迈向近代化的明治时代（1868—1912）中期，还以国粹主义者三宅雪岭出版《王阳明》、平民主义者德富苏峰出版《吉田松阴》为先导，兴起了阳明学复兴运动，《日本之阳明学》（高濑武次郎，1898）、《日本阳明学派之哲学》（井上哲次郎，1900）、《精神修养与阳明学》（岛有生，1902）、《阳明学神髓》（杉原夷山，1904）、《吉田松阴精神修养谈》（杉原三省，1909）等著作纷纷问世，阳明学不仅被用为抑制道德西化风潮，重铸日本"国民之道德心"和救治腐败、匡救时弊的良药，而且被井上哲次郎等日本近代知识精英定位为"代表心德的东洋道德的精华和东方哲学史的最重要构成部分"。由此可见，日本阳明学不仅使阳明心学的内涵和外延、价值和意义得到了极大的丰富和扩展，而且对日本的人文精神的发展、近代思想的发育以及近世以来的社会革新和进步产生了重要影响。

日本近世阳明学的主要人物和思想著述，在前述的明治阳明学复兴运动中，经日本国家主义汉学家高瀬武次郎在其所著《日本之阳明学》中强调中国"王学末流"吸收了阳明学"枯禅元素"，"日本阳明学"发扬了阳明学"事业元素"而形成了"凛然有生气，懦夫能立志，顽夫亦有廉风"之特质，成就了"维新诸豪杰的惊天动地之伟业"，而被正式定名为与"中国阳明学"相对应的"日本阳明学"。在高瀬著述的基础上，御用文人井上哲次郎出版《日本阳明学派之哲学》，较系统地梳理了从中江藤树一直到幕末吉田松阴等的"日本阳明学"谱系，强调"日本阳明学派成活泼之事迹，留赫奕之痕迹"，具有让国民"领悟陶铸日本国民之心性的德教精神"，从而基于日本国家主义和哲学思想史，构建了与"日本朱子学派""日本古学派"相并列的"日本阳明学派"之体系。日本近世阳明学的主要著作，也于日本明治三十四年（1901），由井上哲次郎、蟹江义丸编成《王阳明学之部》上、中、下三卷收入《日本伦理汇编》出版。第一次世界大战后岩波书店陆续出版的《日本思想大系》，也推出了《中江藤树》《熊泽蕃山》《佐藤一斋　大盐中斋》等专卷，使日本阳明学成为阳明心学在东亚传播和本土化的典型而备受瞩目，发展为日本思想研究乃至东亚思想研究的显学之一。

然而令人遗憾的是，上述日本近世阳明学家的代表性著作，在我国除了三轮执斋所注释的《标注传习录》（吴志远、李小希译，2014）外，至今没有一部原典完整地译注为现代汉语出版，也未见有人对其中一部原著进行完整解读和专门研究。这使中国大多不懂日文的学者在研究中只能使用日本阳明学的第二、第三手资料，参考经近代日本阳明学研究者解读和确立的观点，很难全面了解阳明心学在日本被容受、改造和发展的过程及内容，也很难确切地认识和把握日本代表性阳明学家的思想特色及其实践的特质。这种状况既严重影响着阳明学普世价值研究的深化和拓展，也有碍中国读者深入了解和认知日本阳明学，不利于提高国人对阳明思想文化普遍价值的认识。

为此，我们于2015年申报了国家社会科学基金重点项目"日本阳明学家经典著作译注与研究"（项目批准号：15AZX011）并获批，对6位日本近世最具代表性的阳明学家及其经典著作进行了中文译注和研究，于2021年2月以"良好"成绩结项。现经课题组成员进一步修改完善，冠以《日本阳明学家经典著作译注与研究丛书》之名出版，以期为弥补上述中国阳明学界的缺憾，进一步推动阳明学普世价值研究的深化和拓展提供有益的助力。

二、译注与研究的对象和目的、意义

（一）译注与研究对象的选取

迄今的日本学界，对于何为"日本阳明学"、何为"日本阳明学家"的范畴界定并非完全一致。其中既有专指"日本近世阳明学"之说，亦有指包括具有国家主义和民粹主义性质的"日本近代阳明学"之说，有的将近代直至现代日本有关中国阳明学和日本阳明学的研究统称为"日本阳明学"，极端者甚至将仅发表过一篇题为《作为革命哲学的阳明学》文章的现代日本著名右翼作家三岛由纪夫（1925—1970）也称为"日本阳明学者"。因此，我们选取日本阳明学家及其经典著作为译注与研究的对象，首先应明确"日本阳明学"和"日本阳明学家"的范畴及选取原则。

"日本阳明学"之说，发端于前述的高瀬武次郎的《日本之阳明学》，成型于井上哲次郎的《日本阳明学派之哲学》。井上提出的日本阳明学之范畴，在时间上界定在了日本近世（江户时代），在谱系建构上不仅包括了以中江藤树为首的日本近世阳明学的学者及其著述，而且包含了曾受阳明心学思想影响或倾慕阳明学的思想家和政治家及其言说等。其为主张日本阳明学较之于中国阳明学的"先进性"与"革命性"，彰显阳明学对于明治维新大业的贡献，将幕末开国论者佐久间象山、横井小楠、河井继之助，尊王思想家吉田松阴,倒幕维新志士高杉晋作、西乡隆盛等算不上阳明学者之人,也纳入了日本阳明学派的谱系。这不仅使"明治维新的成功有赖于阳明学""阳明学是明治维新的原动力"等说法风靡于世,也导致许多人往往以幕末阳明学来解释和定性日本阳明学(中国近代知识精英如梁启超、章太炎等人以及近现代学者张君劢、朱谦之等也多受此影响),以致有学者将井上建构的日本阳明学称为"日本国家主义阳明学",批评其有"政治化""历史后设"或"后见之明"之嫌。然而井上建构(有人称其为"塑造")的日本阳明学谱系,尽管具有明显的政治化乃至为近代日本国家主义服务的倾向,但其基本上是以扎实的文献史料为依据的,最大可能地囊括了从江户初期中江藤树到幕末云井龙雄(1844—1870)等的近70名阳明学者或关涉阳明心学的思想家和践学者,描述出了日本近世阳明学的主要历史形态,是迄今学界最详细、较有系统和被普遍接受的"日本近世阳明学谱系"。因此,我们对"日本阳明学家及其经典著作"的选取,仍然参考井上哲次郎的"日本近世阳明学谱系",将"日本阳明学家"的范围界定在日本近世尊崇、学研、阐发和著述阳明心学的儒学者。

我们知道,日本阳明学的生成发展历经德川时代260多年。在以"封建领主土地所有制""士农工商等级身份制"和"朱子学思想统治"为基石的幕藩体制下,朱子学成为代表武士阶级"武尊町卑""义理本位"价值伦理的官学,而阳明学则成了中下阶层"四民平等""情心本位(心本情主)"价值伦理的代表。日本阳明学的境遇,虽然未必像明治阳明学者吉本襄所说"一直受到严重压抑,几乎命悬一线"(《阳明学》第4卷第60号),但总体上处于"在野"的地位,经历了如下非常曲折的历程:中江藤树"由朱转王"创始,其弟子熊泽蕃山等继承发展,"蕃山遭禁"后三重松庵等坚守不懈,"元禄文化"(1688—1705年间以新兴町人特别是京阪商人为主体展开的,以重人性、合理性为精神特质的町人文化)高潮后三轮执斋等奋力中兴,宽正"异学之禁"后佐藤一斋等"朱王调和"论重构,幕末大盐中斋等革命性地再兴阳明学。因此本丛书对日本近世阳明学家及其著作的选择，遵循既要照顾日本阳明学纵向性发展历程，又要照顾其学术历史形态，集中反映其在各个阶段的思想特征之原则，选取了如下具有代表性的日本近世阳明学家及其经典著作为译注和研究的对象。

1. 日本阳明学派创始人中江藤树及其代表作《翁问答》，译注日文底本为山井勇、山下龍二等編：《日本思想大系29：中江藤樹》，岩波書店1974年版。

2. 日本近世初期阳明学主事功派代表人物熊泽蕃山及其代表作《集义和书》，译注日文底本为後藤陽一、友枝龍太郎編：《日本思想大系30：熊沢蕃山》，岩波書店1971年版。

3. 日本近世中期坚守阳明学代表人物三重松庵及其所著《王学名义》，译注日文底本为井上哲次郎、蟹江義丸共編：《日本倫理彙編　卷之二　王陽明學派》，東京育成會1903年版。

4. 日本近世中期阳明学中兴代表人物三轮执斋及其所著《日用心法》和《四句教讲义》，译注日文底本为井上哲次郎、蟹江義丸共編：《日本倫理彙編　卷之二　王陽明學派》，東京育成會1901年版。

5. 日本近世后期大儒、朱王调和派代表人物佐藤一斋及其所著《言志录》，译注日文底本为相良亨、溝口雄三校注：《日本思想大系46：佐藤一斎　大塩中斎》，岩波書店1980年版。

6. 日本近世末期阳明学再兴代表人物大盐中斋及其所著《洗心洞札记》，译注日文底本为相良亨、溝口雄三校注：《日本思想大系46：佐藤一斎　大塩中斎》，岩波書店1980年版。[①]

（二）译注与研究的目的和意义

译注与研究上述日本近世阳明学家的经典著作具有以下的目的和意义：

1. 本丛书所遴选和译注的七部日本近世阳明学家的日文原典著

---

① 译注日文底本图书信息保持日文原貌。

作，迄今没有一部译为汉语或进行中文编注而出版，因而本丛书的译注成果，不仅能为中国的阳明学研究者提供重要的研究资料和素材，而且能填补世界阳明学界译注领域的一个空白。

2. 本丛书所译注的七部著作，是自日本阳明学开创者中江藤树至幕末将阳明学再兴并付诸实践的大盐中斋之著作中最具代表性的经典著作。将其译为汉语和进行中文编注，不仅可以使不懂日文的中国读者全面了解和把握阳明学在日本被容受乃至本土化的过程及内容，而且有助于中国学者深入认知和研究日本阳明学的特质。

3. 本丛书所译注的七部著作，是最能体现日本阳明学者对中国儒学吸纳、阐发和践履的代表性著作，其汉译文本展现了日本阳明学在形成过程中对中国儒学各派思想及概念的容受轨迹及其基于自我实践需要而转化、创新的内容，这对于深化中国阳明学研究以及拓展阳明学普世价值的研究具有重要的学术价值和资料参考价值。

4. 本丛书各辑（卷）在中文译注所选著作之前，首先对作者的人生经历、人物性格及著述业绩，该著作的生成背景、成书经纬、思想精髓进行了基于时代背景和社会文化语境的评介，明确了其思想价值和译注意义。这对于中国研究者和读者详细了解和准确把握作者的言说特点和学问立场，确切地根据该著作的文化语境读解其思想内容和观点，深入地认识日本阳明学的思想特质具有重要的导读性意义。

5. 迄今，在有关日本阳明学的研究中，未见一项是对某部近世阳明学家经典著作的专门研究。本丛书各辑在每位阳明学家经典著作的译注之后，以"思想评述"为题，就每位作者的学问历程和思想形成轨迹，各部著作的核心思想内容及其与中国阳明学的渊源、异同、学术和实践价值、影响、历史作用等，进行了综合考察和较为深入地论析，阐明了各部著作的思想特征及其在日本思想史上的地位、学术价值与现实意义。这对于明确日本阳明学的品格特色及其在世界阳明学中的地位，深化和丰富国际阳明学研究不无裨益。

三、译注与研究的原则和方法

（一）和文类著作汉译和注释的原则和方法

1. 和文类著作汉译的原则和方法

本丛书收入的中江藤树著《翁问答》、熊泽蕃山著《集义和书》、三重松庵著《王学名义》、三轮执斋著《日用心法》及《四句教讲义》，均是近世日语著作，其所使用的文体，基本上是由中世日语向近代日语演变过程的"候文"体（日语文言文体）。因而在汉译作业中要求努力做到：（1）在坚持忠于原著的原则下，特别注意近世日语语法和词语的表述意义，做到确切把握原意而实现日汉书面语的等值转换，译成相应的汉语；（2）在争取译作与原作语义等值的前提下，使词、词组、句、超句体、篇章之间实现最大的等值转换；（3）运用日汉书面语的翻译转换规则，把具有体用对峙式的日语翻译成动宾平衡式的流畅汉语；（4）日文原著中的中文著作名、引文和用语的翻译和注释，尽量找到中文原典进行核定。

2. 和文类著作汉译中的注释对象和方法

和文类著作汉译中的注释，一律采用脚注形式，加注的主要对象和方法为：（1）对文中的"引经据典"注出其原典出处或原典内容；（2）中文读者不熟悉的日本专用术语或生僻词语，注明其义，并标明"译者注"；（3）中文读者较为陌生的典故、古代人物、历史事件、年号、地名等，添加注释；（4）无法译为确切汉语而直接用日文"汉字词汇"表达的词语，进行注解；（5）原文中由中文典籍译成日语后的同源词语，进行相应标注。

（二）日本古典汉文类著作译注的体例和方法

本丛书收入的佐藤一斋著《言志录》和大盐中斋著《洗心洞札记》，均是用日本古典汉文写成，其中夹杂了大量中文繁体字、异体字、日文特殊汉字以及各种不同文字、词义用法，故译注工作主要是对原著各条进行原文点校、难解词语注解和翻译为现代汉语。译注体例参考中华书局"中国古典名著译注丛书"之体例，设"原文（点校）""注解""今译"三个部分，主要对象和方法如下。

1."原文（点校）"部分的主要内容和方法：（1）按照中文古典通常的点逗方法对原文添加了标点；（2）原文中的中文繁体汉字皆改为现代汉语中常用简体字；（3）原文中日文特有写法的汉字，皆改为中文常用汉字写法；（4）现代汉语中仍沿用的部分古字予以保留。

2."注解"部分的主要对象为:（1）文中"引经据典"的原典出处；（2）中文读者陌生的典故、历史事件、名人别号等；（3）中文读者难解的日本专用术语或生僻词语；（4）关乎识解原文本义的概念性词语等。

3."今译"部分遵循忠于原著的原则，为准确表达原著之原义和体现原作文笔之风格，译文采取了文白夹杂的译法，尽量保留了部分现代汉语中常见的古汉语词句用法，而将较为晦涩、生僻的古文以及日式汉语古文部分译成现代汉语。

（三）对作家作品研究的理论和方法

1.援用历史学的理论和方法，对作者的人生经历、著述业绩、学问历程、思想形成轨迹以及本部著作撰著的时代背景和成书经纬进行了考察和评介。

2.利用文本分析的方法，从思想史角度，对各部著作的主要内容、所反映的核心思想内涵和特征进行了基于时代背景和社会文化语境的解读和分析。

3.援用比较哲学和比较文化学的理论和方法，对各作者作品的思想渊源和特质及其与中国阳明学的容受关系、异同、在日本思想史上的地位、学术价值和现实意义等进行了学术性评析。

四、丛书构成结构与主要内容

本丛书按日本阳明学创始、继发、坚守、中兴、"朱王调和"和再兴的发展轨迹，选取6名日本阳明学家及其7部经典著作进行了译注，由四辑共六个单元构成。每辑附有"总序"和"总跋"，每个单元由"作家作品述介""作品译注"和"作家作品思想评述"三个部分构成。

"总序"部分阐述了本丛书的缘起及目的、译注及研究的对象及意义，明确了对6位日本阳明学家的著作进行译注和研究的方法与体例，概述了各单元译注与研究的主要内容。各辑的主要内容如下。

第一辑：《中江藤树〈翁问答〉译注与研究》，由三部分构成。第一部分为"中江藤树生平与《翁问答》述介"，对日本阳明学创始人中江藤树的生平、人物性格及业绩，《翁问答》的生成背景、成书经纬、思想价值和译注意义进行了评介；第二部分为"《翁问答》译注"，对《翁问答》全书进行了汉译和注释；第三部分为"中江藤树《翁问答》思想评述"，对中江藤树由朱子学转向阳明学的心路历程、思想形成轨迹，《翁问答》的主要内容和思想精髓进行了深入地考察和分析，并通过考察中江藤树认知和阐发阳明学的视角和立场及其思想对于民众道德培育的影响，探究了他的阳明学思想与中国阳明心学思想的关系和异同，阐明了其人其书以"孝德"为本位，主张以良知为镜而慎独、自省，践行和强调"时·处·位"之思想特色，明确了其在日本思想史上的价值和对日本近世以来的道德教育的意义。

第二辑：《熊泽蕃山〈集义和书〉译注与研究》，由三部分构成。第一部分为"熊泽蕃山生平与《集义和书》述介"，对熊泽蕃山拜中江藤树为师求学、出仕从政、著书立说以及因反抗幕府被幽禁致死的人生经历，智、仁、勇品格，主要著述业绩，《集义和书》的撰写宗旨、成书背景和主要内容、价值进行了述介；第二部分为"《集义和书》译注"，对《集义和书》全书四卷——《书信问答》《心法图解》《始物解》《论义》进行了汉译和注释；第三部分为"熊泽蕃山《集义和书》思想评述"，对熊泽蕃山从学阳明学的心路历程、重视践履和强调"即知即行"及"时·处·位"之权变等思想的形成轨迹，《集义和书》的核心思想内容进行了较深入的考察和分析，并通过阐析熊泽蕃山阳明学思想的特质、其与中国阳明学的异同及其历史影响和作用，阐明了熊泽蕃山及其《集义和书》的思想特色，其人其书在日本思想史上的地位、学术价值与现实意义。

第三辑上卷：《三重松庵〈王学名义〉译注与研究》，由三部分构成。第一部分为"三重松庵与《王学名义》述介"，对三重松庵的人生经历，其古义学思想沿袭和邂逅王学的过程，《王学名义》的撰写宗旨、成书经纬、主要内容和译注价值进行了评介；第二部分为"《王学名义》译注"，对《王学名义》全书（上、下卷）进行了汉译和注释；第三部分为"三重松庵《王学名义》思想评述"，对松庵将古义学与王学相融合的思想形成轨迹、《王学名义》的思想内涵和精神指向进行了比较深入地考察和分析，并通过阐析三重松庵的核心思想与中国阳明心学思想的渊源关系和异同，明确了松庵及其《王学名义》视致良知及知行合一之旨为孔孟之正宗的思想特色，揭示了其人其书在日本思想史上的价值和意义。

第三辑中卷：《三轮执斋〈日用心法〉·〈四句教讲义〉译注与研究》，由四部分构成。第一部分为"三轮执斋与《日用心法》及《四句教讲义》述介"，对三轮执斋的人生经历、由朱子学转向阳明学的过程及著述业绩、《日用心法》和《四句教讲义》的成书经纬及其价值和译注意义进行了评介；第二部分为"《日用心法》译注"，对《日用心法》全文进行了汉译和注释；第三部分为"《四句教讲义》译注"，对《四句教讲义》全文进行了汉译和注释；第四部分为"三轮执斋《日用心法》及《四句教讲义》思想评述"，对三轮执斋的学问历程和思想形成轨迹，《日用心法》和《四句教讲义》的生成背景、主要内容和思想精髓及其学术价值和社会意义进行了综合考察和分析，并通过考析其阳明学思想与中国阳明心学思想的关系和异同，认为执斋阳明学的思想特色是将阳明心学与尧舜之传、孔孟之道相贯通，强调"执心"为"日用行仪"之功夫，"四句教"为本于人心本体之诚实而有正学脉、示学术、励学业之作用，从而揭示了其人其书对于日本近世中期阳明学中兴的作用和意义。

第三辑下卷：《佐藤一斋〈言志录〉译注与研究》，由三部分构成。第一部分为"佐藤一斋与《言志录》述介"，对佐藤一斋的人生经历、志学心路、著述业绩和学术品格，《言志录》的成书经纬、主要思想内容及其译注价值进行了评介;第二部分为"《言志录》译注",对《言志录》全书进行了点校、注解和今译;第三部分为"佐藤一斋《言志录》思想评述",对佐藤一斋的思想形成轨迹、《言志录》基于儒家工夫论的四大论域的主要内容和思想指归进行了深入细致的阐释和论析,阐明了一斋基于日本儒学自觉的立场而阐发儒家思想的学术特色,揭示了其将朱子学和阳明学进行调和的"朱王会同"思想指向。同时,通过考察和分析一斋生前身后的思想影响和作用,阐明了其人其书对于儒学思想史的重要意义和当代价值。

第四辑:《大盐中斋〈洗心洞札记〉译注与研究》,由三部分构成。第一部分为"大盐中斋生平与《洗心洞札记》述介",对大盐中斋的人生经历、思想沿袭、著述业绩、主要事迹及其历史影像,《洗心洞札记》的成书背景及其开陈"良知、太虚"之哲学的价值进行了评介;第二部分为"《洗心洞札记》译注",对《洗心洞札记》全书进行了原文点校、注解和今译;第三部分为"大盐中斋《洗心洞札记》思想评述",对大盐中斋的思想形成轨迹,《洗心洞札记》的主要内容、思想精髓和特质进行了较为深入的考察和分析,并将《洗心洞札记》作为王学在日本被继承和容受的一个案例,探讨了其开陈"良知、太虚"之哲学在对抗朱子学的新儒教中的历史地位,揭示了其学术价值及其对于当代的启示意义。

综上所述,热盼能为读者阅读和识解这套《日本阳明学家经典著作译注与研究丛书》提供有益的参考和助力。

刘金才

2022 年 7 月于北京

目录

第一部分 中江藤树生平与《翁问答》述介

一、中江藤树其人 / 002

二、《翁问答》述介 / 008

三、内容结构、参考文献及体例说明 / 014

第二部分 《翁问答》译注

序言 / 020

上卷之本 / 022

上卷之末 / 049

下卷之本 / 070

下卷之末 / 095

补遗篇一 / 133

补遗篇二 / 137

补遗篇三 / 142

跋文 / 144

第三部分 中江藤树《翁问答》思想评述

一、中江藤树思想形成轨迹 / 149

二、《翁问答》主要思想 / 160

三、中江藤树思想的价值和意义 / 187

四、结语 / 206

参考文献 / 211

附录：中江藤树年谱 / 213

总跋 / 225

第一部分 中江藤树生平与《翁问答》述介

一、中江藤树其人

（一）生平简介

据《藤树先生年谱》记载，中江藤树（1608—1648），讳原，字惟命，通称与右卫门。其父名为吉次，母亲为同郡人氏，姓北川，名市。藤树于庆长十三年（1608）三月七日出生在近江国西部的高岛郡小川村①的一户普通农家。关于其生涯的简介，最早见于藤井懒斋②所著《本朝孝子传》：

> 中江氏，姓藤，讳原，字惟命，号与右卫门。江州高岛郡小川人也。少读书，颇有所发明，其学，宗王伯安。凡本朝诸州之王学，惟命倡之也。有母，事之以孝。曾仕加州某侯于予州大洲城。欲迎母就近养之，母曰：吾闻妇人不越疆，岂有不愿守之者。惟命不逆。随请还职以归乡里。主吝其才，竟不许。惟命勃然曰：我虽不孝，岂能忍受一日因心系俸禄而旷于定省也。乃为一书，具陈不忍其母索居之意，留之，潜逃，随归隐小川，获其母之悦。时年二十又八，宽永某年月之事也。③

《本朝孝子传》中的简介偏重于其作为孝子的一面，而对其身为幕府藩臣和儒家学者的侧面介绍较少，在此仅将其一生发生明显变化的节点进行简单梳理。藤树四十一岁去世，其一生可谓短矣。然其短短四十一年的人生，却充满传奇色彩。在当时幕府规定不可擅自跨越"士农工商"阶层的制度下，藤树的身份却屡屡变更；在朱子学为幕府官学的学术生态下，他敢于质疑，勇于探索，走上对阳明心学的探索。

中江藤树的一生可以用下列三个大的节点来划分。

第一个节点，是中江藤树九岁时被祖父领养。

藤树被祖父收为养孙，将农家子弟身份改变为武士身份，远离

---

① 高岛郡小山村：今滋贺县高岛市安云川町上小川村。
② 藤井懒斋（1618—1709）：又名真边仲庵，筑后人，德川时代朱子学者。懒斋所著《本朝孝子传》成书于德川幕府第五代将军统治时期。
③ 子安宣邦：《江户思想史讲义》，（日本）岩波书店2013年版，第17—18页。

家乡亲生父母，在祖父身边接受武士教养，以期传承家业。从此藤树开始读书识字，据说其幼年时就表现出的过人才能令身边的人们大为惊叹。十一岁时开始研读《大学》，有所感悟，并把所学所感用于日常生活当中，每日吃饭的时候，都会细细体味父母之恩、祖父之恩、君主之恩，不敢有所忘怀。可以说，被祖父领养，是藤树获得读书学习的机会，发现自己对学问怀有浓厚兴趣的契机。

第二个节点，是中江藤树二十七岁时的"脱藩潜逃"。

中江藤树以武士身份继承了祖父的职位，并被要求履行其职责。尽管他挂念寡母，请求弃官还乡照顾母亲，但却迟迟得不到允许。他托人投递的辞呈，如泥牛入海毫无音讯，向委托人屡屡追问也毫无结果。但藤树去意已决，只好冒险潜逃。虽然《本朝孝子传》中轻描淡写地描述为"惟命勃然曰：我虽不孝，岂能忍受一日因心系俸禄而旷于定省也。乃为一书，具陈不忍其母索居之意，留之，潜逃，随归隐小川"，但事实上这种行为在当时被称为"脱藩"，是杀头之罪。所以虽然潜逃成功了，藤树还是很担心被主君派人追杀或被抓回去，特意在京都的友人家中躲了三个月，等事态完全平静后才动身返回故乡近江。《本朝孝子传》是在后世幕府大昌孝道的意识形态下撰写的，对藤树脱藩的行为属于对主君不忠的性质竟无半点指责。不得不说，在这件事上中江藤树是幸运的。脱藩成功，才有了后来的"藤树先生"。

第三个节点，是中江藤树三十七岁前后思想上的转变。

从《藤树先生年谱》可以看出，藤树在三十四岁以前，其学问重点是朱子学，思想上一直恪守朱子学的格法套路，并自创带有宗教主义的修习仪式。然而总是有思想不通的地方，他渐渐对朱子学产生了怀疑。后来他接触到王阳明弟子王畿[①]的《王龙溪语录》，发现阳明心学与朱子学的不同，从而对朱子学产生了质疑，而且很认同王畿的思想。后来在他读了《阳明全集》后，更加确认了这一点，"读之，此前种种感悟皆得印证，甚为喜悦"，思想上豁然开

[①] 王畿（1498—1583）：中国明代思想家，字汝中，号龙溪，学者称"龙溪先生"，绍兴府山阴（今浙江绍兴）人，师事王阳明，继承了王阳明心学但加以改造、发挥。后世认为其学将阳明心学之"良知之说"引向禅学。王畿为"王门七派"中"浙中派"创始人，其生平著述、谈话，被后人合辑为《王龙溪先生全集》，传入日本的《王龙溪语录》名为"语录"，实为文集。

朗，发生根本性转变，开始转向阳明学，并对之前自己的讲学和著书都进行了反思，"颇悔其所著原人持敬图说等之论未莹"[①]，甚至着手对《翁问答》进行修改。其后就专心研究并实践阳明学，直到四十一岁时因病逝于家中。

中江藤树既是江户时代的一名儒学家，也是日本阳明学的奠基人，被世人称为"日本阳明学之祖"。在藤树的种种思想主张中，尤其重视"孝道"思想，并基于"孝德本体论"思想提出了超越身份等级差别的四民平等思想。这些内容不仅对武士阶层产生了影响，还广泛地渗透到农民、工商等阶层之中，使其获得了"近江圣人"之称号。因其常在藤树下讲学，故被世人称作"藤树先生"。

（二）人物性格

中江藤树常被评价为敏感且十分认真的人。在米子藩生活的六年期间，藤树一直在祖父家接受武士阶级的文化教育。十五岁时，祖父去世，藤树接替祖父的武士身份，开始了正式的公职生活。十八岁时，获知生父的讣告，虽然想要亲自返回故乡主持丧葬，但碍于武士身份和工作职责，最终未能如愿。祖父及父亲的相继离世，对青少年时期的藤树造成了不小的打击，而且此后藤树长期忍受孤独和压力，也对其性格的养成产生了一定的影响。

少年时的中江藤树性格敏感，外表看似严肃，内心实则脆弱。他对自己的行为举止要求极为严苛，不允许犯下丁点过失。据《藤树先生年谱》记载，无论是吃饭时的感恩，还是听闻家仆话语后的疑虑，抑或是在与朋友相处过程中的点滴过失，藤树都会一直耿耿于怀，展现了其少年时期认真刻板的一面，也与其企望自己能够端行无过、成就圣人的志向有关。稍稍长大后的中江藤树性格也不够圆滑，早期生活中不仅拘泥于朱子学的教条，在著书当中也对自己要批评的事物和人都很有针对性，言辞犀利，锋芒毕露。在面对同僚调侃其爱学习儒学的行为时，更是当场发怒反唇相讥，表现出了青年藤树极度敏感的性格和极强的自我保护意识。

[①]《藤树先生年谱》之"正保元年（1644）三十七岁"条。本书中所引《藤树先生年谱》的内容均出自岩波书店1974年刊行，山下龙二等校注的《日本思想大系29：中江藤树》，凡引是书只标注书名和条目。

成年后的中江藤树性格仍然偏于固执。藤树三十岁时，母亲劝其与妻子离婚，对此，藤树以"朱子学中并无此教诲"为由予以拒绝，体现了其严守朱子学教条的极度认真的性格。曾经传为美谈的"蕃山拜师"的故事，给藤树固执的人物形象染上了传奇色彩。故事最早见于明治时代畅销书作者村井弦斋所撰写、明治二十五年（1892）博文馆出版发行的少年文学第十四编《近江圣人》，说是旅途中的熊泽蕃山听说中江藤树学问渊博而品格高贵，就慕名而来拜师，藤树因为对方是武士，固辞不受。蕃山于其门前静坐三日不去，最终经藤树的母亲说情方得拜师。后来内村鉴三在《代表性的日本人》一书中写到藤树、蕃山见面的时候，采信了村井弦斋的情节设想，并加以心理分析："这两个倔人心里较劲了，比比谁态度更谦虚、谁心意更坚决、谁脾气更倔……"当藤树的母亲斟酌再三劝藤树收徒时，藤树就说："母亲说收下他是正确的，就应该是正确的。为师者让步，收该武士入门为徒。"[1]这些文学作品的描述在老百姓当中深入人心，是否为历史真相已经分不清楚，然而书中塑造的中江藤树性格固执却是完美孝子的形象，给当时的人们留下深刻印象。

一直到后来接触到阳明心学，藤树对学问有了新的见解，精神层面得到了充实和提升，性格才逐渐被磨平了棱角，成为一代大儒，被后世尊为"先哲藤树"，最终被誉为"近江圣人"。

总而言之，藤树的性格与当时的时代背景和其自身的生活经历都有着极大的关系。正因为其敏感，所以才能对朱子学及阳明学感悟到超于常人的心得；也正因为其认真执着，才能坚持对著书不遗余力地反复修改，留下多部优秀的著作。

（三）著述业绩

藤树四十一岁去世，但因勤奋好学且笔耕不辍，短短一生留下不少优秀的文章和著作。

他二十七岁之前在大洲期间的著作主要有：二十一岁（1628）时通读《四书大全》后而撰写的《大学启蒙》；二十三岁（1630）时有感于当时一个真实案例而撰写了《安昌弑玄同论》；二十四岁

---

[1] 内村鉴三：《代表性的日本人》，（日本）岩波书店2000年版，第127页。

(1631)时针对林罗山出仕幕府而撰写了《林氏剃发受位弁》。

藤树成功潜逃回家乡后，一开始是通过做一些小生意谋生的。与此同时通过各种方法途径学习儒家经典，几年后开始开馆授徒，应所收弟子的资质或特殊需求而撰写不同类型的作品，如为了教育智力有缺陷的弟子学习医术而撰写了《捷径医筌》。

流传后世较为有名的《原人》及《持敬图说》等文章，也撰写于藤树三十一岁时。翌年（1639），藤树为自己的私塾撰写了《藤树规》及《学舍坐右戒》，同年冬天，为学生讲解《论语》，从而执笔写下了《论语乡党翼传》。根据井上哲次郎的考证，此书共三卷，卷首有"乡党一篇，书出夫子德光之影迹，以开示所以后学求得圣心之筌蹄"一句，表明藤树要以《论语·乡党》作为圣人的言行教育后世，为该篇做了浅显易懂的注解。[①]三十三岁（1640）时，因祭拜太乙神，打算撰写《大上天尊太乙神经序》，但却因病而辍。同年秋天，开始撰写《翁问答》。

正如藤树本人评价的，"《翁问答》之上卷乃吾阅读《孝经》受到启发而书写"[②]。不仅如此，翌年（1641）还专门撰写了《孝经启蒙》一书。同年，熊泽蕃山入其门下。在此期间，讲学内容主要是《孝经》，而思想上对自己一直以来拘泥于朱子学的格法主义有所醒悟，开始转向阳明心学。从此至三十七岁之间，著述主要针对入门求学者的诉求，撰写了《小医南针》《神方奇术》。三十八岁时，藤树打算把经书中的重要语句摘录出来加以注解，但也因病而未能如愿。四十岁时，《鉴草》刊行。四十一岁八月身故。

另有《大学解》《古本大学解》等，均是针对《大学》的注解，撰写年代不详，据考证是藤树晚期作品。因为对《大学》中重要概念的解释是朱熹和王阳明产生分歧的焦点，所以藤树在从朱子学向阳明心学转换过程中，特别注重对《大学》的考证。

还有一些撰写年代不详的作品，如《春风》一卷，根据井上哲次郎的考证，该书由"春风""辩惑立志""阴鸷之解""亲亲仁民爱物"等四篇组成，后于宽政四年（1792）由浪花书肆私改标题为

---

① 井上哲次郎：《日本阳明学派之哲学》，（日本）富山房1890年版，第28—29页。
② 《翁问答·跋文》。本书中所引《翁问答》内容均出自（日本）岩波书店1974年刊行，山下龙二等校注的《日本思想大系29：中江藤树》，凡引是书只标注书名和条目。

《劝善录》刻印。①其他一些书名不同但内容大同小异的著作，不再赘述。

藤树的作品被弟子和家人们收集整理后，归纳为文集，但世间流传有多种《藤树先生全集》《藤树先生全书》和《藤树全书》。根据井上哲次郎的考证，早年由冈田季诚编纂而成的三十五卷本《藤树先生全书》（写本）应该是最为正确的版本。该书由三轮执斋作序，序言中提道："先生（藤树）于江西小川讲道之时，季诚之父仲宾师而从之。……先生所著书籍、所写的信笺原本就多，但收藏于各家，散在于各地，没有人收集起来进行编纂。如《翁问答》《鉴草》《大学解》《中庸解》《孝敬启蒙》《医筌》《春风》等等，均已在书肆中刊印发行了。然而，其中多有未定之书，或不成之编，未见全书。"②因此，冈田季诚就到处收集藤树尚未被发现、出版的文稿，遇到有疑问的地方就去找藤树的儿子或藤树的弟子们询问核对，其过程中还遇到火灾烧失书稿，季诚不舍前功再次收集草稿，最终完成了这部全书。

另一本十五卷本的《藤树先生全集》（写本），由篠原元博等人编纂，特点是很多地方都加上了编者标注，以及对不同文字的考证，很有参考价值，可惜的是该全书的第一卷逸失不传。

还有一本十卷本的《藤树全书》，由志村巳之助、斋藤耕三编著，刊行于明治二十六年（1893）。藤树的学问被世间学者所知，大都是这套书的功劳，然而这套书也是遭到诟病最多的全书。经后世研究者考证，这套全书里面不仅文字错误百出，甚至"把熊泽蕃山的著作混进来，反倒把藤树的著名作品遗漏"③，比如《鉴草》这种在藤树在世时推荐出版的书竟然没有收录。

今天广泛使用的藤树全集，是加藤盛一、高桥俊乘等人编纂，昭和三至四年（1928—1929）由岩波书店发行的《藤树先生全集》。该版本是加藤盛一、高桥俊乘等人以及冈田季诚所编纂的全书和篠原元博所编纂的全集为参考，收录了中江藤书的著作以及相关资料，先于昭和三至四年（1928—1929）由藤树书院发行，后于昭和

---

① 井上哲次郎：《日本阳明学派之哲学》，第29—30页。
② 井上哲次郎：《日本阳明学派之哲学》，第32—33页。
③ 井上哲次郎：《日本阳明学派之哲学》，第33—34页。

十五年（1940）又加入补遗内容后，由岩波书店发行。几十年后仍被评价为"即便今天在内容上也是最值得信赖的版本"[1]，成为后世藤树思想研究者们赖以参考的重要文献。

中江藤树一生勤勉，不仅著述甚丰，对弟子们的教育更是全身心地投入。其门下弟子能人辈出，如熊泽蕃山、渊冈山、中川谦叔等人，他们或直接受藤树耳提面命，或从藤树的著述中汲取思想营养，并将其发展推广，为阳明心学在日本的传播起到巨大的推进作用，开创了独具特色的日本阳明学派，在日本哲学思想史上有着非比寻常的重大意义。

二、《翁问答》述介

《翁问答》是日本阳明学创始人中江藤树的一部代表性著作，该著作创作于其思想由朱子学转向王阳明心学的过程当中。中江藤树自幼修习禅佛及儒学，勤于思考，重视实践，并习惯于日常研习经典时，把自己的思考所得都记录下来，为其后期撰写著作打下扎实的基础。至于采用假托"翁"答弟子"体充"之问的著作形式，《翁问答》序言中有记："闻得有位名唤天君、人称明哲先觉者之老翁，便前往拜访之，操几杖而幸得谒见其人……言谈毫无世间俗儒傲慢之气，心中甚是敬爱，于是一旦有闲暇便侍其左右。翁之门下有位名体充之聪俊人士，平日常提诸多疑难问题而争论不止。吾虽在旁倾听，然心力所不及之处却难以铭记。唯将其中心有所悟之处回家以和文记录下来，以备遗忘。"由此可见，《翁问答》与藤树其他诸如《大学解》等注解儒家经典、记录学习心得的著作不同，是藤树把自己多年来在教学、学习过程中感到疑难困惑的地方，经过反复思考得来的思想精华汇聚起来，编撰而成的一部著作。

（一）成书经纬

根据《藤树先生年谱》记载，《翁问答》一书著于其三十三岁那年的秋天。当时藤树相继阅读了《孝经》和《性理会通》两本书

---

[1] 山下龙二等校注：《日本思想大系29：中江藤树》，第501页。

籍，对书中所讲颇有感悟，开始祭拜太乙神。

先生三十三岁那年夏天，读《孝经》，觉其意味深长。从此每早诵读不辍。其年，又读《性理会通》，深有体悟，由此每月初一，必斋戒后祭拜太乙神。盖古时，有天子祭天，士庶无祭天之礼。先生以此作士庶人祭天之礼，长行此祭不息。其后，此事因先生为妻服丧而中止。服丧期后，又因先生身体抱恙未能继续祭拜。①

从这个时期开始，藤树的思想在形式上带上了宗教主义的神秘色彩。同年秋天，藤树应有心向学的朋友们的请求，开始撰写《翁问答》。藤树在《翁问答》中，假借师翁与体充的问答来阐述自己的思想观点，全书在涉及命运、命数等思想的论述时，大多都带上了藤树所特有的宗教性诠释色彩。

秋，应予州朋友要求，著《翁问答》一书。完书后，自觉书中不合心意者颇多，想要重修此书，故即便在朋友间也并未广而示之。然而宽永二十年春，有梓人盗走此书稿并刊行。先生听闻此事，要求其停止刊行并毁之。其后，先生打算重新修撰此书，乃作《改正篇》。先生曰："上卷乃我读《孝经》所感，写就而成，所以其论尚为妥当。下卷乃是我忧愤世事，想要矫弊治乱之言，故其论不免有褒贬太过之误。因此吾欲先修改下卷。"于是修改了下卷数条内容，然而终因抱疾而未能完成。②

《翁问答》是中江藤树思想体系的代表作，采取问答形式，设定了老翁"天君"和弟子"体充"两人，就学习中的各种问题进行了提问和解答。虽然根据《藤树先生年谱》记载，藤树对《翁问答》一书的后半部分不太满意，想要好好修改一番，但最终因疾病所困，直到庆安元年（1648）抱憾离世时，仍未能把书稿修改到自己满意的程度。

---

①《藤树先生年谱》之"宽永十六至十七年（1639—1640）三十二至三十三岁"条。
②《藤树先生年谱》之"宽永十六至十七年（1639—1640）三十二至三十三岁"条。

藤树之所以对自己已经写成的书稿感到不满意，其原因并非仅仅担心"下卷……其论不免有褒贬太过之误"①，主要还是随着其对阳明心学的接触，思想认知上发生了根本性的变化。

藤树三十七岁时接触到《阳明全集》，读后思想上更向阳明学贴近。这部《阳明全集》对中江藤树晚年的思想产生了重大影响。据《藤树先生年谱》记载："其年，先生求得《阳明全集》。读之，此前种种感悟皆得印证，甚为喜悦。先生学问也日愈进益。"②这里所说的"此前种种感悟皆得印证"既包括其对朱子学的怀疑，也有对读《王龙溪语录》时产生的疑惑释然。《阳明全集》对藤树思想的发展转变起到了决定性的作用。这一时期的藤树在对阳明学思想的认识上，又有了不少新的理解，形成了自己独特的思想，从而意识到自己所撰《翁问答》中表达的思想有不如意之处。比如，《翁问答》中对阳明学的纲领性概念"良知"并没有展开论述，甚至"该使用'良知'之处，大抵以'孝德'或'明德'言之。特别是'致良知'一语，全篇未见使用。代之以反复使用'明明德'……毕竟其对阳明学的素养尚浅"③。中江藤树本人也对此颇有感触，"此书多有不称心之处，意欲修改之"④。但心有余而力不足，中江藤树最终因身体有恙未能对《翁问答》进行彻底修改，仅进行了一些补遗，也算是弥补了些许遗憾。

根据藤树门人中川氏对《翁问答》所作的《跋文》记载："出版《翁问答》实非先师本意。是故先师逝去后，《翁问答》被隐藏更深。然后今年（庆安二年，即1649）春天文稿再一次泄漏到梓家之手，最终被印刷出版。震惊之余取来阅读，却是当初之草稿，竟非上一版之再版。此版概为偷偷抄写之物，错字漏字情况颇多。故吾今日不得已将其详加考订，且编入前后之改正篇，并详述其事聊以明先师之志，再重新出版。"

至此，我们今天读到的《翁问答》，乃是经历上述曲折后才得以面世的作品。此书虽然没有按照著者意愿得以充分修订，但其上

---

① 《藤树先生年谱》之"宽永十七年（1640）三十三岁"条。
② 《藤树先生年谱》之"正保元年（1644）三十七岁"条。
③ 中江藤树：《翁问答解题并凡例》，《藤树先生全集》（第3册），藤树书院编，（日本）岩波书店1940年版，第7页。
④ 《藤树先生年谱》之"正保元年（1644）三十七岁"条。

下卷中表现出来的思想主张，正反映了藤树这位严谨勤恳的思想家在学问精进上的变化痕迹。该著作既是藤树思想进步的动态反映，也是江户时代日本思想家对中国儒家思想的理解和接受的具有里程碑意义的文献。

（二）内容简介

《翁问答》由以下部分构成："序言""上卷之本""上卷之末""下卷之本""下卷之末"，另加"补遗及跋文"。

"上卷之本"前半部分（1—15节）主要讲述"孝"。立意"孝"为至德要道，至大至广，充塞于天地，弥聚于人心，形式上却又有"君侯卿士庶"五等之分别，前四等都以社会责任为重，唯庶人之孝为"养"。基于圣人的五伦之教化，论说百善孝为先，五教孝为首，中江藤树在以中国儒家经典《孝经》为蓝本阐释各阶层"孝道"的时候，特意加上了针对武士、大名的"孝道"阐释。因此可以说，《翁问答》的上卷之本的前半部分是中江藤树为日本德川时代武家社会量身打造的"孝经"；后半部分（16—26节）集中论"伪学问"与"真学问"之区别、"俗儒"与"真儒"之区别，指出做"伪学问"的俗儒们和学僧们实为猖狂，而"真学问"却不是单纯的记诵词章之学问，即"真儒"为真正之学问，内涵更广更丰富。

"上卷之末"前半部分（27—39节），主要讲述文武一德、有勇有谋、智勇双全的人，才是真正有学问之人；后半部分（40—48节）则主要讲述学问与政治的关系、如何知人善用、如何明辨贤愚不肖等，借用万物生成规律解释世间福祸善恶等矛盾关系。

"下卷之本"通篇讲述武士当有之行为。前半部分（49—60节）讲述武士之真正学问。鉴于德川幕府以武治天下的宗旨，论述了武士做学问的艰难性。藤树分析了世人对学问的误解现状，指出当今世人所唾弃的皆非真学问，而是被俗儒矫僧们曲解、妖魔化了的伪学问。他们或食古不化过分耽溺，或隐遁逃避厌世闲居，令人对学问产生误解。而真正之学问，不拘泥于写字诵经，目不识丁者亦可"以心读心"，只要以圣贤的言行为准绳自行修炼，即为学问。而既然圣人已经制定经书遗世，教导人们修炼"文、行、忠、信"，就应该认真学习。具体而言，就是有条件的话应认真研习十三经，让自己成为具备文韬武德的人。继之（61—76节）以孔子为例，讲圣人该如何精通兵法,主张当代武士既应习得真学问,亦应修习武道,如此方能达到"德、才、力、运"兼备,从而战无不胜;并能辨识忠奸,选贤任能,善用财富,全士道之忠孝。

"下卷之末"前半部分(77—88节),主要是通过批驳几种佛教徒对儒学的误解而对佛教进行了批判。中间部分(89—93节)集中论述了"权"思想,首先指出了"权"的真正含义、用"权"之目的、世人对"权"的误解等,进而说明了"权道"对于圣人之妙用,主张初涉学问者当以"权"为目标而用工夫。最后部分(94—106节)在明辨"权"思想内涵之基础上,对当如何看待神儒佛三教之关系、如何看待名利、如何磨炼自己心性等问题进行了分析,认为"心学是从凡夫达至圣人之路径",而"全孝心法即是艮背敌应之心法",二者名称不同,实则同理。

补遗篇主要对三个方面进行了补充:一是重申儒学是文武兼备的学问,通过齐鲁之战中冉求的表现和季康子的反应,说明了孔门之学乃是文武兼修的学问;二是再次对"真学问""真儒"与"伪学问""俗儒"的区别展开论述,指出世人因看到俗儒所做伪学问而对真正的学问产生的误解,并重申了做学问对武士的重要性;三是对做学问的终极意义进行了探讨,指出世间最宝贵的是心之安乐,最痛苦的事情是心之痛苦,而能够让心"去苦得安"的唯一方法,就是学问。

(三)《翁问答》价值评述

根据《藤树先生年谱》记载,中江藤树对《翁问答》一书的初稿觉得不太满意,想要好好修改一番。但有出版者未经藤树同意就把该书付梓,所以成品之中错误颇多。中江藤树治学严谨,不肯让步,坚持对书稿进行了修订,但终因疾病缠身未能如愿修改,抱憾离世。后来遗稿又流入出版商之手,其门人只好帮助修订后于庆安三年(1650)重新发行。由此推知,中江藤树本人对《翁问答》这部书并不甚满意,然而尽管如此,《翁问答》还是得到了后世之人的高度评价。

首先是《翁问答》展示的藤树思想的独特性和完整性。

《翁问答》相较于早期激烈的"排佛"著作,其表现的对佛教的看法已经趋于谨慎,而对儒学的推崇,则不同于朱子学、古学派等的主张，已经有了以"孝"为核心概念的全孝思想体系，这一点使中江藤树的思想有了独特性。《翁问答》是中江藤树思想的基地，在这部著作中，中江藤树完成了"破"与"立"的思想构建。他开篇就提出了"孝"的概念，并宣称"孝"乃世间"至德要道"，是人要用心守护、身体力行加以实践的"灵宝"，而且强调"若以此宝物侍奉神明，神明当欣然受纳。以此治天下则天下平，以此治国则国治，以此齐家则家齐，以此修身则身正，以此守心则心明"。并指明世间万物无不在"孝"范畴之内，而实现"孝"的手段就是修"儒学"的"真学问"，由此展开对儒学以外学说的批判，同时构建了其"孝德"核心的儒学伦理框架。中江藤树抨击佛教，甚至批判道教，对当时日本武士阶层"重武轻文"的风习进行了深刻反思。同时，中江藤树通过《翁问答》辩明了何谓真儒学、真学问，对五伦、忠、勇、经、权等人伦思想加以辨析，强调了儒学思想要重视实践和实用价值，指出"死读书"不如不读书，真正的学问在于人心中，不识字的人只要心存真理，以圣贤的言行为准绳自行修炼，只要工夫到了，就能明悟。这一点可以说与王阳明的心学主张一脉相承。

其次是《翁问答》对日本阳明学来说具有的启蒙性和奠基性意义。

《翁问答》采取问答形式，设定了老翁"天君"和弟子"体充"两人，就学习儒家思想遇到的疑难问题进行了提问和解答，殊不知这些"疑难问题"正是理解儒家思想至关重要的核心问题，也是历代儒学家对孔孟思想的阐释容易产生分歧的地方。宋儒对汉儒的疑惑通过朱熹对儒家经典的注解成为定论，传到日本并在江户时代成为幕府推崇的官学，成为江户时代日本儒学者信奉的权威。而以阳明心学为代表的明儒对宋儒的疑惑和对孔孟思想的再阐释，传入日本伊始并没有产生很明显的反响，直到遇到中江藤树，才激起了思想的火花。中江藤树发现用阳明心学的思想能够解释自己一直以来的种种疑惑，甚至感叹自己当年撰写的《原人》等著作观点有不妥之处，值得庆幸的是《翁问答》还在撰写当中，理所当然地引进了许多阳明心学的思想。从这个意义上讲，《翁问答》既是阳明心学在日本开始传播的象征，又因撰写者中江藤树具有广博而深厚的儒学修养，使该著作兼具了日本儒学研究瑰宝和日本阳明学启蒙的基石作用。

最后是《翁问答》对于中日儒学对比研究的学术价值。

对于研究儒学思想的中国学者，《翁问答》具有非凡意义。通过一部《翁问答》，可以看到中国儒家思想在日本是如何被吸纳、本土化的，以及日本儒学家对中国古典是如何解读、如何用于教学的。江户时代日本儒学家的汉学修养水平空前之高，优秀的儒学者对大量中国经典非常熟悉，对经书的研读讲求循序渐进，直到完全掌握。中江藤树堪称其中的佼佼者，他不仅熟悉儒家经典，还研读过诸子百家的思想论著。《翁问答》中不仅对四书五经的引用有上百处，对中国诸代圣贤的思想也如数家珍、信手拈来，可以说是用儒学的一根脉络，串起了中国两千年思想文化精华的珍珠，是对中国儒学在日本传播、发展、演变等问题进行学术研究时不可多得的重要文献。

三、内容结构、参考文献及体例说明

（一）本书内容结构说明

本书"中江藤树《翁问答》译注与研究"的内容由以下部分构成。

第一部分为"中江藤树生平与《翁问答》述介"。该部分首先介绍了日本阳明学最为重要的奠基人中江藤树的生平及其人物性格和学术著述业绩，其次介绍了本书的译注作品《翁问答》的产生背景、成书经纬以及其思想价值和译注意义，最后对该著作的译注方式方法体例等进行了说明。

第二部分为《翁问答》译注。译注时，参考所选择底稿原有的内容结构划分方式，按照《翁问答》本身的设定划分为"序言""上卷之本""上卷之末""下卷之本""下卷之末"等加上"补遗（三篇）及跋文"。

第三部分为中江藤树《翁问答》思想评述。该部分设定了三节，第一节就中江藤树的思想形成轨迹进行了描述和分析；第二节对《翁问答》产生时代的思想背景及其所述内容的思想精髓进行了比较深入的考察和分析；第三节则以中江藤树思想为视角，探究藤树思想中阳明学部分对中国阳明心学的继承和发展，结语部分深入分析了中江藤树思想在日本哲学思想史上的价值和对中国阳明心学发展的重要意义。

另外，根据笔者研究需要，对《藤树先生年谱》也进行了编译，附录于本书最后部分，供广大藤树思想研究者参考使用。

（二）译注底稿及参考资料、注解说明

本译注之底稿采用的是岩波书店刊行的《日本思想大系29：中江藤树》，该版本于1974年第一次印刷、1982年第5次印刷，收录了中江藤树的文章《安昌弑玄同论》《林氏剃发受位弁》和著作《孝经启蒙》《翁问答》等，其中《翁问答》由山下龙二校注。该版本在"凡例"中指明，其所采用的《翁问答》底本为"庆安三年刊本（宫城县图书馆藏）"。同时，本书在译注时还参考了有朋堂刊行的《中江藤树文集》（1930年，武笠三校订），以及中央公论社刊行的《日本的名著11：中江藤树　熊泽蕃山》中的《中江藤树·翁问答》（1976年，山本武夫翻译的现代日文版本）。

另外，在注释《翁问答》并研究中江藤树思想过程当中，笔者还参考了以下书籍文献：岩波书店刊行的《藤树先生全集》（1940），博文馆刊行的少年文学第十四编《近江圣人》（村井弦斋著于1892年），岩波书店刊行的《近世畸人传》（伴蒿蹊著于1790年，森铣三校注于1978年），以及据传为中江藤树本人修改于天保二年（1831）的《翁问答》（东京书肆下善御成道英文藏梓）等文献。

关于注解范围和形式，笔者须进行如下几点说明。

首先，中江藤树的早期作品如《孝经启蒙》等是用汉文写成，而堪称其思想代表作的《翁问答》却是用和文撰写而成。因此本书工作重点在"译"，同时对文中的"引经据典"以及对中文读者不熟悉的日文专用术语加"注"。对山下龙二先生校注的《日本思想大系29：中江藤树》版本所标注的"头注"进行了核查，在忠实于原注基础上，进行了适当增删。

其次，对书中出典部分，凡是涉及中日历史人物、神儒佛三教经典故事，均进行了注解。《翁问答》虽然是一部儒家经典，但因其乃中江藤树在学习了以佛教为首的各家思想的基础之上撰写而成的著作，其知识领域不仅涉及神、儒、佛，还有不少涉及老庄思想、法家、兵家等诸子百家思想的地方。同时，中江藤树平生博览群书，其书中论理说教之处，常引用各种历史故事和神话传说，涉诸多真实历史人物和虚构的传奇人物及相关古文献。为让中文读者更好地读解《翁问答》，本书对上述情况均力所能及地进行了注解。此外，对原著中个别疑似中江藤树误用典故之处，也进行了考证和订正。

（三）本书体例
1. 译注部分章节设定

《日本思想大系29：中江藤树》《日本的名著11：中江藤树　熊泽蕃山》等版本在编《翁问答》一书时，将其划分为以下部分："序言""上卷之本""上卷之末""下卷之本""下卷之末"，并在其后附上了补遗篇及藤树门人撰写的跋文。本次译注亦采用以上章节划分形式，设为九个部分。

岩波书店刊行的《日本的思想大系29：中江藤树》版本在《翁问答》部分的"凡例"中指出，"其所采用的底稿'庆安三年刊本（宫城县图书馆藏）'中，每一组问答开始时，标注'〇'以示区分，本卷为解读方便，在其基础上添加上连续数字……"即第一组问答以"〇1"标识，第二组问答以"〇2"开始，直至最后。

而中央公论社刊行的《日本的名著11：中江藤树　熊泽蕃山》编者在《中江藤树　翁问答》部分的"凡例"中指出，"为方便读者辨识……采用把'体充问曰''师翁答曰'分别加粗的方式"，以区分每一组问答的开始和结束，并根据每组提问的关键词分别设立了小标题（个别问答组除外，下段详述）。

本次译注者为方便中文读者阅读并理解各部分的意义，借鉴并糅合了以上两种版本的章节分列法，将每一组问答设定为一小节，并用大写数字标示，而数字后标注上概括性小标题，帮助读者简要掌握该组问答的主旨。

《日本的名著11：中江藤树　熊泽蕃山》版本的《翁问答》部分，有些问答组未见有小标题，具体为：

"上卷之本"：十一、十八、二十四、二十六；

"上卷之末"：二十九、三十、三十二、三十六、三十七；

"下卷之本"：五十四、五十五、五十九、六十。

为保持体例一致，译注者在上述小节处根据每小节的中心思想补充了小标题。

2. 问答形式设定

岩波书店刊行的《日本思想大系29：中江藤树》在处理"体充"与"翁"的问答方式时，使用"体充曰""师之曰"；有朋堂文库刊行的《中江藤树文集》则使用"体充曰""师翁曰"的形式；中央公论社刊行的《日本的名著11：中江藤树　熊泽蕃山》现代文译文版中，则直接使用"体充：""师："，并辅以字体加粗的表达形式。

本书在借鉴以上诸家设定方式的基础上，综合考虑了中文表达习惯和"问答体"著作的常用表达形式，统一处理为"体充问曰""师翁答曰"的形式。

3. 年谱译注体例

本书后附《藤树先生年谱》为研究中江藤树的重要参考文献，在"作为藤树传记类编撰而成的文献当中最具可信性"[1]，根据藤树思想研究者考证，除了该年谱之外，还有其他诸如《藤树先生行状》《藤树先生事状》《藤夫子行状传闻》，甚至还有用汉文写成的《藤树先生年谱》等同名文献。但与这些文献相比，"且不说关于其家系子孙、弟子门人等人物事物，就藤树本人的事迹而言，大多是以本书为依据的。其所附加之本书以外事迹，很难信以为真。因此作为藤树传记类文献，本书作为最值得尊重的基本文献"[2]传世，具有很高的译注价值。

本书在译注《藤树先生年谱》时，根据年谱原稿的设定，除了第一条是藤树诞生年、标记为"先生诞生"之外，其他均为"先生×岁"。为方便读者阅读、使用，在时间的表记上进行了适当编译：（1）原稿编者仅使用了日本天皇年号纪年，译注时添加了西元纪年。如原稿为"元和元年乙卯"，译注为"元和元年（1615）"；（2）原稿编者在天皇纪元不变情况下不再重复使用纪元，译注时每一条都添加了天皇纪元年号。如原著为"二年丙辰"，译注为"元和二年（1616）"。

---

[1] 山下龙二等校注：《日本思想大系29：中江藤树》，第497页。
[2] 山下龙二等校注：《日本思想大系29：中江藤树》，第498页。

第二部分

《翁问答》译注

序言

　　吾自志学之年①始，即下定决心求得心守身行之正道，为此长年致力于研习禅门、佛门多种教派之教义。然而此类教义皆论议偏颇模糊，道理偏执委曲，且其教法于人伦日用毫无裨益，故入于儒教之门，求真教于四书五经。然而，尽管勤勉用心切磋琢磨②，仍不能举一反三③。如此等愚钝之辈，终究难以自得开悟，虚度光阴竟至立道之年④。此乃愚者误学忘却生性劣质所致，然而自己却疑惑是否因为未从师可做师范之人，寤寐思量世间是否有明哲先师。恰当此时，于友人处闻得有位名唤天君⑤、人称明哲先觉者之老翁，便前往拜访之，操几杖⑥而幸得谒见其人。

　　吾虽无伯乐⑦相马之慧眼，不能一见即察知其人品性之优劣，然观其举止颇有威仪，待人宽和谦逊，言谈毫无世间俗儒傲慢之气，心中甚是敬爱，于是一旦有闲暇便侍其左右。

　　翁之门下有位名体充⑧之聪俊人士，平日常提诸多疑难问题而争论不止。吾虽在旁倾听，然心力所不及之处却难以铭记。唯将其中心有所悟之处回家以和文⑨记录下来，以备遗忘。

　　如此经年累积，记录下来之条目已为数不少，亦感到似有些许

---

① 语出《论语·为政》："子曰：'吾十有五而志于学，三十而立，四十而不惑，五十而知天命，六十而耳顺，七十而从心所欲不逾矩。'"故而后代称十五岁为"志学之年"。
② 语出《论衡·量知》："（汉王充）曰：'人之学问，知能成就。犹骨象玉石，切磋琢磨也。'"古代把骨头加工成器物叫作"切"，把象牙加工成器物叫作"磋"，把玉加工成器物叫作"琢"，把石头加工成器物叫作"磨"。引申本义为学习上互相交流。
③ 语出《论语·述而》："举一隅，不以三隅反，则不复也。"后以"举一反三"谓触类旁通。
④《论语·为政》中的"三十而立"的"立"字，藤树解释为"立道"，故此处指年龄三十岁。
⑤ 语出《荀子·天论》："心居中虚以治五官，夫是之谓天君；财非其类，以养其类，夫是之谓天养。""天君"，指心，藤树在此借来用于虚构的先生"翁"之名。
⑥ 语出《礼记·曲礼上》："谋于长者，必操几杖以从之；长者问，不辞让而对，非礼也。"此处用于指向长辈求教。
⑦ 伯乐：中国古代传说中，天上管理马匹的神仙名伯乐。故人间也把精于鉴别马匹优劣者称为"伯乐"。最早被称为伯乐的是春秋时期秦国人，姓孙名阳，善于相马，人们弃其本名称之为伯乐。伯乐相马的故事见《战国策·楚策四》。
⑧ 语出《孟子·公孙丑上》："夫志，气之帅也；气，体之充也。夫志至焉，气次焉。故曰：持其志，无暴其气。"藤树在此以"体充"命名虚构的门生。
⑨ 江户时代许多儒学著作用汉文撰写，中江藤树的著作中亦多有以汉文撰写的，而《翁问答》用和文（日文）撰写，作为儒学者的核心著作而言较为少见，故在序言中特加以说明。

开悟,懂得了"心应守之身应行之"之大道。遂考虑如能将其成文,于世间亦如吾人一般愚钝求道之人,或许能为其工夫①上助一臂之力。故重新誊写,题名为《翁问答》,收入个人文卷之中。此文集言语粗鄙,文理龃龉,自知尚不足以乞求于君子斧正。②此文只是愚者本人所记而已,有违翁之本意之处在所难免。倘有读此文者,若能不以辞害志③,则吾之大幸也。

---

① 此文中"工夫"指修养、修行的方法。下同。
② 江户时代儒学者中有一种约定俗成的惯例,写成的文章著作一定要请当时公认的大学问家评阅,美其名曰"乞正",否则会遭到挑剔批评。例如猪饲敬所就批判大盐中斋写成《洗心洞札记》后未请他给予指正,就抨击其"有文意不通之处",说中斋"与佐藤一斋、朝川善庵等一样不乞正于余,故不削正一字……"。由此可见,日本阳明学者从藤树起,就开始抵制其他儒学者的学术风气。
③ 语出《孟子·万章上》:"故说《诗》者不以文害辞,不以辞害志。以意逆志,是为得之?"

上卷之本

一、至德要道①

体充问曰：人心本就不同，行为亦多种多样，其中是非混乱，该当何从？人之一生，该当以何道为受用之业？

师翁答曰：吾等身体之内，有曰至德要道之天下无双之灵宝者，此宝当为吾等心之所守、身之所行之要领。此宝上通天道，下照四海。故若以此宝物汇交于五伦②，则五伦之间均和睦无怨。若以此宝物侍奉神明③，神明当欣然受纳。以此治天下则天下平，以此治国则国治，以此齐家则家齐，以此修身则身正，以此守心则心明④。扩展之则可达于天地之外，内敛之则可退藏于密洗涤吾等心灵⑤。诚可谓神妙之极灵宝也。

是故，若善守此宝，天子可久拥四海之财富，诸侯可久享一国之荣华，卿大夫可兴盛其家，士人可扬名立万，庶民则可钱粮富足，安居乐业。反之，若丢却此宝，则会失却人间之大道；不仅失却人间之大道，亦将失却天地之道；不仅失却天地之道，太虚神化⑥之功亦将不复运行。因为太虚、三才、宇宙、鬼神、造化、生死等等，悉皆囊括于此灵宝之内也。追求并研修此灵宝，即谓儒者之学问。生而拥有此宝者，称之为圣人；通过学问而拥有此宝并心守之身行之者，称之为贤人⑦。孔子将此灵宝归纳为《孝经》，以求以此为明镜照亮万世之黑暗。然自秦代以来一千八百余年之间，鲜见有十分好学

---

① 语出《孝经·开宗明义章》："先王有至德要道，以顺天下，民用和睦，上下无怨。"
② 五伦：父子、君臣、夫妇、兄弟、朋友之间的关系。
③ 神明：智慧、伟大的神。语出《孝经·感应章》："孝悌之至，通于神明，光于四海，无所不通。"
④ 语出《大学》："古之欲明明德于天下者，先治其国。欲治其国者，先齐其家。欲齐其家者，先修其身。欲修其身者，先正其心。欲正其心者，先诚其意。欲诚其意者，先致其知。致知在格物。"
⑤ 语出宋儒程伊川对《中庸》的注释："放之则弥六合，卷之则退藏于密。"其中"退藏于密"一句源自《周易·系辞上》"圣人以此洗心，退藏于密"。
⑥ 语出张载的《正蒙·乾称》："太虚无形，气之本体，其聚其散，变化之客形尔。"
⑦ 语出《论语·季氏》："孔子曰：'生而知之者上也，学而知之者次也，困而学之又次也。困而不学，民斯为下矣。'"

而获得此灵宝者。如今时至大明朝，遵信推崇此经者为数众多。①大舜②因获拥此灵宝，出于庶民而贵升为天子。文王获拥此灵宝，乃至于侍奉天帝左右。③董永④谨遵此宝，娶得天上织女为妻，吴二⑤遵奉此宝，免受宿恶天罚之刑。自古以来此等灵验之事举不胜举。汝当好好信仰并受用之。

二、孝德之含义

体充问曰：此等灵宝，虽真心想求而拥有之，然此道过于弘大，岂吾辈之流所能企及者也？

师翁答曰：不可如此理解。正因其弘大，故令吾等均可触及。譬如日月之光，因其弘大，有目之人，均可视见。正因此宝弘大，故不分身份贵贱，男女老少，但凡有真心求之者，必成其善守遍行之道。此灵宝，在天为天之道，在地为地之道，在人则为人之道也。此宝原本无名，古之圣人，为教化众人，观其光景，名之为孝。自此以后，即便愚笨卑贱之人，亦闻知此名，然纵是高僧宿儒，见识卓然之人，亦鲜少有人能得其道理之真髓。是故世俗之人均以为孝乃浅近道理，仅为侍亲一事。孔子深以为憾，为扫万世心盲，将孝

---

① 明朝对孝经进行阐释的有朱鸿《孝经总类》、孙本《古文孝经说》、虞淳熙《孝经集灵》以及江元祚《今文孝经汇注》、黄道周《孝经集传》《汇注》等等。
② 大舜：上古五帝之一，姓姚，名重华。《史记·五帝本纪》载："天下明德皆自虞帝始。"这里的"虞帝"即指舜，又称"虞舜""帝舜""大舜"。因孝行著称，是天下"孝"之典范。
③ 语出《诗经·大雅·文王》："文王在上，於昭于天。周虽旧邦，其命维新。有周不显，帝命不时。文王陟降，在帝左右。"文王：专指姬昌（前1152—前1056），姬姓，名昌，周朝奠基人，其祖上封地在大岐，故称西伯侯，史称周文王。天帝：天神。
④ 董永：中国古代传说人物，二十四孝人物之一。其传说最早见于西汉刘向编《孝子传》，后出现在曹植《灵芝篇》和东晋干宝《搜神记》。《孝子传》只写到董永卖身葬父，赞扬其严格按照《孝经》"孝子之事亲"的居、养、病、丧、祭五大原则事亲的孝行。而"天女适嫁""助君还债"等故事则是后世续其孝行感动天帝降下恩赐的传说。特别是《搜神记》所记载的情节具体而完整，流传广泛。藤树此处说董永获此灵宝而得以"娶得天上织女为妻"，可见是受到《搜神记》等古籍影响。
⑤ 吴二：江西省临川县贫民，生卒年代不详，在中国广为流传的故事是"吴二事母尽孝免于雷劈"，多引自清人史玉涵编著《感应类钞》，民国时期改名为《德育古鉴》。此书完成于康熙九年（1670）前后，公刊于乾隆二十年（1745）前后，传入日本的途径和流传过程有待考证。藤树在书中反复提到"吴二因孝行而免去被雷劈的故事"，可见其所引"吴二"即出自此传说故事。

德释为神妙不可测、弘大深远、无始无终之神妙大道，并以《孝经》记之。孝德之真意感通①，可以"敬爱"②二字简明归纳之。爱者，真心诚意亲近之心也。敬者，恭敬长者，不轻慢欺侮晚辈之意也。孝譬如明镜③，映入镜中之物，根据各自形状颜色不同而成像各异，然而镜子本身并无不同。如此，反映于父子君臣之人伦，即便关系错综复杂，然则无不与爱敬之至德相通之处。

倘若扼要论之，首先举五伦为例，因爱敬父母乃感通之根本，故不变其本初之名，谓之孝行。其次，据此道感通之形态，可谓之以别名，以为示教之用。臣下以爱敬事君，忠心不二谓之忠；君以礼爱敬臣下，谓之仁；父母以爱敬谆谆教子，谓之慈；弟以和顺爱敬兄长，谓之悌；兄以尽善爱敬弟，谓之惠；妻以守正节爱敬夫君，谓之顺；夫以守义爱敬其妻，谓之和；诚心无伪爱敬朋友，谓之信。就人之身体而言，其耳之聪目之明，双手双脚皆恭重，以及行止坐卧之法则，无不为孝德爱敬之感通所使然也。因其为此日常切身之道德，故不论何等愚钝卑贱之男女，乃至膝头之幼小孩童，均可习得实行。然而无论何等圣贤之人，亦难以彻底行尽其至极全体。如此世间无二之要道、无双之重宝，却如"和氏之璧"④一般，不能昭然映照于世人，实乃可惜可叹之事也。

---

① 语出《周易·系辞上》："寂然不动，感而遂通天下之故，非天下之至神，其孰能与于此。""感而遂通天下"指有所感悟而同于天地。中江藤树在《翁问答》中把"感通"作为一个特定的词使用，表达孝德能够通过人伦感动天地神明，本书译介时鉴于特殊语境，保留"感通"一词用于表现中江藤树赋予该词的意义。
② 语出《孝经·天子章》："爱亲者，不敢恶于人；敬亲者，不敢慢于人。爱敬尽于事亲，而德教加于百姓，形于四海。盖天子之孝也。"
③ 用明镜譬喻心之本体，最早见于《庄子》，后世多见于禅宗。《传习录·答陆原静书二》中有语："其良知之体，皦若明镜，略无纤翳，妍媸之来，随物见形，而明镜曾无留染。"
④ 典出《韩非子·和氏》：楚人和氏得玉璞楚山中，奉而献之厉王。厉王使玉人相之。玉人曰："石也。"王以和为诳而刖其左足。及厉王薨，武王即位，和又奉其璞而献之武王。武王使玉人相之，又曰："石也。"王又以和为诳而刖其右足。武王薨，文王即位，和乃抱其璞而哭于楚山之下，三日三夜，泣尽而继之以血。王闻之，使人问其故，曰："天下之刖者多矣，子奚哭之悲也？"和曰："吾非悲刖也，悲夫宝玉而题之以石，贞士而名之以诳，此吾所以悲也。"王乃使玉人理其璞而得宝焉。遂命曰"和氏之璧"。

三、孝德之实行方法

体充问曰：迄今为止一直认为只要赡养父母即为孝行①。世人想法恐皆如此。今听先生教诲，方知孝者，乃是无心之内外，无上之妙理也。以何种方法才能守之行之？

师翁答曰：原本，所谓孝，是以太虚为全体，历经万劫②而无终无始。无无孝之时，无无孝之物。在《全孝图》③中，以太虚为孝之体段（基础），以天地万物为其中萌发之物。孝道乃如此宏大无边之至德，以至于万事万物无不具备其德。其中，人乃天地之德、万物之灵④，故人之身心具备孝德乃理所当然之事，因而可以之为立身⑤行道修养功夫之要领。

师翁曰：孝离身则孝不存，身离孝则身不在，故立身行道乃孝道之纲领也。以孝侍亲，即为立身行道之一事也。所谓立身，即吾身体发肤原本受之于父母，故将吾身视同父母之身，而不行不义无道之事。因认定父母之身即吾身，故无论如何亦当尽心爱敬之，他我无隔、立贯通孝道之一身。若论身之本源，即吾身受自于父母⑥，父母之身受自于天地，天地则源自于太虚。如此，吾身之本体即太虚神明之分身变化也。明了太虚神明之本体，不令其有失，即立身之谓也。明了太虚神明之本体，以所立之身，交于人伦，应于万事⑦，谓之行道也。如此立身行道者，孝行之纲领也。

师翁又曰：对父母尽爱敬之诚心，对君尽忠，对兄行悌，对弟施惠，对朋友止于信，对妻施义，对夫守顺，时时不言丝毫虚妄，

---

① 语出《论语·为政》："今之孝者，是谓能养。至于犬马，皆能有养；不敬，何以别乎？"
② 劫：佛教用语，表示极长的时间。万劫，意指永远。
③《全孝图》为明人虞淳熙（1553—1621）所作，收录于明人江元祚（？—约1641）编著的《孝经大全》。中江藤树于《孝经启蒙》一书中对《全孝图》有详细分析。
④ 语出《尚书·泰誓上》："惟天地万物父母，惟人万物之灵。"
⑤ 语出《孝经·开宗明义章》："立身行道，扬名于后世，以显父母，孝之终也。"
⑥ 语出《孝经·开宗明义章》："身体发肤，受之父母，不敢毁伤，孝之始也。"
⑦ 引自朱熹对《大学》"明明德"句的注解："明，明之也。明德者，人之所得乎天，而虚灵不昧，以具众理而应万事者也。"

细微琐事亦不行不义之举，视听言行①皆合乎于道，此谓孝行之条目也。故此，一举手一投足，均含有孝行之道理。人有千千万万之迷惑，无不因于私。私产生之根源，在于将吾身视为个人之物。因孝乃是能破弃其私心之主人，是故未悟得孝德本来真意之时，即便已然博学多才，亦不能称之为真正之儒学者。于其中愚钝不肖者，甚或可谓之为近乎禽兽之人也。

四、孝有五等②差别

体充问曰：言孝行有五等之别，此为何故？

师翁答曰：人按照尊卑分为五个等级。天子一等，诸侯一等，卿大夫一等，士一等，庶人一等，一共五等。

天子为统治天下之帝王，诸侯为治理领国之大名③。卿大夫领命于帝王或诸侯，参与治理一国或者施政天下。士即相当于武士，随从卿大夫担任施政之诸职。稼穑之人称为农，职人为工，商人为商，农工商三者均为庶人。孝德之本体虽贯通一体，然位阶不同而有大小高下，故为使后世凡夫俗子均可理解，分别阐明各位阶之与其本分相符之道理。譬如，孝德如大海，五等之位乃如器具④。以器盛装海水，虽然器具之大小方圆不同，然所盛之水则皆为水。古之圣人之时，世间五等之外无他，故只阐述五等之孝。

五、君恩与父恩相等

体充问曰：《孝经》之开宗明义章中，不说人伦，而先说事君之忠一节，此为何故？

---

① 语出《论语·颜渊》："子曰：'非礼勿视，非礼勿听，非礼勿言，非礼勿动。'"
② 《孝经》把人分为五个等级：天子、诸侯、卿大夫、士、庶人，并规定了每个等级的孝的详细条目。
③ 江户时代的"大名"概念主要指俸禄1万石以上，直接隶属于将军的武士。
④ 语出《周易·系辞上》："形而上者谓之道，形而下者谓之器，化而裁之谓之变，推而行之谓之通，举而措之天下之民，谓之事业。"

师翁答曰：君恩与父相等也。父生之，君食之，皆为保命之恩也。父为吾身之始，故以孝为根本。因其恩相等，故曰"中于事君"①，次于事亲，将孝德作为感通万事万物之例，兄弟、朋友、夫妇之道，无不包含其中。《孝经》之末篇中仅揭示事君之一义，亦基于此也。

六、天子之孝

体充问曰："天子之孝行"如何说？

师翁答曰：将爱敬之孝德彰显于天下者，天子之孝行也。先自明其德，立定万化之大本，爱敬贤人并拜之为宰相，爱敬善人，并酌其器量分别授予其不同官职，即便是小国之臣亦不轻侮、遗忘之，正确实施礼乐刑政②和学校教育，让天下人人皆兴起本心之孝德，各人利其利，乐其乐，如此爱敬万民，四海均为其德教所化，感受其德泽，家家出孝子，诸侯为忠良，天下一统而治，得万国喜乐之心，以之侍奉先王，此天子孝行之大概也。

七、诸侯之孝

体充问曰："诸侯之孝行"如何说？

师翁答曰：将爱敬之孝德彰显于其藩国者，诸侯之孝行也。③先自正其身心，毫不骄奢④，行为有节，端守持国者⑤之法，敬重家老大臣⑥，视一应臣下为自己身体一般，爱惜有加，绝无失礼之举，考

---

① 语出《孝经·开宗明义章》："夫孝，始于事亲，中于事君，终于立身。"
② 礼乐刑政：礼仪、音乐、刑罚、政治。语出《礼记·乐记》："礼以道其志，乐以和其声，政以一其行，刑以防其奸。"
③ 《孝经·诸侯章》中未见有关"爱敬之孝德"的说教。此处疑因藤树力倡"爱敬之孝德"并力图一以贯之故而阐发。
④ 语出《孝经·诸侯章》："在上不骄，高而不危；节制谨度，满而不溢。"
⑤ 有一国以上领土的大名。此处指德川幕府所属的所有大名。
⑥ 《中庸·问政章》中有"凡为天下国家有九经，曰：修身也，尊贤也，亲亲也，敬大臣也，体群臣也，子庶民也，来百工也，柔远人也，怀诸侯也。"大臣"指位阶高的臣子。

量臣下之志向以及其器量，赐之以出头①、奉行②等职位，公正施政，怜悯百姓，特别关照鳏寡孤独③等无依无靠者，以使举国臣民皆有欢乐之心，国家繁荣，社稷永保，并以此侍奉先君，此乃诸侯孝行之大概也。

八、卿大夫之孝

体充问曰："卿大夫之孝行"如何说？

师翁答曰：将爱敬之孝德彰显于其官位之职分者，卿大夫之孝行也。正其心，修其身，一切言行均为人之楷模④，说话谨慎毫无轻薄虚妄之言，一心思虑如何报效君主、天下、国家，胸中毫无谋一己利益之私欲。太平年代能为天下国家行安邦之大计，乱世时代，能任大将统领军兵，谙熟兵法运筹帷幄，建百战百胜之功⑤，以保其职位，守其宗庙，此乃卿大夫孝行之大概也。

九、士之孝

体充问曰："士之孝行"如何说？

师翁答曰：毫无二心，舍弃自身，始终保持爱敬主君之心⑥，安守各自职分，恭敬官长，诚实亲和同僚，待人温和诚恳，言行举止文雅，不落卑俗，心志行为唯义理是从，从不懈怠简要礼法艺能之

---

① 出头：幕府官职名，亦称"近习出头人"。江户幕府把将军近身使唤者称作"御近习出头"或"出头众"，指将军身边的帮手。
② 奉行：幕府官职名，始自镰仓幕府，著名的有丰臣政权的"五奉行"，德川时代的"三奉行"等，指在各自不同的岗位上执行相应的行政事务的人。
③ 语出《孟子·梁惠王下》："老而无妻曰鳏，老而无夫曰寡，老而无子曰独，幼而无父曰孤。此四者，天下之穷民而无告者。文王发政施仁，必先斯四者。"
④《孝经·卿大夫章》中对卿大夫的要求："是故非法不言，非道不行；口无择言，身无择行；言满天下无口过，行满天下无怨恶。三者备矣，然后能守其宗庙。盖卿大夫之孝也。"
⑤《孝经·卿大夫章》仅要求卿大夫的"法服、法言、德行"三者完备，并未提到掌握兵法统领军兵等孝行。
⑥ 语出《孝经·士章》："资于事父以事母，而爱同。资于事父以事君，而敬同。故母取其爱，而君取其敬，兼之者父也。故以孝事君，则忠；以敬事长则顺。忠顺不失，以事其上，然后能保其禄位，而守其祭祀，盖士之孝也。"

修炼，一旦身临战场或逢其君主官长遇险之时，则会显露不亚于樊哙①之勇武，建立战功，以确保其禄位并为后世祭祀，此乃士之孝行之大概也。

十、庶人之孝

体充问曰："庶人之孝行"如何说？

师翁答曰：农工商皆敬其业而不怠，积蓄财富谷粮，节约用度，身心谨慎，敬畏官方不违法度，以自身及妻小为第二，以保障父母衣食为第一，尽心竭力善待、赡养父母，备其所需，以使父母愉悦享受，此乃庶人之孝行者也②。

十一、唯庶人之孝为养

体充问曰：五等孝行中，唯有庶人孝行说的是赡养父母，是为何故？

师翁答曰：士之以上者均不缺财物，赡养父母之事自不必说。庶人财物匮乏，若不苦心竭力则食物衣服均不可能满足，故仅说教庶人赡养父母。于上述五等级别，均说教其孝行最重要处，道理相通也，须当好好体会之。

十二、孝之根本

体充问曰：听先生所言五等之孝，均不仅仅在于爱敬父母，还须当彰显孝德，专心勤勉于各自营生，此方孝行之本意乎？

---

① 樊哙（前242—前189）：西汉开国元勋，汉高祖刘邦的勇士。泗水郡沛县人，参加沛县起义，骁勇善战，颇有功勋，更因在鸿门宴上护主而闻名，历任大将军、左丞相，册封舞阳侯，谥号为武。
② 语出《孝经·庶人章》："用天之道，分地之利，谨身节用，以养父母，此庶人之孝也。"

师翁答曰：正是如此。毕竟，孝行之本义在于明明德①，故而心中生不应有之念均为不孝。如不应生气时生气，不应欢喜时欢喜，不应期冀时期冀，不应悔恨时悔恨，不应畏惧时畏惧等，皆乃不孝也。甚至一句谎言亦为不孝，更何况行不义无道之事。当死时不死，不应死时白白送死；贪取不该索取之物，不去索取当得之物以至于饥寒而死，如此等等，皆乃大不孝之行为也，当谨记于心。明了此等道理，并心守之身行之，即所谓儒者之学问也。世间做学问者虽多，然悟得此真意者鲜有也。

十三、关于五伦

体充问曰：吾已知五伦之道，然详细道理却尚未明白。全孝之心法②，乃日用之急务，愿闻其详。

师翁答曰：伦者，次第也。人之差别有五等，故谓之五伦。五伦之道常有，且无始无终，故亦称之为五典③。典者，常也。以五典教化世人者，五教④也。心中常备五典者，五常之性⑤也。亲与子，

---

① 语出《礼记·大学》："大学之道，在明明德，在亲民，在止于至善。"中江藤树在自己所著《明德图说》中阐发过："明德者，人之本心，天之所以与人，而人之所得以灵于万物者也。其体至虚至神，而具天地万物之理；其用至灵至妙，而应天下之万事；即人性之别名也。"
② 《全孝心法》传为明儒虞淳熙作、由明儒江元祚收于《孝经大全》，用作蒙学教科书。"全孝心法"主张人体与自然相通，人体既是父母之遗体，也是自然（天地）之遗体。故"保养遗体之法，不过驭气摄灵一事。驭气摄灵不过爱敬二字。爱之极为敬，敬之至为斋。斋戒洗心，到得浩然之气，塞乎两间，赫然之光，照乎四表，方才是个全孝，方才叫作孝子。这是极平极易极庸极常的道理。"中江藤树在《孝敬启蒙》中，结合《全孝图》对《全孝心法》进行了解读和诠释。
③ 五典之解释有两种：1.《尚书·舜典》："慎徽五典，五典克从。"孔传曰："父义、母慈、兄友、弟恭、子孝。" 2.《孟子·滕文公上》："父子有亲，君臣有义，夫妻有别，长幼有序，朋友有信。"藤树采取后者。
④ 语出《尚书·舜典》："帝曰：契，百姓不亲，五品不逊，汝作司徒，敬敷五教，在宽。"孔颖达疏："帝又呼契曰：往者天下百姓不相亲睦，家内尊卑五品不能和顺，汝作司徒之官，谨敬布其五常之教，务在于宽。""敬敷五教"是指对百姓进行五种道德规范教育。
⑤ 五常指"仁义礼智信"。关于"五常之性"，中江藤树曾撰文《五性图说》进行阐述。（《藤树先生全集》）大意为："性者，物之生理，心之主宰，道之形体也。其体段无声无臭，且灵妙而不可测，至诚而无息。本同人物得以所生者也。《中庸》里所谓'天命之谓性'者，即此意也，专为阐明人性。《大学》中所谓'明明德'亦即此意也，故统而言之，推断其妙用所发现之处，乃因其有五种之别也。五者因其作用不同而各自命名为'仁义礼智信'。此五者，万古不易之理也。故号'五常'。五者虽有名异，然原本为一体。譬如人体为一形而有四肢之不同。故性即五常，五常即性。朱子之所谓仁义礼智之性犹手足之形也。"

一伦也。君与臣，一伦也。夫与妻，一伦也。兄与弟，一伦也。朋友之交，一伦也。此即所谓之五伦也。人间之次第差别，尽在此五伦。世间不在人伦之内者，未之有也。亲慈而子孝，相互爱敬，亲之道也。君主施仁爱而臣下尽忠节，君臣交泰①，义之道也。夫义而妻顺，夫妻和合，别之道也。兄惠而弟悌，兄弟和睦，序之道也。朋友之交，真诚无伪，相互帮衬而亲和相处，信之道也。此亲义别序信五项，谓之五典。人之内心，具备仁义礼智信五常之性，此乃一身之主体也。此五常之性感通，成五典之道。父子之亲，仁也。君臣之义，即义也。夫妇之别，智也。长幼之序，礼也。朋友之信，即信也。五伦看似在外，故不明至理者则不以为五伦就在自己心中。此乃浅薄之迷惘也。天地万物，皆为神明灵光（天道天理）之中所造化，故我等心中之孝德若明，必通于神明，显于四海。由是，天地万物悉皆在于我之本心——孝德之内。迷惘者，以为其心仅在于自己身体之内，殊不知，其身根本乃心生之体也。故此，以开悟之眼观之，实则并无内外、幽明、有无之分别。将五伦之道视为外在并嫌弃之，将内外、幽明、有无均作二分之见者，乃形似悟之而实为迷茫也。

　　五伦之道，详细分别论之，当为五典十义②。首先，所谓"子之孝行"，乃人间百行之源，人伦第一之急务也。故，圣人将"父子有亲"置于五教之首而说之。若要弄清孝德之义，当先念顾父母之恩德。怀胎十月之间，母亲承受怀孕之苦，身陷十病九死之境，父亲为思虑如何保全胎儿、安稳发育，心中可谓愁苦万千。及至临产，母亲身体承受粉身碎骨之苦楚，父亲亦心急如焚、如坐针毡。倘若有幸母子平安，父亲则欣喜若死而复生，母亲身卧汗湿被褥之中，而将婴儿放于干燥寝具里，若婴儿尚未安睡母亲则不敢屈伸动静，即使浑身污垢亦无暇起身沐浴清洗，更无暇顾及衣着装束，心中所虑唯有其子之安详，盖无他念。倘若其子稍患病恙，则求医问神，甚或不惜以自身替代。哺乳三年③之间，父母之辛苦数不胜数。至入

---

① 语出《周易·泰卦·象传》："天地交，泰。后以财成天地之道，辅相天地之宜，以左右民。"
② 语出《礼记·礼运》："何谓人义？父慈，子孝，兄良，弟悌，夫义，妇听，长惠，幼顺，君仁，臣忠也。十者谓人之义。"
③ 语出《论语·阳货》："子曰：'予之不仁也！子生三年，然后免于父母之怀。夫三年之丧，天下之通丧也。予也有三年之爱于其父母乎？'"

学之年①，则为之求师，教其学道，修习艺能，以求其成为才德兼备之人。当其成长至应有家室之年②，则为其物色伴侣、成家立业、兴盛家业而操心。倘若其子才德优于旁人，得以幸福荣华，则不胜欣喜，心安释怀；倘若其子才德劣于他人，无幸福可言，则寝食难安、日夜哀叹。父母付出如此之慈爱、如此之苦劳，方才养育其子长大成人，其子身体之任何毫发，无不为其父母千辛万苦之厚恩所赐。父母之恩德，比天高，比海深。然此恩德超然弘大无比，竟使本心晦暗之凡夫俗子不仅不知回报，反是不曾考虑是否存在此恩德。但凡具备人之形态者，无论其是何等愚钝之贱男俗女，绝无不思报一饭之恩者。人之所以能思报恩，乃因其本心之中有孝德，之所以忘却思报父母之恩者，乃因其本心被"人欲"③之浮云所遮蔽，明德之日光变暗，其心迷失在黑暗之中。以上所说，仅为九牛一毛。吾等若体认父母之厚恩，将之与一饭之恩相比较，"人欲"之乌云自然消散。故应彰显明德之日光，无限开发欲报父母厚恩之本心孝念。以此一念为孝行之始，以《孝经》之圣谟为明鉴，则可享用立身行道之大孝。忘却昊天罔极之厚恩，心灵深处充斥黑暗，谓之迷惘。此等深度迷惘者，鸟兽不如也。乌鸦行反哺之报，羊羔行跪乳之敬，生之为人形者，当自愧不如。

今所概述心灵深处之迷惘，孝德之昏暗不彰之状，当为吾辈之戒。大凡迷惘之人，皆迷信富贵方为无上可贵之物，将获取财富当作第一愿望，故一味地追随、敬畏能带给自己财富之人，毫无节制。即使被恶言怒斥，亦能甘受其辱，不以为耻。然而却无视善待父母之事，稍被指责只言片语，便勃然大怒出言不逊，令人错愕无语。违背父母之命宠溺妻妾者有之，抛弃父母而娇宠儿女者有之。倘或父母慈爱不深，甚或偶有不义无道之处事，则恨之更且，视之若仇敌。

---

① "入学之年"：开始进入修习学问的年纪。中国古代一般认为八岁始修小学，十五岁始修大学。
② 语出《礼记·曲礼上》："人生十年曰幼，学。二十曰弱，冠。三十曰壮，有室。四十曰强，而仕。五十曰艾，服官政。六十曰耆，指使。七十曰老，而传。八十、九十曰耄……"
③ 语出《朱子语类》卷四："圣人千言万语只是教人存天理，灭人欲"，"学者须是革尽人欲，复尽天理，方始为学"。原本是二程的观点，由朱熹继承并固定下来，有"孔子所谓'克己复礼'，《中庸》所谓'致中和''尊德性''道问学'《大学》所谓'明明德'，《书》曰'人心惟危，道心惟微，惟精惟一，允执厥中'，圣贤千言万语，只是教人明天理、灭人欲。"等言论，故"存天理灭人欲"成为朱熹代表性观点。

追求财富、敬重并善待能带给自己财富之人，需要以明白自身乃是受父母之恩为前提。宠爱妻妾，乃满足我身之欲而享受欢乐者也；亲爱子女，乃是子女乃我分身之故也。若无此身，则无可承受财富之器，亦无享受妻妾欢好之物，更无可分血脉于子女之身体。财富、妻妾、子女，均为先有此身而后有之快乐。生我此身者，父母也。父母给予我身体，方可揽财富等外饰，享受妻妾之欢好，养儿育女以防老。是故，给予我财富之恩，根本乃是源自父母之恩。一切事物，无不关涉父母之恩者也。

父母之恩弘大无比，恩之大本也。故此，以爱敬父母为本，推而广之，及于爱敬人伦，端行大道，此谓之孝也，谓之顺德也①。忘却大本之恩，不爱敬父母反而去爱敬他人、报细枝末节之小恩，此谓之不孝也，谓之悖德也②。悖德之人，纵使才能超群，亦非真正之人，终将遭受神明惩罚。因父母少许不义无道之事在先而行不孝者，虽迷惘之凡夫视其为理所当然，然实则为迷惘中之迷惘也。如若其本为始终端守礼仪、情深义重之人，即便对于初见之路人，亦当视为骨肉亲人一般，报之以恩。虽然如此，倘若因父母对我慈爱情深和仁厚照顾而行孝，此等孝行乃易行境界之孝行，不足以称之为真正孝行。只有在父母待我不慈、甚或薄情寡义而行孝者，方为真正难得之孝子。大舜所行之孝③，即为此等，可堪体认。对昊天罔极恩德至深之父母，与不曾有丝毫恩德之路人，待之于同样之感情，实为浅薄之迷惘。此等深陷迷惘之人，定将遭受天罚，当惶恐慎之。

---

① 出《周易·升卦》："地中生木，升。君子以顺德，积小以高大。"
② 语出《孝经·圣治章》："故不爱其亲而爱他人者，谓之悖德。不敬其亲而敬他人者，谓之悖礼。"
③ 《孟子·万章上》详细记录了舜被其父与弟象欺负而全孝的故事。节录如下：万章问曰："舜往于田，号泣于旻天，何为其号泣也？"孟子曰："怨慕也。"万章曰："'父母爱之，喜而不忘；父母恶之，劳而不怨'，然则舜怨乎？"曰："长息问于公明高曰：'舜往于田，则吾既得闻命矣；号泣于旻天，于父母，则吾不知也。'公明高曰：'是非尔所知也。'夫公明高以孝子之心，为不若是恝，我竭力耕田，共为子职而已矣，父母之不我爱，于我何哉？帝使其子九男二女，百官牛羊仓廪备，以事舜于畎亩之中。天下之士多就之者，帝将胥天下而迁之焉。为不顺于父母，如穷人无所归。天下之士悦之，人之所欲也，而不足以解忧；好色，人之所欲，妻帝之二女，而不足以解忧；富，人之所欲，富有天下，而不足以解忧；贵，人之所欲，贵为天子，而不足以解忧。人悦之、好色、富贵，无足以解忧者，惟顺于父母可以解忧。人少，则慕父母；知好色，则慕少艾；有妻子，则慕妻子；仕则慕君，不得于君则热中。大孝终身慕父母。五十而慕者，予于大舜见之矣。"

孝行之条目虽冗余繁多，然归根结底可约为两条。第一条为行让父母之心安乐之事，第二条为爱敬赡养父母身体。为让父母之心安乐，必先自我修身、正心，成为品行端正之好人，勤勉于各自之营生事业，节约财物用度。如此，方能为父母解心中之忧，方可使子女免于陷入灾祸或贫困。并且，用心教化自家妻妾儿女，使家人皆对父母说话柔声顺气，爱敬有加。即便日常琐碎之事，但凡父母之命则绝不违殆，兄弟一族和睦相处。父母眼之所观耳之所闻，均顺心顺意之事，其心自然安乐。另外，各人须量力而行，尽各自之力，不顾辛苦，以自己与妻儿之用度为次要，举一家之美味之食、轻暖之衣供奉于父母，并和颜悦色，令父母身受之而心悦之。倘若父母染病，必为之求良医治疗，看护亦当尽心尽力不辞苦辛。如上，当为赡养父母孝行之大概也。

倘若父母有不义之过，亦应和颜悦色，柔声以谏①，以令父母感悟。若父母仍不能觉悟，则陈明是非利害而谏之。如若此令父母不悦乃至气恼，则须更加和颜悦色，表孝心、示敬意，决不忤逆父母之气恼。如此反复劝谏，抑或拜托父母之至交好友帮助劝谏，以保证父母不背道而明德。此为孝行之第一义也。

父母有天年之寿限，当无奈永别之时，则尽诚心哀悼，以礼法为葬，尽哀戚于丧②，建宗庙祠堂，事于祖先之灵，四时谷节忌日则尽诚敬而祭之，以尽合莫之孝③，此之方谓子之孝也。

父母怜爱子女，当以教其才艺、使之德才兼备为本。怜悯子女当下之苦，放任其随心所欲而育之，此可谓姑息之爱④也。所谓姑息之爱即舐犊之爱，如老牛舐舐小牛而育。姑息之爱貌似慈爱，却因放任子女随心所欲，致使其无才无德，近乎禽兽。此之结果，与憎

---

① 语出《礼记·内则》："父母有过，下气怡色，柔声以谏，谏若不入，起敬起孝；……父母怒而不悦，而挞之流血，不敢疾怨，起敬起孝。"这与《弟子规》的"亲有过，谏使更；谏不入，说复谏；号泣随，挞无怨"相应。
② 语出《论语·子张》："子游曰：'丧致乎哀而止。'"另外，《八佾》中也有"林放问礼之本。子曰：'大哉问！礼，与其奢也，宁俭；丧，与其易也，宁戚'"的记载。
③ 语出《礼记·礼运》："作其祝号，玄酒以祭，荐其血毛，腥其俎，孰其肴，与其越席，疏布以幂，衣其澣帛，醴盏以献，荐其燔炙，君与夫人交献，以嘉魂魄，是谓合莫。然后退而合亨，体其犬豕牛羊，实其簠簋笾豆刑羹。祝以孝告，嘏以慈告，是谓大祥，此礼之大成也。"
④ 语出《礼记·檀弓》："君子爱人以德，细人爱人以姑息。"

恶子女、将其引向歧途无异。而且吾等自身乃受之父母之分身，吾身亦即父母之身。将受之父母之我等之身分身为子女之身，则子女之身根本上亦即父母之身。不用心教育子女而致其误入歧途者，实为陷父母之身于恶道，是故，不严加管教子女者，乃大不孝之第一也。

兴家者，子孙也；败家者，子孙也。不教之以正道却要求其家业繁盛，即如同要求无足者行走。虽因子孙生来资质不同，教育方法难以一概而论，然先教其大道，使其明白本心之孝德，则是教育之根本。一个人无论其才艺如何超群，机缘如何幸运，在世人眼中如何风光，然若其性情怪僻，失却本心孝德，则必受天地鬼神之厌弃，虽能一时荣华享尽，但不过两代定会断子绝孙。即便子孙不断绝，若其人品无可取之处，先祖之心性在其身上无任何存续，则无异于无此子孙。迷惘之人，认为眼前之富贵荣华无比珍贵，而对于无始无终之至德灵宝则毫无所知。故耽溺于眼前之幸福，对其他无所追求，胡言是非颠倒本末，不知何为真正无比快乐之事，实乃浅陋之极也。

且说教育子孙，应以其幼小时为根本。古时候称之为胎教，于胎儿期间便有了母德之教化。如今之人不知至理，故以为人幼小时可不施教。此之迷误，源自于不知教化之真实而只知仅凭口头说教，即为教化之误也。根本真实之教化者，即德教①也。不是以口头说教，而是以自我立身行道而使其人自身发生变化者，方可称之为德教。即犹如水能润物而火能燥物一般。虽说因国土方位及风土环境不同，人之气质生来略有不同，然而就言语习惯而言，原本京都与乡野并无差别，但若自婴儿时期成长于京都，出生于关东之人亦说京都语言，若在关东长大，则生于京都之人亦操关东语言。可见婴幼儿之性情与操行，乃是耳濡目染其父母、乳母等人之性情操行所形成，故应以其父母、乳母等人之性情操行为子孙德教之根本。故此，选乳母应重其人品，父母亦当修身正心，言传身教全孝之道，以培养教育之根本。

童子至八九岁之时，天生聪慧者，当授之以《孝经》，并时常

---

① 语出《孝经·天子章》："爱敬尽于事亲，而德教加于百姓，形于四海。盖天子之孝也。"

为其讲解《孝经》之大意，以作为其悟道之基础。六艺[1]之中，应自急用之艺徐徐渐进教习之，专传才德兼备所需之教义。对天生愚钝、难以期望其成就德才兼备者，当不时为其讲说《孝经》中义理之道，专以教其不失孝德之本心而成为好人为目的。对于15岁以上少年的教育，关键在于教其如何选择师傅和朋友。至于其将来营生，则应根据其才能，考量其命运，结合其本职生计及其士农工商之身份而定。以上各项即为教育子女之大体方针。亲之慈与子之孝，皆天命本然、天生自然之亲情，故圣人将"父子有亲"之说教置于五教之始。

君主以仁与礼为使臣下之道。仁者，遵义理而爱人之德也。礼者，遵身份阶层之道理敬恕待人之德也。臣下有身份贵贱、官职大小等不同，君主使臣下之道理亦有各种不同，然归根结底不外乎仁、礼之二德矣。虽说"惟天地万物父母，惟人万物之灵"[2]，然而万民皆天地之子，尔我等生而为人者皆兄弟也。故而圣人曰"四海一家，中国一人"[3]也。将自己与他人相分，轻慢贱视他人，乃凡夫俗子迷惘之心也。虽因天生禀赋厚薄而成为主君或臣下，然应知原本为同胞骨肉之理，即便非我扶持[4]者，亦不应憎恶辱慢之；若为我之扶持者，更当礼仪周全深情厚待，不可轻慢待之，此道理显而易见。

大臣乃家之重镇，主君之心腹，故当高位厚禄封赏之，国家大事尽可委其处理，且必须敬之以礼，待之以深情厚谊。然而执行刑罚、赏赐之两大权柄，却断不可以授之。大臣以下之诸士，当根据其各自之位阶，严明各自应有之待遇，真情实意倚重，量其各自才能而善用之，对于尽忠有节之士，则依据其功勋之大小轻重，或予

---

[1] 语出《周礼·保氏》："养国子以道，乃教之六艺：一曰五礼，二曰六乐，三曰五射，四曰五御，五曰六书，六曰九数。"周朝规定的贵族子弟的教育体系。
[2]《周书·泰誓上》指出："惟天地万物父母，惟人万物之灵。亶聪明作元后，元后做民父母。"
[3] 此句恐非某一人所言。《礼记·礼运》中有"故圣人耐以天下为一家，以中国为一人者，非意之也，必知其情。辟于其义，明于其利，达于其患，然后能为之"。《论语·颜渊》中有"君子敬而无失，与人恭而有礼。四海之内，皆兄弟也"。另外，明朝王阳明在《大学问》中也有语："大人者，以天地万物为一体者也。其视天下如一家，中国犹一人焉。若夫间形骸而分尔我者，小人矣。"
[4] 扶持：江户时代结为主从关系时用语，即"给予俸禄收为家臣之意"。

以褒奖提升官职，或增加俸禄，以励群臣效仿。武士乃国之支柱，主君之爪牙，其信赖之心断不可失。而农工商者，则国之至宝也，更应眷顾厚爱，行使"利其利而乐其乐"[①]之政治，此为主君所行仁礼之大概也。

以忠事君，臣下之道也。忠者，惟以一心不二事君为念，勤于各自之职分，舍身奉公之德也。由于职位不同，奉公之事各有大小之差别，然而忠之心法相同。君之恩等同于亲之恩，同为厚重之恩也。故事君亦当如同侍亲之尽心尽力。亲之恩，生育我身之恩也。君之恩，给养我身之恩也。无父母则无我此身形，无主君则我身不得以养。两者均为保生命之恩，是故事君事亲即便舍弃生命，亦在道理之中。

大臣之忠节者，因其事大而称之为大忠，一般小臣之忠节者，因其事小而称之为小忠。即便主君所厌弃之事，倘若为国为家有益，当力谏之，劝谏主君务必实施；即便是主君喜好之事，但若非善事，亦当力谏之，劝谏主君务必放弃。为使主君之心志情操皆合乎于道、国家富强永世昌盛而殚精竭虑，丝毫不顾自身利益，坚守龙逄、比干[②]以死相谏之心。唯此以舍身事君为第一者，方可谓之大忠也，此乃家老、出头人应尽之忠节也。不分事情之是非善恶，唯主君命令是从，一心爱敬主君，舍身尽其职分者，谓之小忠。此乃身份卑微者之忠节也。若以军忠论之，则指忠心耿耿舍生忘死、守礼仪而重情义、胸以英雄之心统率军兵、运筹于帷幄之中、决胜于千里之外[③]、建百战百胜之功者，谓之大忠，此乃军中大将之忠节也；奋不顾身、冲锋陷阵、手刃敌人而取其首级者，谓之小忠，此兵勇之忠节也。

---

① 语出《大学》第三章："君子贤其贤而亲其亲，小人乐其乐而利其利，此以没世不忘也。'"
② 关龙逄、比干：夏、商两大忠臣，以死相谏夏桀殷纣。关龙逄（前1713—前1620）：生于廑19年，卒于后桀32年，中国历史上第一位明相，因为进谏忠言而被杀，享年93岁。比干：子姓，沫邑人，生于殷帝乙丙子之七祀（前1092年夏历四月初四日），卒于前1029年，幼年聪慧，勤奋好学，20岁就以太师高位辅佐帝乙，又受托孤重辅帝辛。商末帝辛纣王暴虐荒淫，横征暴敛，比干叹曰："主过不谏非忠也，畏死不言非勇也，过则谏不用则死，忠之至也。"遂至摘星楼强谏三日不去。纣问何以自恃，比干曰："恃善行仁义所以自恃。"纣怒曰："吾闻圣人心有七窍，信有诸乎？"遂杀比干剖视其心，终年63岁。
③ 语出《史记·高祖本纪》："夫运筹策帷帐之中，决胜于千里之外，吾不如子房。"

且说庶人，谓之"刺草之臣"①。生居此国国土得以从业谋生，乃仰仗主君之恩德也。是故，虽不享受其俸禄但亦为其臣下。遵守该领国之法度，勤勉于各自之职分，担负年贡劳役而不怠，衷心敬畏领主，此乃庶人之忠节也。君以仁礼之德使臣，臣守忠敬之道以事君。此君臣交泰之理，乃天命本然固有之义，故圣人将"君臣有义"列为五教之第二。

夫者，当以和与义教导其妻为道。和者，亲密和合之德也。义者，遵从义理判断是非，非道而不取之德也。大凡夫妻之间，由于耽溺于爱欲之私而缺乏道义之判断，致使父子兄弟骨肉之亲情断绝而结怨，甚或导致家破国亡者，自古以来数不胜数。其中亦有违背夫妇相处之道而行为做法不堪入目者。凡此种种，皆源于人心之迷惘也。

妻者，先妣之继承者也，②祭祀之助手、子孙相继之寓所也。若论人伦生生流转之本初，理当与其亲密和睦。然而，倘若失却义理之判断，一味耽溺于恩爱情欲之中，则必然家道紊乱，失却夫妻有别之常德。故而，以和与义二者并用而引导其妻者，方乃为夫之道。妻者，当以顺、正二德③为事夫之道。顺者，性情柔顺，言谈举止和颜悦色，即便是日常起居亦有温柔和顺之德也。正者，正确遵守义理礼法之德也。妻当以夫为天，以夫家为自己之家，因夫妇一体之理，当不以生身父母为父母，而以夫之父母为事，此乃圣人所定，不易之天则也。故，当以对公婆行孝德为顺正之第一。并守贞烈之德，勤于女工，礼仪端庄，听从丈夫指令，整理家务，养育子孙，和睦宗族，体恤下人，此妇德之大概也。

夫当从阳德而主外，彰显和义之德而教以其妻；妻则当从阴德主内，彰显顺正之德而顺从其夫。男女阴阳内外之别如此顺正无误，则父子兄弟子孙仆妾均得以和睦相处，全家和气一团。是故夫妇之道，以别为本。因此理乃天命之本然自然而成，故圣人说教将"夫

---

① 语出《仪礼·士相见礼》。中国古时候，凡是在国君面前的自称都要谦恭，士大夫都统称为"下臣"；退休的官员，如果居宅在国中就自称"市井之臣"，在国都之外的就自称"草茅之臣"；庶人则自称"刺草之臣"；其他国家的士大夫，则自称"外臣"。
② 母亲死后，让妻子接替亡母主持祭祀。这种古代传统思想可见于《仪礼·士昏礼》和《荀子·大略》中。
③ 语出《孟子·滕文公下》："女子之嫁也，母命之，往送之门，戒之曰：'往之女家，必敬必戒，无违夫子！'以顺为正者，妾妇之道也。"

妇有别"列为五教之第三。

弟者，以悌事兄为道。悌者，敬从之德也。对其他年长者、位高者，亦当遵从此道。即便他人，倘若其年长，敬而从之，理所当然也。况同为父母之分身，且先我而生为吾兄长者，更应敬而从之。

兄者，以惠引导其弟为道。惠者，"友""爱"二义之兼有者也。爱者，如亲之爱子，谓之诚恳亲睦也；友者，如与朋友切磋交流，教之道理而戒其错误，引其向善以彰显至德者也。与其他之年轻人或地位低下者相交，亦应如此。即对待他人，若其为年轻人则施之以惠，若其为地位低下者则予之以怜悯之深情，此乃理所当然也。况弟者，乃与自己同为父母之分身、分形连气[①]之人也，更应施之以友爱之惠。此道理浅显易懂，付诸实行亦非难事，然而且看世间迷惘之人，多有兄弟之间关系较之他人更疏远者，甚或有因为些许利益之争就结下仇怨者。此等不知兄弟乃分形连气之理、自身伤害自身之行径，实乃愚蠢之极，可悲可叹也。兄弟虽同为父母分身而生，然先后有序，兄为尊而弟为卑，此次序也。惠悌之道，乃以序为本而运行之理也，乃依上天所定次序自然而成之道也，故圣人说教将"长幼有序"列为五教之第四。

朋友相交，相互以信为道。信者，真诚无伪全义理之德也。朋友之交，虽有心友、面友之别，其情义之亲疏各异，然总归皆以信之道为根本。志趣相投、亲密相交者，谓之"心友"；虽不志趣相投，但或因世家姻亲，或因同乡邻居，或因同官同职等故，经常见面而致于亲近者，谓之"面友"。仅一面之缘者亦可称为面友。不论与心友抑或面友相交，虽有情义亲疏之分，但均应遵从亲疏有别之义理，恭于威仪，谦和有礼，以诚相待，且严守承诺，此乃信之道之大概也。

世俗之人常以为，不论是非善恶，凡我心中信以为真者，即为信也，此念乃大误也。即便不信以为真，然若合乎义理者，则信也。即便信以为真之事，然若有悖于义理，则为人欲之伪也。纵观世间人之交往，合乎信之道者极为罕见。但凡合乎信道之交者，乃是可

[①] 语出《颜氏家训》："兄弟者，分形连气之人。方其幼时，父母左提右挈……"意为兄与弟虽然在形态上是各自分开的个体，但两者均为父母的"气"的继承者，气是根本，兄弟之间在根本上是相互连通的。

以性命相托之交也。若有通财之义者，当可共同致富而无虞也。①是故，亦有为朋友报仇之说。②

心友之交，当以相互责善③而彰显至德灵宝为大要也。朋友者，彼此均以真实无妄之天道为父母而生，虽其外形观之为他人，而由道观之，则有同胞之理，故当守真实无妄④之信之道，以彼此为骨肉血亲。此乃天命本然使之，故圣人说教将"朋友有信"列为五教之第五。

十四、五教顺序之意义

体充问曰：圣人论五教之次序，可有用意？

师翁答曰：当然有深刻用意。父子之亲，乃万化之源，天序之本；君臣之义，乃立极之大义、明伦之主体也；夫妇之别，乃人伦化生之源，子孙相继之始也。此三者，于五伦之中乃为纲要，故称为三纲。亦由此，圣人论三纲为先。然则三纲之中，父子之道乃属天性，君臣之义亦包含其中。加之五伦之道皆孝行之条目，孝乃人极⑤之第一义，故圣人将"父子有亲"置于首位。而君恩等同于亲之恩，故将事亲之孝移于事君，则为忠节。加之君臣有义乃明伦之主体，故圣人将其置于第二位。夫妇有别虽亦重要，然而较之于君与父，则为卑下，故圣人将"夫妇有别"置于第三位。兄弟属于天伦之亲，骨肉同胞之爱厚重，故圣人将"长幼有序"置于第四位。朋友虽非同父母所生却为义气相投之兄弟，较之天伦同胞之亲分量稍轻，故圣人将"朋友有信"置于第五位。

然之所以将父子之亲置于首位而将朋友之信置于最后，乃是因

---

① 语出《论语·乡党》："朋友之馈，虽车马，非祭肉，不拜。"意为朋友送我车马我也不用拜谢，因为通财是应该的。但是如果是祭肉，则事关孝德，不得不拜谢。
② 语出《周礼·地官司徒》："主友之仇视从父兄弟。"《礼记·曲礼上》中有："父之仇弗与共戴天，兄弟之仇不反兵，交游之仇不同国。"
③ 语出《孟子·离娄下》："夫章子，子父责善而不相遇也。责善，朋友之道也。"
④ 语出《朱子语类·中庸三》："诚者，真实无妄之谓，天之道也。此言天理至实而无妄，指理而言也。"是朱熹对《中庸》的"诚者，天之道也"句的注解。
⑤ "人极"即"人道"，为人之道。周敦颐《太极图说》："太极，本无极也。五行之生也，各一其性。……圣人定之以中正仁义而主静，立人极焉。"

为圣人心中以孝为三极①之至要、百行之本源，为显示五典均为孝行，首先说教父子之亲，而要彰显孝德，则应以责朋友之善为助，故将朋友之信置于五伦之最后。曾子所言"以友辅仁"②，亦即此心也。总而言之，五教皆孝行之教也。然为喻凡夫俗子，则分之为五典十义。此至德要道、天地人三才一贯之心法，当好生受用之。

十五、狂者见解之谬误

体充问曰：今生现世为暂居之地，五伦之交尚且如虚无梦幻，而端行五典，亦无非梦中之营生，更何况此并非至德要道，故吾以为五典之外当有精进向上之道，先生以为如何？

师翁答曰：此乃听信狂者③之议论所生之惑也。狂者仅见道之皮毛而未悟到其真髓，却分生死、幽明、有无之差别而立教。圣人称此种破裂之见为异端④，谓之似是而非者也。

狂者之见，与凡夫之见相比，显得格外高迈，然以圣人之道观之，则极为浅薄。将妄念之产生与消亡称为"如梦"或"如幻"者尤甚。五伦之道，乃至诚无息无止⑤之孝德也，将之与妄念等同，说成"如梦如幻"，粗陋之谬误也，遗憾之至。夫孝德，以中和⑥为体

---

① 三极：天、地、人。同"三才"。
② 语出《论语·颜渊》："曾子曰：'君子以文会友，以友辅仁。'"
③ 语出《论语·子路》："子曰：'不得中行而与之，必也狂狷乎！狂者进取，狷者有所不为也。'"孟子也很认真地讨论过狂者、狷者的问题。《孟子·尽心下》万章问曰："孔子在陈曰：'盍归乎来！吾党之士狂简，进取，不忘其初。'孔子在陈，何思鲁之狂士？"孟子曰："孔子'不得中道而与之，必也狂狷乎！狂者进取，狷者有所不为也'。孔子岂不欲中道哉？不可必得，故思其次也。""敢问何如斯可谓狂矣？"曰："如琴张、曾晳、牧皮者，孔子之所谓狂矣。""何以谓之狂也？"曰："其志嘐嘐然，曰'古之人，古之人'。夷考其行，而不掩焉者也。狂者又不可得，欲得不屑不洁之士而与之，是狷也，是又其次也。孔子：'过我门而不入我室，我不憾焉者，其惟乡原乎！乡原，德之贼也。'"曰："何如斯可谓之乡原矣？"曰："'何以是嘐嘐也？言不顾行，行不顾言，则曰，古之人，古之人。行何为踽踽凉凉？生斯世也，为斯世也，善斯可矣。'阉然媚于世也者，是乡原也。"另外，《翁问答》下卷末之一，体充问"狂者，何也"一条专门讨论狂者。
④ 《论语·为政》："攻乎异端，斯害也已。"《孟子·尽心下》有"孔子曰：'恶似是而非者……恶紫，恐其乱朱也，恶乡原，恐其乱德也'"《论语·阳货》中提到"乡原（好好先生），德之贼也"。本文中藤树用以指狂者。
⑤ 语出《中庸》："故至诚无息。不息则久。"
⑥ 语出《中庸》："中也者，天下之大本也；和也者，天下之达道也。致中和，天地位焉，万物育焉。"

段，以爱敬为本实，备于方寸，充满太虚，包罗六合，上达无始之上古，下彻无穷之未来，无生死、幽明、有无之差别，无上无外之神道也，故圣人名之为至德要道。正因如此，圣人所定五伦之道即向上之道，向上之道即五伦之道，"素其位而行，不愿乎其外"①，"下学而上达"②，实乃一以贯之③之心法，不二之妙理也。

现在抛却理所当然之五典，而向别处求向上之道，犹如背向日月而举灯照明。皆因圣人之道未得以彰显于世，方使有人沾染异教而有此浅薄之惑。故入儒门解惑，乃人之第一之急务也。

十六、伪学问与真学问

体充问曰：观世间做学问之人，并不见其从学问中有何获益，相反却似有不少气质恶劣、举止怪异之人。如此看来学问不做也罢，先生以为如何？

师翁答曰：人虽然生来各不相同，但若粗略分类，大约可以分为五类。即可分为圣人、贤人、知者、愚者、不肖者，凡五类人也。此五类人之中，唯有圣人能"生知安行"④，为不经学问即可知德行道者也。圣人之下，皆为不经学问则不能知德行道者也。生而为人，若不能知德行道，则谓之人面兽心，虽其身形为人而其心中则与鸟兽无异，失却至诚无息之神性，犹如世间俗谚所云之"衣冠禽兽"，何其粗鄙！因而学问作为人之第一急务，不可不认真对待。然而真正之学问，能熟之且教之与人者鲜有，学之者亦少也。世间流行之学问，大多为伪学问。做伪学问不仅毫无裨益，反而会使人气质恶劣、举止怪异。不能分辨学问之真伪之人，难免觉得莫名其妙。

---

① 语出《中庸》："君子素其位而行，不愿乎其外。"
② 语出《论语·宪问》："子曰：'不怨天，不尤人，下学而上达，知我者其天乎！'"
③ 语出《论语·里仁》和《论语·卫灵公》。
④ 语出《中庸》："或生而知之，或学而知之，或困而知之，及其知之，一也。或安而行之，或利而行之，或勉强而行之，及其成功，一也。"另有王阳明《传习录》上卷："尽心知性知天，是生知安行事。"

十七、真学问与伪学问之区别

体充问曰：一直以为学问即是学问，今闻先生所言其有真与伪两色，不知两者有何区别？

师翁答曰：真正之学问，乃始自伏羲①教之儒道也。古时，不论教义学问，真正之外无他者。然而后世不知何时开始，不论唐土抑或夷狄之国，学问之赝伪者层出，致使伪学问者得势，而真学问则步步衰退。即便在唐土中国，也曾一度有伪学问占据时流②，而真正之学问却处于被丢失之境地。即便修习真正之学问，亦有学而不精之处，更何况学习伪学问，心志与作法等流于恶俗，岂非理所当然。

十八、伪学问之"伪"

体充问曰：所谓伪学问者，是否如制作大小道具，假借正牌道具之名，模仿其形状，制作出诓骗人的东西？

师翁答曰：其实并无此等居心不良。从根本上讲，皆为信仰真正学问而加以修习，丝毫未有借其名仿其形而谋私利之心，只因人有天生资质以及求学志向等各种差异，不由自主偏向自己所擅长之方向，并真心以为自己所学乃真正之学问。然而以习得真正学问之人观之，此等之所学均似是而非，故谓之为"伪"。即便修习真正之学问者，若志向稍有差错，亦会不知不觉间步入歧途而流于伪学问。可想而知，那些修习伪学问之人，其最终差异何止千万里。

---

① 伏羲：古传说的中华民族人文始祖，又名包牺，与燧人氏和神农氏合称"三皇"。《史记》中称伏牺，是中国古籍中记载的最早的王，他根据天地万物的变化，发明创造了占卜八卦，创造了文字。
② "也曾一度有伪学问占据时流"此观点应是来自朱熹《大学章句》，认为自孟子之后，圣人之正教不传，俗儒之记诵词章之学、老庄之学、佛教之讲虚无寂灭之学、追求功名利禄的权谋术数之学等盛行，直到宋代程氏兄弟（程颐、程颢）出现，才继承了孟子传下来的儒学。

十九、何为伪学问

体充问曰：究竟何为伪学问？

师翁答曰：首先，须要准确理解教义和学问之本意，辨明真与伪之区别。教义与学问皆以天道为根本标准，不论在唐土中国还是夷狄之国，世界所教所学之道，皆以合乎天道神理者为真正之教义及真正之学问，名之为"儒教"，又称之为"儒学"。而违背天道神理者，即伪学问也。其中与学问最为相似之伪者，可数俗儒、墨家、杨氏①、老氏、佛氏等。俗儒者，读儒道之书籍，专注于训诂之学与记诵词章，耳闻之而口说之，并非知德行道者也。墨家，未学到儒道之至公、博爱之仁，颠倒本末先后之序②者也。杨氏，未学到儒道之为己③、慎独④之奥义，失却一贯之真者也。老子、释迦二者，得儒道无方无体⑤之《易经》之皮毛，而失却中和之骨髓者也。其中，传诸日本而广流传者，俗儒及释氏二者也。世俗间皆称两者为学问者，俗儒之记诵词章之学也。俗儒之学问者，虽与真正之学问极其相近，然立志于治学之方法却有千万里之差距。当慎加甄选。

二十、记诵词章之学问

体充问曰：所谓记诵词章之学问，不知是何种学问？

---

① 杨朱（约前395—约前335 或约前450—约前370）：杨姓，字子居，魏国（一说秦国）人，中国战国初期的思想家、哲学家，战国时代利己主义代表者，杨朱学派的创始人，反对儒墨，主张贵生、重己，他的见解散见于《庄子》《孟子》《韩非子》《吕氏春秋》等书。在孟轲生活的时代，杨朱学派的影响很大，《孟子·滕文公下》有语："杨朱、墨翟之言盈天下。天下之言，不归杨则归墨。"
② 儒家主张对父母之爱是根本，然后扩展到其他人。但墨家主张的是一律平等的博爱，不承认爱有顺序差别。
③ "儒道之为己"语出《论语·宪问》："子曰：'古之学者为己，今之学者为人。'"意为过去的儒学者学习不是为了沽名钓誉、让别人知道自己，而是为了完善自己的人格、道德修养。
④ 语出《中庸》："莫见乎隐，莫显乎微，故君子慎其独也。"其意是君子对自己的要求，即便独处时也严守本分，诚实无欺。
⑤ 无方无体，无一定的方向和形体，无限通融。明儒邓元锡有云："吾儒理无不实，而'无方无体'，《易》实言之；'无声无臭'，《诗》实言之。"（《明儒学案·江右王门学案·征君邓潜谷先生元锡》）

师翁答曰：不仅四书五经①，诸子百家②之书皆记诵无余，述文作诗，矜奇炫博，一心追求利禄而大肆记述心之傲慢者，可谓俗儒之记诵词章之学问也。

二十一、真正之学问

体充问曰：真正之学问，是何种之学问？

师翁答曰：首先，以明明德为心志之根本，以四书五经为师，以应事接物之境界为砺石磨砺明德之宝珠，躬行五等之孝、五伦之道中之至善，保合太和而全利贞之道③，若逢时而被启用，则匡正四海、安定天下，成就诸如伊尹④、姜太公⑤之事业；若时运不济而穷困，则独善其身，尽性以至于命⑥，行孔孟之教化。如此做学问，方为真正之学问。

二十二、心·迹·训诂

体充问曰：倘若俗儒所读之书为四书五经，真儒所读之书亦为四书五经，则我等以为仅就学问而言两者之间并无太大差异，因为所读之书相同，若俗儒之学问无益，则真儒之学问岂可能有益乎？

师翁答曰：未穷神理之精妙，不知心迹之区别，有此疑问在所难免。四书五经当中，有心、迹、训诂三者之分。圣贤之口说之辞、

---

① 四书：《论语》《孟子》《大学》《中庸》；五经：《易》《诗》《书》《礼》《春秋》。四书五经为儒教经典。
② 诸子百家：先秦时期对诸多思想流派、学术派别的总称。"百家"是虚称，据说有上千家。除儒家之外，流传广泛的有法家、道家、墨家、阴阳家、名家、杂家、纵横家、兵家等等。
③ 语出《周易·乾卦·彖辞》："乾道变化，各正性命。保合太和，乃利贞。首出庶物，万国咸宁。"
④ 伊尹（前1649—前1550）：己姓，伊氏，名挚，商朝开国元勋，杰出的政治家、思想家。商朝建立后，担任尹（宰相），积极整顿吏治，洞察民心国情，推动经济繁荣、政治清明。历事成汤等五代君主，尊号"阿衡"，辅政五十余年，去世后以天子之礼陪葬于亳都，奉祀为"商元圣"。
⑤ 姜太公：姜子牙（？—约前1015），姜姓，吕氏，名尚，字子牙，周朝开国元勋，兵学奠基人，杰出的政治家、军事家、韬略家，辅佐武王消灭商纣，建立周朝，被册封为齐侯。辅佐执政周公旦，平定内乱，开疆扩土，促成成康之治，周康王六年，病逝于镐京，后世推崇备至，历代皇帝和文史典籍尊为兵家鼻祖、武圣、百家宗师。
⑥ 语出《周易·说卦》："和顺于道德而理于义，穷理尽性以至于命。"

身行之事，两者合称为"迹"，其所口述身行之本意之至善，谓之"心"。其心，无方无体、无声无臭①，无法行诸于文字，只能尽述其"迹"而记之，将其包含于迹之中，传于后世为教。包含于"迹"中之"心"，即谓四书五经之"心"也。就记述其"迹"之四书五经文字进行解释，则谓之"训诂"也。若能学其训诂，解其迹，取用其心而以之为我心之师范，且诚意正心，则圣贤之心即成为我之心，由此我心与圣贤之心无异也。心若与圣贤之心无异，言行则不违背圣贤时中②之言行，如此为学，方可谓之真正之学问。

因是以圣贤四书五经之心为镜而正我心，自始至终皆系心之学问，故亦可谓之心学。若善致于此心学，平凡之人亦可达至圣人境界，故此学问亦可称之为圣学。俗儒一味训诂，只以耳闻口述为记，迹之精义尚且不明，更何谈取心以之为师之事，断乎无望实现。是故，虽熟读四书五经，然若仅记诵训诂为口耳之装饰，其心却犹如旧木碗染上自满之污垢，无疑非但无益反而有害。丝毫不想以四书五经之心为师以正我心之事，一味矜奇炫博，耳闻之，口述之，终成口耳间之学问。此非心学，可谓之口耳之学③也。此口耳之学者，不论如何博学多才，其向学之心与态度与世俗凡夫并无二致，故亦可称之为俗学。综上所述可知，四书五经有心、迹、训诂之分，若不能善加辨别，则虽然读同样书籍而不知有真伪学问之不同。

二十三、真学问可清心修身

体充问曰：做真正之学问有何益处？愿闻其详。

师翁答曰：做真正之学问并有所成就者，心得以清而身得以修，为人者所愿之事无不随顺。如此有益之事此世间无出其右。即便稍稍学之，亦可获相当之益。

---

① 语出《诗经·大雅·文王》："上天之载，无声无臭。"
② 语出《中庸》："君子之中庸也，君子而时中。小人之中庸也，小人而无忌惮也。"意思君子之所以能合乎中庸的道理，是因为君子能随时守住中道，无过无不及；小人之所以违反中庸，是因为小人无所顾忌，肆无忌惮。
③ 语出《荀子·劝学》："小人之学也，入乎耳，出乎口；口耳之间则四寸耳，曷足以美七尺之躯哉？"

二十四、圣贤之心、迹

体充问曰：在下以为先生所言并非全然可信。为人者所愿之事，虽多种多样、千差万别，然而概括而言，无外乎才德功业卓越超群，富贵长寿随心所愿。说通过学问可实现才德功业卓越超群，确实可信，然而若说经学问能实现富贵长寿之所愿，则断然不可信也。吾闻孔子终生未获得功业高位①，颜子则箪瓢陋巷②不幸短命③。可见古之圣贤亦未做到人之所愿之事能如愿以偿。故此，先生所言令人难以置信。

师翁答曰：此事亦有心、迹之差别。若只着眼于迹，则难免产生此等疑问。若着眼于心，则不会产生任何疑惑。圣贤之心，不祈求富贵，亦不厌弃贫贱，不好生，不恨死，不求福，不避祸，仅知一味立身行道，不发一丝凡夫俗子之愿，而遵从自然而然之愿，心中享有凡夫俗子不可企及之快乐。况凡夫俗子所愿之富贵可谓之小富贵，乃末小之富贵也。小富贵之外，亦有谓之至富贵者，即广大无比之富贵也。此大富贵者，非凡夫之眼所能见，故非凡夫所能求。圣贤旨在如愿惠得此等至大富贵，故忘却一应小富贵而不求，即使疏食饮水④、居箪瓢陋巷之贫贱之所，亦常有无上之真乐，泰然处之，此与凡俗之人求得小富贵之乐，不可相提并论。此岂不谓随心所欲之富贵耶？圣人之明德，在于至诚无息，长在不灭，其形死而不亡，天地终结而寿命不终，彭祖⑤在世七百岁，乔松⑥活过千年，亦不足以称之长生不死。此岂不可谓随心所欲之长寿耶？凡俗之人

---

① 语出朱熹《中庸章句序》："若吾夫子，则虽不得其位，而所以继往圣、开来学，其功反有贤于尧舜者。"
② 语出《论语·雍也》："贤哉，回也！一箪食，一瓢饮，在陋巷，人不堪其忧，回也不改其乐。贤哉，回也！"
③ 语出《论语·雍也》："哀公问：'弟子孰为好学？'孔子对曰：'有颜回者好学，不迁怒，不贰过，不幸短命死矣。今也则亡，未闻好学者也。'"
④ 语出《论语·述而》："子曰：'饭疏食饮水，曲肱而枕之，乐亦在其中矣。不义而富且贵，于我如浮云。'"
⑤ 彭祖：传说中的仙人，尧时已被任用，经历夏朝至于殷商，共活了700余年。
⑥ 传说人物王子乔与赤松子是不死仙人。王子乔，乃周灵王之太子，因谏而被贬为庶人。赤松子，传说为黄帝曾孙，是神农氏时候的司雨之神，他服用冰玉散这种长生不老之药，并教神农服用。

拘泥于迹而论之，产生疑惑亦不足为奇。倘若着眼于心而论之，则断然不会有此疑惑。

二十五、真儒之营生

体充问曰：真儒之营生，是何种作为？

师翁答曰：躬行儒道之人，天子、诸侯、卿大夫、士、庶人也。此五等人中，善行保合至德要道者为真儒也。故，天子、诸侯、卿大夫、士、庶人各自所作为者，即为真儒之营生也。此五等营生外之所作为者，不在天命本然生命之理。故保合至德要道之真儒者，于五等之内不分贵贱贫富，顺从命运安排，劝勉无逸之勤[1]，杜绝分外奢望，富贵不骄，贫贱不谄，惟以享受天理之真乐为事矣。

二十六、俗儒之营生

体充问曰：倘若如此，俗儒授人学问且以此为营生者，岂不误乎？

师翁答曰：以教书为营生者，司徒[2]、教官之类也，乃士[3]之所当行之事，非误也，只是其心性行为及教授方法有误。若其教授方法无误，则可成难得之真儒也。因其不但心性及行为不合于道，教授方法亦谬，故有俗儒之毁谤。其以之为生计可也，然当知其教授方法有误。

---

[1] 语出《尚书·无逸》。周公曰："呜呼！君子所，其无逸。先知稼穑之艰难，乃逸，则知小人之依。"
[2] 周朝六官之一，称"地官大司徒"，司国家教育。
[3] 原著中此处的"士"发音为"samurai"，意指武士，与《孝经》等儒家经典中所规定的"士大夫"含义不同。

上卷之末

二十七、文武一德

体充问曰：闻说文武如车之两轮，鸟之两翼，则文与武乃二色之物乎？且何为文、何为武？

师翁答曰：有关文武，世俗中多有误解。世间通常认为，善于吟诗作歌、文笔练达、气质温和而身体娇弱者，即为文；熟知弓马兵法、气质勇猛而身体强健者，即为武。此等认知均似是而非。原本，文武一德，并不能分为两种事物。正如天地万物之造化原本一气而有阴阳之分，人性之感通亦原本一德而有文武之别。故，无武之文非真正之文，无文之武亦非真正之武。即如阴为阳之根而阳为阴之根，文为武之根而武为文之根也。以天为经以地为纬①，善治天下国家而正五伦之道者，谓之文也。对不畏天命、恶逆无道者妨碍文治施以刑罚，或起兵征讨而行天下统一之政者，谓之武也。故取"止"字与"戈"字合二为一构成"武"字②。由此可知，武道乃为施行文道而为之，故武道之根者，文也。而文道若为凭借武道之威而治之文道，则文道之根者，武也。此外，万物之中均有文武，不可分离。端行孝悌忠信之道者，文也，为消除端行孝悌忠信之障碍而作为者，武也。譬如一岁始终，若仅只春夏之阳而无秋冬之阴，或仅只秋冬之阴而无春夏之阳，则断无造化生成万事万物之事。阴阳二气虽有差别，然原本为同一根源之气之流行。喻之于文武，本为同一明德，只武无文，则如仅有秋冬之阴而无春夏之阳；只文无武，则犹如仅有春夏之阳而无秋冬之阴。文为仁道之别名，武为义道之别名。仁与义，均为人性之一德，是故文武一德而无格外不同。当准确理解仁义之德，明了文武之含义。背离仁之文者，名虽为文实非文也。背离义之武者，名虽为武实非武也。倘若不仔细品味文

---

① 语出《国语·周语下》："经之以天，纬之以地。"《左传·昭公二十八年》曰："经纬天地曰文。"《孝经·三才章》："曾子曰：'甚哉，孝之大也！'子曰：'夫孝，天之经也，地之义也，民之行也，天地之经，而民是则之。则天之明，因地之利，以顺天下。'"
② 语出《说文解字》："武，楚庄王曰：'夫武，定功戢兵，故止戈为武。'"

武之真义，则心不能明，万事均皆有碍也。

此外，文武之中，亦有德为本与艺为末之义。仁者，以文之德为文艺之根本也。文学、礼乐、兵法等艺，皆文德之枝叶也。义者，以武之德为武艺之根本也。兵法、射御、兵法等艺，皆武德之枝叶也。将根本之德置于首位勤习之，将枝叶之艺置于第二位修习之，成为本末兼备文武合一者，方可谓之真正之文武，真正之儒者也。仅具文艺而不备文德者，不立文道之用，仅有武艺而不具武德者，不立武道之用。即如无根之草木难以结果实之喻。将气质温和、举止娇弱称之为文，认为勇猛威严者方能成就武用者，实乃浅薄粗陋之见。有些人外表柔弱，看似松垮迟钝，实则却很勇武。此种人即所谓"沉勇"之人。概观世间有武功之人，属于此类"沉勇"之人者颇多。然亦有人看似凶猛如鬼神而实则为胆小懦夫。此类人可喻之为"羊质虎皮"①也。羊者，柔顺之兽也，即便虫类亦不敢踩杀。虎者，凶猛之兽也，无论人兽皆敢杀而食之。所谓"羊质虎皮"，即指给羊披上虎皮，表相如老虎一般凶猛，然而本质为羊，用以譬喻看上去不同，遇事后做出的反应表现甚是不堪之意。诸如此类之例现实中比比皆是，然而能对其明察识别者，世间却少之又少。

二十八、武艺文艺之必要性

体充问曰：若如此说，文艺武艺岂不无用矣？

师翁答曰：此种理解甚是不妥。所谓不妥，是指此乃舍本逐末之理解。基于立根本之仁义而长于武艺文艺者，则为本末兼备、多才多艺之君子，亦即世俗所称"花实具备之才"。若立本在先，则武艺文艺亦尤其珍贵。关键在于清楚其本末先后之关系。

二十九、舍末而修本

体充问曰：不能本末兼备者，将如何是好？
师翁答曰：舍末而修本可也。不知文艺而能行文道者，抑或不

---

① 语出扬雄《法言·吾子》："羊质而虎皮，见草而说，见豺而战，忘其皮之虎矣。"

知武艺而能行武道者，古来多矣。此皆乃以本为首要而修之故，当彻底领会此意。

三十、识人应察其内心

体充问曰：先生所说"沉勇之人世间颇多"，是否可理解为，看似外表温和之人，皆可成就武用？

师翁答曰：此等见识亦是浅薄至极。所谓"沉勇之人世间颇多"，是说人不可只凭外表或粗浅之观察就加以断定。外表温和者之中，既有胆小怯懦者，亦有勇猛刚强者；外表看似勇猛刚强者之中，既有怯懦之人，亦有勇猛威严之人。不拘泥于外观而明察其内心之勇敢或怯懦，方为识人之着眼点。

三十一、仁义之勇与血气之勇

体充问曰：吾闻勇有仁义之勇与血气之勇两种，不知两者有何分别？

师翁答曰：明明德之君子者，遵循义理而行道，此外别无他求，毫无私欲之心。因而其唯守义理而行道，为事君亲视舍命如弃敝履，丝毫无贪生怕死之心。正因如此，其于天地之间无所畏惧。即使面对千万之敌，亦如虎狼面对狐狸一般，毫无畏惧之心，可谓无畏勇猛至极也。若明明德之仁义，则此勇，自然而然居于仁义之中也，故称之为仁义之勇。如此天下无敌至大之勇者，又可称之为大勇[①]。如前所论"真实之武"者，即此勇也。

血气之勇者，不分合理与否，亦不分义与不义，只一味勇猛，为战胜他人而无所畏惧，此当等同于虎狼之凶猛，因其反而会成为人道之妨害。勇往直前视死如归者，与仁义之勇看似一样，但因其不分合理与否，不分义与不义，仅凭一腔血气而勇，故其行为粗暴

[①] 语出《孟子·公孙丑上》："孟子曰：'吾尝闻大勇于夫子矣。自反而不缩，虽褐宽博，吾不惴焉；自反而缩，虽千万人，吾往矣。'"

如虎狼，居高位者则会挑起战乱，身陷穷困者则会沦为盗贼。此类人等，因私欲之心深重，故其畏欲之心与胆小懦弱者畏惧死亡无异。血气之勇者，因其归根结底是以追求欲望满足为本，故打胜仗时勇往直前，尽显忠烈之样态，而吃败仗时则背弃主君，做出卑鄙无耻之事，此等平日以武勇为傲之人，古来不在少数。正因如此，仅由血气而生之勇无益于义理之用，故称之为血气之勇。血气越盛，则其畏欲之心益重，于三才大道之立毫无所用，仅仅有益于小体①之血气。故血气之勇，又可谓之为小勇。

三十二、大勇小勇者之任用

体充问曰：大勇、小勇者，用法是否有所不同？

师翁答曰：大勇者，无不可用之处，无不可用之时也。行止坐卧、五伦交际，无大勇则不足以行道。军阵之中，既可用于将军亦可用于小卒。小勇之人，仅考虑于武用有益，小卒者如此可也，然于大将则不可。自古以来，无论和汉，以小勇之人为大将而战事失利者不胜枚举。此当谨记之。

三十三、军事兵法之习得

体充问曰：吾闻军事兵法多种多样，流派繁多，为大将者，均不可不知乎？

师翁答曰：军事兵法，为大将者不可不知也。为大将者不知兵法，即如制作羽箭者不知如何将箭羽、箭头缚于箭杆之方法。倘若将兵法以人之形比喻，则仁为其心也；觇觇②、用间③等计谋者，其耳目也；谋出奇兵或正面攻击者，其手足也。准备战旗、钟鼓、兵

---

① 语出《孟子·告子上》："孟子曰：'从其大体为大人，从其小体为小人。'"
② 觇觇：中国古老兵法，即到敌方驻扎过营的地方侦察对方煮饭所用灶的数量，从而估算对方兵力。优秀的兵法家会利用"增兵减灶"或"减兵增灶"的谋略来迷惑敌人。中国历史上有"孙膑减灶斗庞涓"的著名战例，就是孙膑用该计谋战胜了庞涓。
③ 用间：派间谍侦察敌情。

器，并安排调度使用，占卜择日①等，其皮肤毛发也。然而许多人理解有误，只把此等皮肤毛发当作军事兵法，故而以为兵法流派繁多。战旗钟鼓武器等准备、调度使用之方法，以及占卜选定出兵日期等，各家有其制度，流派确实繁多。但此等均为皮肤毛发问题，孰好孰坏不必评定，只需因时因地因人而考量定夺即可。亦可不必考虑古来流传之法，只根据为将者之考量而创立新做法。因此等并非事关胜负之要事，故应知其流派无关紧要。然而觇霰、用间、谋出奇兵或正面攻击等，乃事关胜负之眼目手足也，归根结底决于一计一术，不可因流派而有所不同。若夫眼目明亮手足敏捷者，建百战百胜之功，即所谓功勋名将者也；若夫眼目昏暗手足笨拙者，屡战屡败，即所谓衰将者也。不以眼目手足为意，只一味将皮肤毛发当作军事兵法，此等认识，何其浅薄粗陋。

夫兵法阵图等物，原本始自《易》②，完善于黄帝时代③，由姜太公、诸葛亮等代代圣贤传承而来。传入日本翻译成假名文④后谬误颇多，因而只熟读原著⑤即可。把兵法阵图死记硬背，与相马之人熟记描绘马之分级图片者相同。有人比喻此类愚笨而无实际用途者为"按图索骥"⑥。古时，唐国⑦有一位著名将领之子，熟读其父兵书，却无随机应变之能力，其父死后继任大将军，结果大吃败仗，成为天下之笑柄⑧。此之所谓无眼目手足之功夫，只得皮肤毛发者也。欲

---

① 占卜择日：通过占卜吉凶来选定出征、出战的日子。日本中世以后的兵法家很重视这一点。
② 语出《周易·系辞上》："河出图，洛出书。"相传伏羲从黄河获得"河图"，大禹从洛水获得"洛书"。河图与洛书是中国古代流传下来的两幅神秘图像，历来被认为是《易经》、阴阳五行乃至中华文明之源，太极、八卦、九星等术数学基本概念皆可追源于此，兵法阵图的渊源亦在于此。
③ 相传黄帝大战蚩尤，七十一战不能决出胜负，最后一次决战在涿鹿。黄帝"顿兵浊鹿之山，三年九战而城不下"，最后黄帝发明了新的战法和阵法，驱猛兽、用战车，有节制、有计划地排兵布阵，最终战败蚩尤。
④ 此处大概是讲平安时代大江维时将从唐朝带回来的兵法、阴阳等书译成和文《训阅集》。此书中世以来广为流传。
⑤ 此处所谓"原著"应系指《孙子》《吴子》等兵书。
⑥ 典出《汉书·梅福传》："今不循伯之道，乃欲以三代选举之法取当时之士，犹察伯乐之图求骐骥于市，而不可得，变已明矣。""按图索骥"，说的是春秋时，秦国有个名叫孙阳的人，善于鉴别马的好坏，他把自己识马的经验写成书，名为《相马经》。这本书图文并茂地介绍了各类好马，所以人们把孙阳叫"伯乐"。孙阳的儿子熟读了这本书后，以为自己学到了父亲的本领，便拿着《相马经》去找好马。一天，他在路边看见一只癞蛤蟆，前额和《相马经》上好马的特征相符，就以为找到了一匹千里马。
⑦ 藤树用"唐国""大唐国""唐土"等指代宋朝以前各个时代的中国。
⑧ 此处所举应为《史记·廉颇蔺相如列传》中所记赵奢、赵括父子的故事。

学习兵法之人，必先入真儒门下，弄懂文武合一之明德，立下根本，打下基础，次而修习兵法之书籍，专攻眼目手足之功夫，方为要领之大概。此可谓武家第一之急务也。

三十四、兵法以德为本

体充问曰：吾闻即便不曾修习儒门心学，亦有熟知兵法建立军功、功成名就之大将军，此等人于和汉两国不在少数，可见即便没有心学之修炼亦可参透兵法。然而闻先生所言，欲学习兵法之人必先修习儒门之心学，后方可研习兵法，此种说法岂非可疑？

师翁答曰：此质疑甚好。有人生来即具有大将之才，不曾修习心学而参透兵法且建立功勋，然而因其德行欠缺，沉迷于自己横溢之才华，必会嗜好杀人，流于不义无道，万民遭其荼毒，令人可叹可悲。由是，其人终究遭受天罚，人毁身亡而致使其家国灭绝。论其证据，不论于唐国，抑或于我朝，无德而仅凭将才成为大将者，终身无虞而子孙繁盛者稀也。此参阅倭汉史书便可知。

夫兵法之本意，旨在谋求国家安稳、武运长久而惠泽万民。倘若万民遭其荼毒，其自身之运数亦尽，且成为国家灭绝之导因，则无论其何等熟通兵法建立功勋，亦终究是无益徒劳之事也。同时，若仅凭阴谋，借助于诈力，而无仁义之德者，即便有韩信项羽之雄才，面对节制规律之敌尚且不敌，更何况与仁义之师对敌，岂不若螳螂当车①乎？必会不堪一击。《太白阴经》②有记："齐之技击，不可以遇魏之武卒；魏之武卒，不可以胜秦之锐士；秦之锐士，不可当齐桓晋文之节制；齐桓晋文之节制，不敌汤武之仁义。"③此中真意当细细玩味。

---

① 螳臂当车，典故出自《庄子·内篇·人间世》，原文为："汝不知夫螳螂乎？怒其臂以当车辙，不知其不胜任也。"
② 唐代李筌撰写的兵书，又名《神机制敌太白阴经》《太白阴符》《阴符太白阴经》。全书共10卷，分人谋、杂议、战攻具、预备、阵图、祭文、书式、红方、杂占、杂式等部分共百篇，约2万余字。
③ 语原出《太白阴经·人谋·善师》引用《荀子·议兵》中的一段并加以评论："故曰：'善师者不阵，善阵者不战，善战者不败，善败者不亡。'"。

是故，孙子五事①以道为首，吴子兵法以和为先②。无论是道还是和，均仁义之德也。儒门心学之外，并无可以彰显此德之道，故当先修习心学，明其德，后方可研习兵法，此理显而易见。总之，欲学兵法者，必当自天下无敌之仁者③兵法学起。

三十五、士之甄选

体充问曰：当如何甄选武士呢？吾观世间诸侯豢养诸士，虽似有甄选而用，却不见有具体之方法准则，以吾等观察所见，似乎唯有那些需要眷顾者或有因缘者才被视为良士而待之，予之以高俸厚禄。是否如此？

师翁答曰：此等看法实为诋毁之谈，非合乎道义之议论也。越是被称为主君之人，越是想要拥有良士，因此会谨慎甄选。然而世间风气不正，加上甄选方法准则并不明确，有时虽非故意而为却亦有甄选不慎之事。从根本上讲，武士之品位，分上中下三等。能充分明明德而无名利私欲，有仁义之大勇而文武兼备者，上等也；虽不能充分明明德，但能不为财宝私欲所迷惑，能为全功名义节而舍身者，中等也；表面上能够遵守义理，然而内心中却贪慕财宝而一味追求私利和出人头地者，下等也。此等下品者数量繁多，充斥世间，故作为主君者当谨慎选用。

若说甄选武士之要领，不过有三：德、才、功之三者也。三者当中亦各有上中下三等。德者，文武合一之明德也；才者，处理天下国家万事之文武才智艺能也；功者，或为管理天下国家而立功，或为奉公而尽效力之功，或为天下国家解难，或为天下国家创造新事物，或消灭强敌建立功勋，如此等等，皆功也。将德、才、功三者定为甄选士之三大主轴，依据上中下三等品位而定，授予其与其

---

① 语出《孙子兵法》："孙子曰：'兵者，国之大事，死生之地，存亡之道，不可不察也。故经之以五（事），校之以计，而索其情：一曰道，二曰天，三曰地，四曰将，五曰法。道者，令民与上同意也，故可以与之死，可以与之生而不畏危。'"
② 语出《吴子·图国》："有道之主，将用其民，先和而造大事。不敢信其私谋，必告于祖庙，启于元龟，参之天时，吉乃后举。"
③ 语出《孟子·梁惠王上》："夫谁与王敌？故曰'仁者无敌'，王请勿疑。"

品位相应的俸禄与官职，此乃自古以来甄选武士之成规也。如今，虽然才与功之事已有考量，然重视考察其德者，却似鲜见。

三十六、今时选才之考量

体充问曰：当今对于才与功之考量，是否符合古之成规标准？

师翁答曰：功与才之名称与古时无异，然而，或许是甄选方法拙劣，抑或是今人长于欺瞒诓骗，达到古之成规标准者甚少。

三十七、古之成规

体充问曰：古之成规，具体如何？

师翁答曰：古之成规，无论才或功，皆以德为根本，其中，德者，以中和而为大根本。才与功，若不合乎义理，则非真实之才与功。夫主君者，其内心当为成规之明镜。此镜若不明，任何甄选均会产生谬误。故此，若能澄澈清明人君之心，确定为成规之明镜，用以评判才与功与德之真伪、品位之上中下，如镜照影毫无缪差，则诸士之欺瞒诓骗亦不复存在，皆致力于修真正之德才功，成就真正之忠节，此乃古之成规之要目也。诚然，无论拥有何等良好之成规，若主君之心晦暗，其成规亦将为无用之物，身为主君者，当以之为耻，并慎而惧之。

三十八、驭下之心得

体充问曰：如何驭使臣下方为得当？

师翁答曰：主君使用臣下之本旨者，当以公明博爱之心为本，不轻易舍弃臣下，根据贤智愚笨而授予其相应之职位，取舍选择不掺夹私欲，有道德才智之贤人者，授予高职，与之共商谈国家施政诸事，而对无德才之愚钝者，因其亦必有可取之处，故应善于发现其所长，授予其与之天分相应之职位而加以使用。如此则人间当无不可用之才。应该谨记，倘若使用方法不当，即便良才亦无法发挥作用，此事可理解为即如土木工匠搭建房屋时选用木材。此外，即便才智卓越者，也有其不擅长之事，当仔细判明，勿使其从事不擅长之事。然若对身边称心如意之要臣，不论其擅长或不擅长之事均委任之，而对待人孤傲或性情不合之人，即便其有所长亦不加以任用，此两种做法均不可取也。越是接近主君身边之士，因受主君直接差遣，越能察知其人品与心性。只听人传说就加以任用，则不知其人品性优劣与否。是故仅听身边重臣推荐之言，往往会流于妄听妄信。之所以产生此种错误，皆因主君之心晦暗迷惘也。

主君任用臣下，既如同用磁石吸附铁针，亦与"火就燥、水流湿"①之道理相通。即如磁石者非铁针则不予吸附，与主君之心不同者亦不得任用。心底晦暗之主君，不论有何等贤能之士云集而来，亦不被任用，而与主君心底同样晦暗之奸佞之人却独得宠。如此，则贤能之士虽在其家供职却形同虚设。倘若主君心底清明，非其心中认可之良士不予任用，则居心叵测者若想出人头地，亦将以作恶为耻，不知不觉中自会改变。如此，家中即便有包藏祸心者亦无关紧要。可见臣下是忠是奸，国家是治是乱，全在于主君之一心。此诚乃应慎之又慎之事也。

三十九、法度之根本

体充问曰：法度之制定，是否越多越严越好？

师翁答曰：施政之法度条目，应该因时因地而制定，而非因数量多寡而论优劣。且有时从严为好，有时则从宽为宜，故不可以从宽或从严一概而论，而应唯以与时、处、位②三者相应之道理论之。

施政法度，亦有本末。主君心地清明而身行正道，明确国中之典范镜鉴，乃为政之根本也。法度之条目者，为政之细枝末叶也。主君之所好者，为下者必皆仿效之，故若主君之心地清明而身行正

---

① 语出《周易·乾卦·文言》："同声相应，同气相求。水流湿，火就燥。云从龙，风从虎。圣人作而万物睹。本乎天者亲上，本乎地者亲下，则各从其类也。"
② 时：时代、时期；处：场所、环境；位：身份、地位。亦指天时、地利、人和。

道，即便不设法度，人人之心亦会自然向善。诚然，若能善修法度，对悖逆者施以刑罚，且能本末端正实施准确，则国家必将繁荣长久。若舍本一味以末为治则称之为法治①，不妥也。法治者，必然是法度条目繁多而规制严格。秦朝始皇帝之政治，乃法治之极端范例。法治社会，法条越严则越易生乱，秦始皇时代当视为镜鉴。

原本，所谓为政者，应法条少简，与时代之至善相符，以磊落大度为本。然如现今之时，欲澄清昏暗浑浊之人心，简直难如澄清浑浊之水。任何举动皆会使水更加浑浊。然若不加搅动任其沉淀，则如浊物自然下沉而自上而下清澈。故当认真理解德治、法治之分别。

德治者，即先端正自身之心再正他人之心者也。譬如木工师匠之墨线，其自身为直线，方能匡正他物之弯曲。法治者，即自身之心不正而欲正他人之心者也。正如古谚语所言"勺子绳规"②。若主君之心清明，则判断正确，法度有道而恒久不变。若主君之心晦暗，则万事欠缺斟酌，致使其法度多变、朝令夕改。

四十、施政

体充问曰：施政之学问，该当如何？是否有一定优良之法度？

师翁答曰：施政之学问者，儒学也。师从真儒学习即可。所谓优良之法度，可称为"活法"，并非对特定事物而规定。倘若偏于对某一事物而规定，则为"死法"，无用之物也。法度之中，亦有心、迹之差别。《周礼》③等所记载之事，实乃圣人善测天时、地利、人情④所定法度之迹也。其迹当中所具之本意者，谓之心也。根据其迹，充分领悟其立法之本意，并将之作为确立当代法度之参照，不

---

① 法治：指韩非子为代表的法家思想的统治理念，主张通过制定严格而细致的法律来治理天下。相对而言儒家则主张"德治"。
② 勺子绳规：此处指勺子把柄原本是弯曲的，无法用做衡量尺度。
③ 儒家经典之一，据传为西周时期的著名政治家、思想家、文学家、军事家周公旦所制，又称《周官》。《周礼》中记载先秦时期社会政治、经济、文化、风俗、礼法诸制，是一部通过官制来表达治国方案的著作，内容极为丰富，涉及社会生活的所有方面，对后世各朝代礼制的影响最为深远。
④ 引申自《孟子·公孙丑下》："孟子曰：'天时不如地利，地利不如人和。'"藤树此句不用"人和"而用"人情"来表现人的情况。

拘泥于其事之迹，而以真正符合圣人之心为至善活法。倘若不参悟其心，仅拘泥于以其迹为典范而效仿，其所定之法度则可称"胶柱之死法"①，愚而无所为用。

夫施政法度者，当以彰显主君之明德而确立根本，认真考量《周礼》等书中所记圣人之成法，领悟其本意，以之为施政之镜鉴，充分斟酌时、处、位与三才相应之至善，以行万古不易之中庸为关要。此若以义理论之，则难以理解，然以眼前之事譬喻之，则可体察认知。正因如此，《礼记》②中亦有借农耕之事论议说明施政之方法者，故而可以耕作之事③而喻之。时者，天时也，春夏秋冬之四季，或可谓命运否泰之时也。譬如冬季翻土、播种，即便按照耕种之序精心耕耘，仍为无用之功。此并非耕作方法有误而导致无所收获，而是时之有误导致劳而无功。由此当知，学问与政治，均有与之相应之命运气数之时宜，当然第一重要者则是清楚此时宜。然而即便耕作适时，却于旱地种稻而水田种豆，则无论如何精心劳作，施肥除草，庄稼亦不可能长好。因其虽时节适宜、耕作方法亦无误，但却"处"之有误而致劳而无功。由此当知，学问与政治，均有水土是否适宜之"地利"，清楚此"地利"，至关紧要。诚然，即便耕作适时，水田种稻、旱地种豆，天时地利均已顾及，然若播种于他人之田，非但于自己无所用，而且会被当作贼人受到非难。此皆因其虽时、处适宜，然其所为却非自己地位权限当为之事也。由此当知，学问与政治，均应适合自身之身份地位，清楚此事，至关重要。诚然，即便于适宜之时节，于自家水田种稻，于自家旱地种豆，即所谓时、处、位三者均已顾及，倘若所插之苗为干枯之苗，所播之种为残坏之种，则其仍不能茁壮生长。此因其即便占尽天时地利人位之优势，然苗与种却无生命力者也。由此当知，不论学问或政治，均需要成为苗与种之明德之生命力，倘若明德不能得以彰

---

① 语出《史记·廉颇蔺相如列传》："王，以名使括，若胶柱鼓瑟耳。"另《法言·先知》亦有"以往圣人之法治将来者，犹如胶柱而调瑟……"
② 又名《小戴礼记》《小戴记》，成书于汉代，为西汉礼学家戴圣所编。戴圣是汉代今文经学的开创者，其所编纂《小戴礼记》传为圣编，共二十卷四十九篇，是一部儒家思想的资料汇编，被后世定为"三礼"之一、"五经"之一，"十三经"之一。
③ 语出《礼记·月令》："天子亲载耒耜，措之于参保介之御间。帅三公、九卿、诸侯、大夫，躬耕帝藉。"

显，即便时、处、位均适宜，甚至拥有圣人之法，亦无任何益处。然而，即便时、处、位均适宜，秧苗与种子亦皆良好，倘若施肥、除草等耕耘方法不当，秋天亦不会有收获。此乃因其虽时、处、位苗种均良好，但却未尽人事之故也。由此当清楚知道，不论学问或政治，恪尽人事，才是根本。然而亦有如下情形，即时、处、位均适宜，苗与种子皆良好，亦尽人事而勤于耕耘，但却遭遇大旱，或遭遇雨涝，或遭暴风摧残，或遭遇虫害，如此秋天亦不会有收获。此之谓天灾，命运使然也。明辨时、处、位并随顺之，努力恪尽人事，此两者均人力可为之者，故可统称为人事。恪尽人事而遭不测者，命运使然也，非人力之所及也，故谓之天灾。未尽人事而遭不测者，非天灾也。此谓之自作孽①，即自招之祸也。犹如耕耘不善而必无所获。怠于尽人事而怪罪"天道使然"者，更是无稽之谬论也。由此可充分明白兴家立国或败家亡国命运之根本。如此论来，似乎种类繁多复杂难懂，然归根结底可集约为明明德之一事而已。倘若明德得以彰显，则时处位之明辨、人事之恪尽、命运之定数，将皆如映镜之影而现也。

四十一、学问与政治相同

体充问曰：窃以为学问与政治各不相同。两者是同一事物吗？

师翁答曰：总体而言，世间之事物，没有任何与学问无关者。因为不明白何为真正之学问，才有诸多迷惑与怀疑。学问者，以明明德为全体之根本。明德者，与天地之有形者皆相通，无上无外，神明不测者也。而治天下国家之政者，皆以明德为神通妙用之要领也。故而所谓政治者，即彰显明德之学问也；而学问者，即治理天下国家之政治也。当知两者原本即为一而二、二而一之关系，且应知仅法度之条目者不可谓之为政治。天子诸侯之身之一行、口之一言，皆政治之根本，故心中当明白政治与学问原本即为同理之道理。

---

① 语出《尚书·太甲中》："天作孽犹可违，自作孽不可逭。"又，《孟子·离娄上》引为："天作孽犹可违，自作孽不可活。"

四十二、至德与明德

体充问曰：至德与明德者，是同一事物吗？或者说二者是否各有不同呢？

师翁答曰：二者本为一体，只是名称不同而已。即如为一面大镜子取名，取其明亮之处可起名为"明镜"，取其形体大而可起名为"大镜"。则因其可彰显德性而号之为"明德"，因其德性无外无上广大无边而称之为"至德"也。"至"字含有"极、善、大、达"四字之意义。

四十三、"横目"①之用法

体充问曰："横目"（监查者）此类人，现世颇为流行，是否为必不可少之人？

师翁答曰：于良好治世时代，并不甚需要此种人。然在世风险恶人心慌乱之世，此种人亦可存在。若论其详由，即如若"横目"存在，则人人生畏惧法度之心，可成为治世之助力。然若仅听信"横目"之言，事无巨细地一味予以监查和管束，则尚不如不设此职。故当知"横目"只是为威慑下层之心所借用之道具，切不可对其言听计从。总之，为人君者，当非事关大奸大恶者外，默然处之，以磊落大方为根本。须知故作聪明、凡事功于心计者乃失家丧国之根源。

四十四、何为开悟

体充问曰：做学问即为开悟。不开悟则不足以称之为做学问。然而不知开悟为何物？

---

① 又称"目付"，监督武士言行的检查者。江户幕府或各藩所设官职之一，有向将军和大名直接报告的权力。

师翁答曰：关于开悟之情形，既非言语所能道出，亦非文字所能描述。即便用以譬喻之法，亦只可说明其皮毛之万一。我等众人，心中迷惘晦暗不能分辨仁义之神妙道理，犹如目盲之人不可辨认物之色形也。故可将迷于心而暗于理者，称为心盲。目盲者，即便可耳闻青黄赤白黑五色及鸟兽草木之形状，然其目则不能辨识其色与形，其疑惑终无消亡之时。如此，彼心中迷惘之"心盲者"，关于仁义礼智信之五常以及天道①、神道、命运、生死等道理，虽得以耳闻，然心中终究难以知晓其中之理，故无论对何等精妙之神理，始终是疑惑迷惘。此目盲者，倘若得遇稀世高明之眼医，为其治疗而使其双目如常人般得以开眼，则迄今为止一直疑惑不识之色与形便可一目了然，种种疑惑亦因之无影无踪。同样，心盲之凡夫者，倘若得遇稀世之明师②，积累学问之功，开启本心之眼，则迄今为止一直疑惑迷惘之五常、天道、神道、命运、生死等事，皆可辨识，即如可以分辨白昼之白与黑夜之黑，此情形可名之为开悟。因开悟之理非言语所能道尽，非我等凡夫所能及，故而权且以目盲者之开眼为喻，尔当认真体认。

大觉明悟之人，今生现世之事自不待言，就连生前死后之事，甚至天地之外之道理，亦如辨认黑白一般，辨识得清楚、明白，故知行孝悌忠信之道理，则如饥而食、渴而饮一般自然，人誉之而不喜，人谤之而不忧，富贵而不淫③，且能乐于贫贱，不避祸，不求福，不好生不厌死，只管一味行仁义五常、三才一贯之神道，如水往低处流淌，磁针永指向南北一般。此等开悟之大人者，与天地合其德，与日月合其明，与鬼神合其吉凶，至诚无息也。④生而为人，却如目盲者般在黑暗中度日，当为可悲可叹之事也。

---

① 天道：贯通天地的神明之道。此处用于指超越佛、儒、老庄之道，包含天地间所有一切的真实之道。并非指日本神道。
② 明师：是能够明确地把道理讲明白的武术老师。相传习武之人得遇"名师"不如得遇"明师"。
③ 语出《孟子·滕文公下》："富贵不能淫，贫贱不能移，威武不能屈，此之谓大丈夫。"
④ 语出《周易·乾卦·文言》："夫大人者，与天地合其德，与日月合其明，与四时合其序，与鬼神合其吉凶。先天而天弗违，后天而奉天时。天且弗违，而况于人乎？况于鬼神乎？"中江藤树于《太极图说》中就此亦有阐发。

四十五、善有精粗

体充问曰：仔细思量此世间人物，实感乃善者少而恶者多也。善者难以生存，而恶者则容易生长。人世间贤人君子稀少，偶尔出现，亦或遭不幸而短命。而愚笨不肖之徒却多不胜数，几乎充斥着整个世界。何况盗贼之类，不论哪个年代，尽管不断搜寻捕杀但仍层出不绝。鸟类之中凤凰稀有而鸢雀乌鸦却如云霞遮天；兽类之中麒麟稀世罕见而狐与狸猫却不计其数；草木当中，灵草名木稀少而杂木野草漫山遍野。吾闻天道者，纯粹至善也①，岂不该善者多而恶者少乎？然如今却是恶者居多，不知是何道理？

师翁答曰：此问甚好！此问若不精研易学恐不能谈及其要点，姑且与汝大概而言之。夫以贤人君子、凤凰、麒麟等定为善，将愚笨不肖、鸢雀乌鸦、狐与狸猫等定为恶，以善恶二字概而论之，且竟将其当作天道而论世间万物，故而越发疑惑也。当先认真考虑其根本，之后再斟酌其细枝末叶。

万物皆以天道为根本而生发，故天道乃人与物之大父母、根本也。人与物者，天道之子孙、枝叶也。根本之天道乃纯粹至善者也，故其枝叶之人与物，亦当皆为善而无恶。即如世间谚语所言"瓜蔓不会结茄"。然而，在其当善而无恶之枝叶之中，却有精粗之差别。其中之极上优良者为精，其中之渣屑者为粗。以精粗二字，可概定君子与小人、凤凰与鸢鸦等之形体高低上下，而人物行为之精粗，则以天命之本然、神理明镜之映照而判定其善与恶。原本并无所谓恶者，然由于产生了"粗"之偏畸形状，故将"恶"比喻为诸木之奇形怪状。

太虚之中，但凡有形之物，无不有精粗之分。日月星者，天之精也；辰者，天之粗也。万物所生之山与水田旱地，地之精也；秃山峻岭与不毛原野，地之粗也。圣贤君子，人之精也；愚笨不肖，人之粗也。鸾凤者，鸟之精也；鸢鸦者，鸟之粗也。麒麟者，兽之精也；狐狸者，兽之粗也。兰芝者，草之精也；无名野草者，草之

---

① 语出《大学问》："天命之性，粹然至善，其灵昭不昧者，此其至善之发见，是乃明德之本体，而即所谓良知者也。"

粗也。沉香、旃檀者，木之精也；杂生之树，木之粗也。概而言之，天地万物中精者少而粗者多者，理也。譬如人身，眼者，人形之精也，故仅有二目；毛发者，人形之粗也，故数量多。由此可以察知精粗多寡之理也。

不言而喻，无论何物，于其类当中，其精者必为其要也，必为其主也。粗者，顺从其精者也。故人中之精、圣贤君子者，当为愚痴不肖者之君主，治理愚痴不肖者并教化之。人中之粗、愚不肖者，当为圣贤君子之臣下，遵从圣贤君子之命令，此天命之本然也。原本即君主寡而臣下众，故世间堪为主君之圣贤者少而可为臣下之愚不肖者多也，此理可谓不辨自明也。受天道之精而为世间之君子者，其气也清，其质也正①，故不会失其自身根本之善；受天道之粗而为愚不肖者，其气也浊，其质也偏。故若国家政治有道，则将不失其根本之善，倘若政治无道，则会上行下效，失其根本之善而成为作恶者也。譬如一匹马，原本并无弊病，但若驾驭者本身不善骑，则必然会问题百出。往昔尧舜之世，圣人升居天子之位，其次之大贤人为宰相，其次之贤人为诸侯，再次之君子者为卿大夫；愚痴不肖者为士农工商之庶人，上自天子下至庶民，各安其相应之位而居之，各自勤勉己任，一心致力于孝悌忠信五伦之道，毫无邪欲之恶念，不行任何不义之事，因而天下无一恶人。所谓"尧舜之民，比屋可封"②者，即为此也。原本，愚痴不肖者皆非恶人，故无论圣贤抑或愚痴不肖皆善人也。然善人当中有精粗、大小、贵贱之差别。圣贤乃善中之精，故为尊贵者也；愚不肖乃善中之粗，故为卑贱者也。即如金银铜铁，虽其本质均为金属，然而其中则有精粗、贵贱之别。金银乃金属中之精，故尊贵；铜铁乃金属中之粗，故卑贱。汝当认真体味此之比喻，真正认识到，人皆生而本善，而非生而恶，乃人之本来面目③。

---

① 宋儒认为身体里面的心，也是有气构成的。圣人贤者和凡夫俗子的区别在于各自从天道接受的"气"，有精粗、厚薄、纯驳之分，气清则质正。
② 译者选用底本中注解为《汉书·王莽传》有"尧舜之世，比屋可封"。根据译者查证，《汉书·王莽传上》为"明圣之世，国多贤人，故唐虞之时，可比屋而封"，语句有出入。该注者又指出《论衡》率性中有"传曰：尧舜之民，比屋可封，桀纣之民，比屋可诛。此处之"传曰"是指西汉陆贾《新语·无为》："尧舜之民，可比屋而封；桀纣之民，可比屋而诛者，教化使然也。"
③ 语出《六祖坛经》："惠能曰：'不思善，不思恶，正与么时，那个是本来面目。'"王阳明在《传习录·答陆原静书二》中，借此典故阐述"良知"即本面目："佛氏于'不思善不思恶时认本来面目'，于吾儒'随物而格'之功不同。吾若于不思善不思恶时用致知之功，则已涉于思善矣。欲善恶不思，而心之良知清静自在。"

四十六、愚痴不肖亦有良知良能①

体充问曰：先生曰愚痴不肖者亦非恶人，此难以置信也。若然，何等人方可谓之恶人？

师翁答曰：智慧明显不如圣贤者谓之愚痴；才能不若圣贤般显达者谓之不肖，然虽谓之愚痴不肖但却有良知良能。若其良知良能尚未泯灭，则愚痴不肖者亦为善良之辈也，故断无将愚痴不肖者谓为恶人之理。不论有才无才、有知无知，倘若将耽于形气之邪欲，迷失本心之良知者均称之为恶人，则即使才智艺能均优异者，若耽于邪欲迷失本心，仍乃恶人也。孔子曰："如有周公之才之美，使骄且吝，其余不足观也已。"②此圣谟当仔细体会。然而世俗之人，见才智艺能稍优于常人者，则不辨其心之正邪而许之以君子，而将拙于才智艺能者贬为小人，如此自不待言，必然产生将愚痴不肖者视作恶人之谬误。

四十七、关于易学

体充问曰：所谓易学，是否指蓍③、本卦所言占卜之事？

师翁答曰：此等可算作易学中之一类，然并非吾今所言之易学。吾所言者，乃如何体悟《易经》之神道而为自身所用之事也。此易学，据说即便孔子亦曾韦编三绝④，若不认真精研用功，恐连其皮毛亦难领会。儒书之事自不待言，天地之间任何事物，无不在《易经》神理当中。亦或可言，非易理所出之事未之有也。

---

① 语出《孟子·尽心上》："人之所不学而能者，其良能也；所不虑而知者，其良知也。"王阳明之"致良知"学说，将《大学》中之"致知"之"知"解释为孟子之良知。
② 语出《论语·泰伯》。
③ 蓍：音shī，多年生草本植物，古人用于占卜。此处指用《易经》"占筮"用的筮竹。
④ 语出《史记·孔子世家》："孔子晚而喜《易》，序《彖》《系》《象》《说卦》《文言》。读《易》，韦编三绝。假我数年，若是，我于《易》则彬彬矣。"

四十八、福善祸淫之疑问

体充问曰：吾闻天道者即"福善祸淫"①，降福于行善之人，降灾祸于作恶之人。然而，世间常有善人薄幸甚或遭遇灾祸之事，亦多有恶人竟然多福甚或幸运之事，此何道理？

师翁答曰：此问甚好！此问题亦是若不精研易学则难以辨明之道理。天道流行，造化发育，其所赋予之分数者，名之为命也。充满天地间之万事万物，凡有声色样貌者②，均拥有天然一定之分数。故，人一生之中所处境遇，所逢吉凶福祸，乃至一饮一食，无不在其命中注定。此虽皆为天道之流行，然此命之中有本末正变，正变之中有虚实之胜负。

夫人之一生，或富贵或贫贱，或长寿或早夭，其分数皆于其资生之始、十月胎育期间所定。在此胎育期间，岁月日时各有阴阳五行相互作用，春生夏长、秋收冬藏、王相③、死囚老之气④、氤氲⑤杂糅而造化，故各人命运并不相同。加之有善恶报应之感化等等因素，极难有生来即具全好命运者，此乃大抵趋势。故此人间百态，既有有德却无才者，亦有有才却无德者；既有德才兼备却贫贱者，亦有富贵却无才无德者；既有贫贱却无忧者，亦有富贵而多忧者；年轻时多幸而年老时家道衰落者，亦有年轻时贫贱而年老时成为富贵者；有出身卑贱而上位为贵人者，亦有生于富贵人家而堕为卑贱者；有贫贱却长寿者，亦有富贵却短命者。如此种种各色人生、人世百态，诚乃述说不尽、数不胜数矣。此命运者，与形体生而俱来

---

① 语出《尚书·汤诰》："天道福善祸淫，降灾于夏，以彰厥罪。"
② 语出《庄子·外篇·达生》："凡有貌象声色者，皆物也，物与物何以相远？夫奚足以至乎先？是色而已。"
③ 木火土金水五行于四季之间此消彼长的过程。王者，旺也；相者，助也。春季，木旺火相，夏季，火旺土相。
④ 木火土金水五行之气分别按照"生—状—老—囚—死"的顺序进行此消彼长的循环。春天木状、火生（相）、土死、金囚、水老；夏季火状、土生、金死、水囚、木老。
⑤ 语出《周易·系辞下》："天地氤氲，万物化醇，男女构精，万物化生。"

而实也。而五福六极①者，即于其形体长成之后，依其心志行为之善恶而享五福或受六极之命，因而其气之变化者，虚也。汝当先仔细领会此虚实之道理。

（一）五福六极

首先说福善之幸，其有五种，曰之五福。天道以此五福赐予善人。一曰寿，意为生命之长久；二曰富，意为财宝丰富；三曰康宁，意为无忧无患无病而安康；四曰攸好德，意为明明德而常泰然于天理之真乐，则孔子颜回之乐是也；五曰考终命，意为享尽天道所授之命数而寿终正寝②。以上五种，称为五福。此外又有祸淫之灾，有六种，曰之六极。天道以此六极惩治恶人。一曰凶短折，凶者，意为因恶逆无道而徒然丧命；短折者，即于天道所定命数之前而亡之谓也。二曰疾。三曰忧。四曰贫。五曰恶，此即为自暴者也，生而刚强，欲孽深重，诽谤污蔑仁孝之儒道，抑或多行大逆不道之事者也。六曰弱，此即自弃者也③，生性柔弱，虽知以仁孝之儒道为善却不予实行之，抑或胆小如鼠而欲孽深重，专行不义无道之事，即可谓畜生不如之柔恶之人者也④。以上六种，称为六极。此五福六极之说，见于《书经》之《洪范篇》。天道以此五福六极匡正善恶，此理即如春天温暖夏季暑热，秋季凉爽而冬季寒冷，无论古今未来，将永恒不变也。

---

① 语出《尚书·洪范》："次九曰向用五福，威用六极。""向用五福，威用六极"，就是通过寿、富、康宁、亲近有德、善终等"五福"劝导人们向善；通过夭折、多病、忧愁、贫穷、丑恶、懦弱等"六极"警戒和阻止人们从恶。孔颖达《尚书正义》对五福六极有进一步的阐释："'五福'者，谓人蒙福祐有五事也。一曰寿，年得长也。二曰富，家丰财货也。三曰康宁，无疾病也。四曰攸好德，性所好者美德也。五曰考终命，成终长短之命，不横夭。'六极'谓穷极恶事有六。一曰凶短折，遇凶而横夭性命也。二曰疾，常抱疾病。三曰忧，常多忧愁。四曰贫，困於财。五曰恶，貌状丑陋。六曰弱，志力尪劣也。"
② 合孔颖达《尚书正义》和蔡沈《书经集传》对"五福六极"的进一步阐释。《书经集传》："人有寿而后能享诸福，故寿先之。富者，有廩禄也。康宁者，无患难也。攸好德者，乐其道也。考终命者，顺受其正也。以福之急缓为先后。"蔡沈（1167—1230）：字仲默，号九峰，建州建阳（今福建南平）人。南宋学者，年少时从朱熹游，后隐居九峰山下，注《尚书》，撰《书经集传》，其书融汇众说，注释明晰，为元代以后试士必用。
③ 语出《孟子·离娄上》："孟子曰：'自暴者，不可与有言也；自弃者，不可与有为也。言非礼义，谓之自暴也；吾身不能居仁由义，谓之自弃也'"。
④ 这段话中出现的"柔恶"之说，当是出自王阳明的《传习录》。因《传习录》下卷有如下之说："人生初时，善原是同的，但刚的习于善，则为刚善。习于恶，则为刚恶。柔的习于善，则为柔善；习于恶，则为柔恶，便日相远了。"

（二）虚不胜实

诚然，亦有善人未享受五福而恶人却逃避于六极之事，此可谓"天时不如地利"所致，虚不胜实者也。因五福六极之命者属于气，虚者也，而人于胎育之初所受之命运属于形，实者也，是故"虚"之五福六极难以胜之而出现如上之事。譬如六月伏天极其暑热，单衣尚且不愿加身，然若有患恶寒之疾者，虽穿着棉服亦仍身觉寒冷。又譬如极月（十二月）之大寒之时，身着厚衣烤火亦仍不觉燥热，然若有发高烧之病患者，虽赤裸身体亦仍觉燥热。常人所感受之冷与热，与此两种病人所感受之冷与热当无不同，然而暑寒属于气乃虚也，而恶寒发烧之疾则出于形而属于实，故为虚之寒暑之气不敌为实之病邪也。此之比喻，汝当有所领会。

（三）盗跖与颜子

古时，华夏有一名曰盗跖者[①]，为其国第一大盗。此人惯行大逆不道之恶事，甚至哙人肉酱，然却无病无灾长寿终老。加之其本为大盗，积财宝如山，得以逍遥生活。其时，亦有孔子高足名曰颜回者，乃孔门三千弟子中出类拔萃之大贤人也，然却箪瓢陋巷不幸短命。对此两者之疑惑，自古以来即众说纷纭，臆说巨多。有人视其为运势致使两者命运之大不同，故对万古不变之天道产生怀疑，认为福善祸淫之说亦难以置信，此即犹如见六月伏天身裹厚衣之病人便认为夏天暑热之说有假，而见数九寒天赤膊发热之病人便断定严冬寒冷之说不实，实乃浅薄之迷惘也。冬寒夏暑之道理，浅显易懂，无人质疑。虽然是完全相同之理，然福善祸淫之道理，却因其深奥难懂而使世人产生迷惘。故当从浅显易懂之处仔细体会领悟，悟懂此深奥之神理。彼之病人者，其恶寒高烧退去康复之后，亦可如常人般感知冷热寒暑也。同样道理，当命势退去而命数穷尽之时，则恶人必逃不出六极，

---

① 《庄子·杂篇·盗跖》："盗跖乃方休卒徒大山之阳，脍人肝而哺之。孔子下车而前，见谒者曰：'鲁人孔丘，闻将军高义，敬再拜谒者。'谒者入通。盗跖闻之大怒，目如明星，发上指冠，曰：'此夫鲁国之巧伪人孔丘非邪？为我告之：尔作言造语，妄称文、武，冠枝木之冠，带死牛之胁，多辞缪说，不耕而食，不织而衣，摇唇鼓舌，擅生是非，以迷天下之主，使天下学士不反其本，妄作孝弟，而侥幸于封侯富贵者也。子之罪大极重，疾走归！不然，我将以子肝益昼哺之膳。'"据考证，柳下跖，又名展季，是司空无骇的儿子，司空无骇被赐姓展，也就是鲁国展姓的始祖，根据《春秋·隐公八年》和《庄子·杂篇》等文献中提到的柳下惠（展季）和柳下拓（展雄）以及他们与孔子之间发生的交集推断，两人或为兄弟。

而善人必享受五福者也。如此观之，盗跖虽看似无病无灾、衣食无忧而长寿安度了一生，然而因自己却堕落于六极之刚恶，丧失了至诚无息之神理，留下了万世之恶名，此岂非其所受六极之报应乎。而颜回者，虽箪瓢陋巷不幸短命，然则享五福之"攸好德"，受真乐之大福，彰显永恒不灭之神理，万世留名，又有公爵称号之追封[1]，享受四配祭祀[2]之待遇，其所得者，岂非五福所飨之天命乎。因为运势所致，一时看似有违福善祸淫之规律，然其真实之本体，终究将回归天命本然之常态。此之谓"人众则胜天，天定亦能胜人"[3]者也。

（四）"攸好德"与"恶弱"

不仅如此，倘若再享受五福当中之"攸好德"，则其他四福者，即已全然囊括其中。明德既然获得彰显，即至诚无息永恒不灭也，此乃无与伦比之长寿也。若得大富贵而忘却小富贵，此亦无上之富贵也。不为一朝一夕之忧患痛心疾首者，则心中之康宁远胜于事上之康宁。至于考终命，既然有德，则毋庸赘言。由此可知福善之极意也。六极当中，倘若占得"恶弱"之凶德，则其余之四极已然包含其中。倘若失去至诚无息之神理，则其即便有幸免于夭折而得以长寿，亦与凶短折无异。若欲望无边，只顾贪财惜命，则无论拥有多少财宝而心却为贫穷者也。倘若心底晦暗迷惘，则目之所见耳之所闻皆痛苦之事。如此则即便身无疾病却并不安康；若其常年不断为欲念之心所苦，则虽无忧患而心却难得安宁。由此当知祸淫之极意也。"五福"之第四项说"攸好德"，六极之最后一项说"恶弱"，其中之极意，自当好好领会。

---

[1] 唐玄宗开元二十七年（739）追封颜回为兖国公。
[2] 南宋度宗咸淳三年（1267）规定颜子、曾子、子思、孟子配享，成为四配。根据译者查证：《尚书·吕刑》："惟克天德，自作元命，配享在下。"孔颖达疏："享，训当也。是此人能配当天命在于天之下。"一说，谓配天享禄。孙星衍疏："配谓配天，享谓享其禄，言惟能肩任天德，自作善命，则配天命而享天禄于下矣。"享受配祭待遇时间有先后，周贞观元年（627），唐太宗李世民下诏："天下学皆各立周、孔庙，赠孔子为司寇，谥'文宣'，旋准房玄龄议停周公祀，专祀孔子，尊为先圣，以颜回为先师，配享孔庙。"唐开元八年（720），唐玄宗李隆基命国学祭祀孔子，以孔门"四科"中的十人为"十哲"配享从祀孔子。四科：德行科，颜回、闵损、冉耕、冉雍；言语科，宰予、端木赐；政事科，冉求、仲由；文学科，言偃、卜商。南宋咸淳三年（1267），度宗皇帝诏令以颜回、曾参、孔伋、孟轲四人配祀孔子，史称"四配"。曾参被升为四配之一，于是又增补颛孙师为"十哲"。
[3]《史记·伍子胥列传》有言："吾闻之，人众者胜天，天定亦能破人。"意思是由众多恶人汇集而成的势力兴盛时，其凶暴力量虽然一时能胜过天理，使恶人得以横行世间。但是，只要天下一旦安定下来，无须多久，公理便自然会重新战胜人欲。

下卷之本

四十九、武士需要做真正学问

体充问曰：世俗认为，所谓学问，不过是僧侣打扮的读书文人①或者出家人等所为之事，而非武士当为之事。热心于学问之人，大多文弱，于武艺精进毫无益处，因而在武士中若有人做学问，反倒会遭到非难。此等误解，到底因何而起？

师翁答曰：此皆因为世间伪学问盛行、风气恶浊，污染了众生之心，使人们以为只要死读书籍就是做学问，从而产生此等误判。而真正之学问，乃是以清洁心之污和修正身之行为实也。古昔尚无文字之时，并无可供诵读之书籍，人们仅以圣人之言行为楷模，视之为学问。时至末世，圣人恐学问之本真将失，记之为书，将之规定为学问之镜鉴。直至今日，阅读书物仍是做学问之第一道门。故此，若原本即具清心正行之思量功夫之人，则即便其不阅读书物、目不识丁，亦为做学问者也。若无能使自己心底清明、行为端正之思量功夫之人，则即便其昼夜手不释卷通读五经四书，亦非做学问者也。深切懂得了此真正之道理，则可明白那种误解是何等可笑。内心污浊、行为不端之人，即便凡夫俗子亦会蔑视之，斥责其为畜生。故无有志于做真学问之心者，不可称之为真正之人，而当以之为耻。即如那些口称"不做学问为好"之人，如果对其说"尔等简直是如猪狗畜生一般之恶人"，对方必会怒不可遏，与你拔刀相向；然而若褒扬其为"心地纯良行为端正之君子"，则其必会满脸微笑，喜不自禁。此等情况，说

---

① "僧侣打扮的读书文人"指江户时代以林罗山为典型代表的僧侣打扮的儒学者。林罗山（1583—1657），江户时代初期儒学家，德川幕府林家儒官之祖。出身于京都下级武士家庭，自幼天赋异禀，13岁时被送入京都东山建仁禅寺跟随长老学习儒学与佛法，深受儒学思想影响，彻底转为儒学者，专攻朱子学。后来遇到儒学大师藤原惺窝（1561—1619）并拜入门下，并由藤原惺窝引荐给德川家康，从而走上仕途。根据江户幕府的规矩，侍奉将军侧近者必须是僧侣身份，林罗山也不例外。因此庆长十二年（1607）罗山二十五岁时被迫剃发，法号道春。此后在幕府政治舞台上大显身手，把儒学特别是朱子学思想弘扬为江户时代的政治思想。但关于其剃发从仕的行为，学者们见仁见智。中江藤树曾经撰文《林氏剃发受位弁》，对儒学者林罗山兄弟剃去头发扮成僧侣接受"法印"称号的行为进行了严厉的批判。

明其口称"不做学问才为好"并非此人之本意，而只是因为不解学问之本然真意，错误地将死读书籍理解为做学问了。

至于那些称学问非武士所当为之事者，则是更加愚昧之评判，可谓迷惘中之迷惘者也。因为，只有时刻思量如何做到心清明而行端正，如何践行文武兼备，才是真正之学问。不言而喻，如若世皆知如此心清明而行端正、文武兼备之人方为好武士，则不会认为学问非武士当为之事。而那些所谓"做学问者大多文弱、于武艺精进毫无益处"之说，则不仅仅是未理解学问本意之迷惘，而是文盲诸士嫉妒他人身兼文艺，为掩盖自身为文盲之耻的混淆视听之伎俩。诚乃无理取闹之事也。即便无志于做真正之学问而只研习文艺，亦不至于成为其提升武力之障碍。其详细道理，即如源义经公与弁庆。此君臣二人均于文艺方面优于当时之其他武士，最终作为武士亦不曾劣于其他诸士。及至后世，即便打狗童子亦将源义经①公与弁庆②之武艺奉为楷模，耳听口传而习之也。以文盲而为傲之诸武士，倘或习得义经公和弁庆等人之丝毫，亦可赞誉之。然一味以文盲称傲者，则难以称为好武士。倘若说文盲者必擅长武艺，则耕田除草之田野农夫、伐薪取木之山野樵夫、流落街头之乞丐等等，皆可称文盲之第一也。然此等人均武艺高强者乎？以此等为喻，虽闻之过分极端，然而当今世上此等迷惘积习深重，若无此等夸张比喻，恐难警醒此等心盲之人，故而当头棒喝，以求唤醒之。如前篇所论，论议何者为良之武艺、何者为恶之武艺者，其实均是以自己所长评定善恶而产生之谬误也。抑或因"守株待兔之愚昧"而产生之迷惘也。即便擅长文艺者之中，既有如义经公与弁庆之类武功非凡之人，亦有胆小懦弱之人。文盲者之中亦如此，亦有懦弱之人，亦有勇敢之人。当知只有勇敢之人，方可谓之武艺高强。当认真思考古今之范

---

① 源义经（1159—1189）：日本传奇英雄，平安时代末期的名将，源义朝的第九子。义朝在平治之乱中为平清盛所败后，源义经在七岁时被送到京都鞍马寺学习，改名遮那王。之后投奔奥州，受到奥州藤原氏主君藤原秀衡的庇护。承治四年（1180），源义经与同父异母的兄长源赖朝一齐举兵讨伐平家，在著名的战役源平合战中战功彪炳，威名显赫，后为源赖朝所猜忌，最终兄弟反目成仇。源赖朝得到后白河法皇的院宣后，在全国发布通缉命令追捕源义经。源义经走投无路之下在衣川馆自尽。源义经是日本人所爱戴的传奇英雄之一，而且由于其生涯富有悲剧的色彩，在许多故事、戏剧中都有关于他的描述。逃难中与其臣子弁庆的故事更是为世人所传颂。
② 武藏坊弁庆（1155—1189）：平安时代末期的僧兵，源义经的家臣。他的经历经常被当作日本神话、传奇、小说等的素材，为武士道精神的传统代表人物之一。

例，察知此等言说学问妨碍武艺者之险恶用心。

如前篇所述，倘若努力悟得真正之学问，则可彰显仁义之勇，武功亦必精进也。诚然，其学问之方法亦须与师傅仔细研讨。《中庸》有曰："人一能之，己百之，人十能之，己千之。果能此道矣，虽愚必明，虽柔必强。"①此圣谟之意可谓，若能笃志于天地神妙之道，致力于端行明明德之功夫，则必可开悟，即便生而愚钝迷惘深重者，其本心之良知亦会明白；即便生而柔弱缺乏勇武之人，亦必可彰显其本心之仁义之勇而成武功精进之义也。

《论语》有云："仁者必有勇，勇者不必有仁。"②此圣谟之意可谓，精学儒道达至仁者之位者，可清除人欲而端行天理③，不论遭遇何等凶暴之妖魔虎狼，亦如常人遇到猫狗之类一般，心中毫无惊恐之念。理所当然，即使面临百万强敌，身入刀枪剑阵或烈火之中，其内心亦与平常无任何不同，毫无惊恐之心，而必有无以伦比之勇气。明德不明却生而勇猛者，称之为勇者。此勇者，生来不惧死亡，不畏惧任何事物，此看似仁者之勇，然因其深深迷于人欲，明德之良知晦暗，故与行不义无道之畜生者无异，乃失却天德之仁者也。圣谟教谕之义是，与生俱来之有勇者，应努力习得真正之儒学而使其勇成为仁义之勇；而生性无勇者，亦应努力习得真正之儒学而将其本心所具有之仁义之勇彰显出来。欲认真体会此等圣谟而精修武艺之诸士，当立志也。因为原本兵法、军礼、武艺之爱好、诸士之礼法规矩等，均属于儒道内容之一，皆为圣人所定之天理也。故身为武士者，如若毁谤儒道，谬说研习儒学非武士当为之事，则实属愚昧无知，当以之为耻也。

五十、不读《论语》而解《论语》

体充问曰：若如先生所说，拥有明心修身之思量功夫之人，即便目不识丁亦可为做学问者，则世间所传"不读《论语》而解《论

---

① 关于此句出典的考证，《日本思想大系29：中江藤树》山下龙二注解为出自朱熹《中庸章句》，实出自《中庸·哀公问政章》。
② 语出《论语·宪问》。
③ 此处应是引申自朱子学用语"存天理去人欲"。

语》"之说，岂非合乎道理之谈矣？

师翁答曰：此事之关键是看如何理解。所谓"不读《论语》而解《论语》"，此乃圣人之事也。孔子未曾读《论语》，然而《论语》全篇所述皆为孔子之言行，故真正不读《论语》而解《论语》者，乃孔子也。生来为圣人之下者，必定有天生性习之偏颇，故不读书则难以深入道德之室①。因此，生为大贤之下者，绝无不读书而入道德堂室之可能。尔当知晓，正因世间有诸多"读《论语》而不懂《论语》"者，方有此类为劝诫之假说也。所谓"拥有明心修身之思量功夫之人，即便目不识丁亦可为做学问者"之说，亦为彰显学问之本意、撇除伪学问而提出之假说也。倘若当其为真正之格言，以有恶俗性习之心为基础而行明心修身之功夫，并将其当作圣学来理解，必将谬以千里也。立志要正心修身、文武兼备之武士，即便不读书籍，只要追随儒门之先觉圣贤，明辨自身本心之实体，洗却恶俗之习性，亦可开功夫之眼。

五十一、守株

体充问曰：所谓"守株"，是何意也？

师翁答曰："守株"之寓言②，是用以比喻不懂道理之真假，仅凭眼前表象即蓄意谋事之愚蠢浅薄行为。话说古昔，有山夫在耕种山田之时，忽有一兔从山顶飞奔而下，一头撞在山夫身旁一棵树上，折断鼻梁而死。樵夫见此，心想，此真乃稀世未有之事呀！遂以为此树之干乃是捕兔之良具，捡起死兔回家去了。自此之后，他一有闲暇便来此树干之下，以求再拾得树干捕捉之兔，甚至终日守候。类似于此山夫之执迷者世间多见不鲜，故以此寓言耻笑世间凡夫之妄念。尤其诸如此类迷妄之甚者，自己幸得富贵时即以为似是自己聪明才智所

---

① 语出《论语·先进》："子曰：'由也升堂矣，未入于室也。'""升堂入室"本义是先进门，次升堂，后入室，后用于比喻学习所达到的境界有程度深浅的差别。
② 语出《韩非子·五蠹》："宋有人耕田者，田中有株，兔走触株，折颈而死，因释其耒而守株，冀复得兔，兔不可复得，而身为宋国笑。今欲以先王之政，治当世之民，皆守株之类也。"

致，而倘若自己不幸陷于贫贱，则不认为是自己所为而致，甚或怪罪父母或怨天尤人，此皆人之常有之迷妄也。有幸获得富贵者，命运之与生俱来也，而非己力所为。不幸陷于贫贱者，亦命运之与生俱来者也，既不怪父母，亦非他人所为，更非天道所赐之误也。

另外，有艺或无艺，外表柔弱或外表刚强，皆非成就武道之物，唯有内心之勇方为成就武道之关键。然而若内心迷惘晦暗，则会见有艺者修成武道，便认定艺可成就武道，见无艺之人修成了武道，便又认定无艺、文盲可成就武道，见到外表柔弱者修成了武道，便认为柔弱可成就武道，见外表刚强之人修成了武道，便认定是刚强可成就武道，凡此种种诸说，不胜枚举。因守株不可得兔之道理浅显易懂，故而人人皆知不会执迷。而富贵、贫贱、勇敢、怯懦之道理，因其难以理解，即便身份高贵者亦会执迷不悟。是故以浅显易懂之寓言进行教诫，以解是非难辨之惑。

大唐诸士中，无艺文盲者稀少，百中无一也。故建立大功之大将军、武道高深之武者，皆有特殊之艺能。日本诸武士当中，无艺文盲者多也。故大凡武功高强之士，都无文学艺能。而以艺能立身者，大凡不懂武略武功，仅以艺能为其所长。而读书之人众则又模仿出家和尚或公卿贵族，形成了一种蔑视武道非我等当为之事之风习。众人见惯了此等风习，不知唐国之情形，故以为"无艺、文盲可成就武道"，真可谓与"守株"之妄想如出一辙也。

五十二、真学问

体充问曰：学问无疑是好。然而不少人认为其中许多东西并非需要。我闻之亦以为然，如此认识不知是否妥当？

师翁答曰：此种认识是错误的，是因人们看到有些人擅长伪学问而导致心性和品行不端。即犹如看到有房屋失火就会认为，火虽是好东西，但少许用即可，无需过多也。真正之学问，即犹如煮饭之用火和点灯之用火，过少则难以为用。而伪学问，即犹如烧毁房屋之火，只少许一点，亦会造成灾害。那些看到因做伪学问而变坏之人便厌恶真正学问者，即犹如看到烧毁房屋之火便将煮饭和点灯之火与之视为同物。此等比喻，当认真体会。

五十三、真学问和伪学问

体充问曰：学问之名仅此一个，然差异如此之大，是为何故？

师翁答曰：真正之学问，乃舍弃自我，专修义理，以修炼抑制自傲心之功夫为关要，对父母倾尽孝行，对主君至尽忠节，兄弟之间极尽孝悌，与朋友交则诚信相待。因是以实行五典为第一要务，故越是多实行而认真汲取，则修养品行即愈优秀。仅学表面少许东西而不吸收实行，则难以致用。伪学问者，一味追求博学之名誉，嫉贤妒能，唯彰显自己之名是图，一切为满足自傲之心，置孝行忠节于不顾，一心专注于记诵词章之艺。诸如此类之事越多，其修养品行即越加不端。生于圣贤之下者，鲜有不怀高傲之邪心者。诸如彼等行天下之大逆不道者，抑或疯狂者，抑或相貌怪异者，皆由此傲慢之心所引发。此傲慢之邪心，乃引人堕入魔境①、畜生道②之路径也，须当谨戒之。然而伪学问之中，多存有膨胀此种傲慢邪心之机，因此，若不注意修养消除此邪心之功夫，则必不知不觉中误入歧途，此事不言自明也。

五十四、堕入魔境者之病状

体充问曰：所谓堕入魔境，是指何等情形？

师翁答曰：所谓堕入魔境，即指如下诸情形：耽溺于伪学问，或虽不做学问却暗处来魔③，自傲之心根深蒂固，以至枝繁叶茂而成怪异之风，视他人贱若毛虫，视自己为天下第一，高傲自大、目中无人，视父母长辈之唠叨抱怨为愚昧可笑，毁谤主君嘲弄朋友，妨

---

① 魔境：佛教用语，指恶魔境界。
② 畜生道：佛教用语，与地狱道、饿鬼道并称为三恶道。"畜生"指飞禽走兽、蜎蠕虫蚁等。佛教经论认为，诸有情因造作种种愚痴业，或因身语意各种恶行，死后堕于畜生道中。
③ 暗处来魔：《藤树先生全集》第二册521页《与中西氏》中有"为寸善尺魔者，乃行善事之人心中有傲慢之故也。《礼元剩语》中有戒暗处来魔与内八景者，为此意也"。《礼元剩语》乃明人唐枢（1497—1574）所著。唐枢为湛甘泉（1466—1560）之门下，属于"甘泉学派"之后学中的代表者，但敬慕阳明学。

害孝悌忠信之好生之道，心与邪魔相通，行与恶魔相同。诸如此类，即谓之堕入魔境者也。天生利根无欲而善勇之人，此病多矣。

五十五、厌世闲居亦堕入魔境

体充问曰：做伪学问者之中，有厌嫌世俗应酬、乐于闲居抑或如抑郁症病人闭门不出者，是为何故？

师翁答曰：此即堕入魔境者也。尔等当知，因其傲慢之魔心深重，故将原本无"非"之世间视之为"非"，无论父母、兄弟所为之事，抑或主君所授之俸禄以及朋友之所为，皆无根无据地视之为虚妄之事。因此，其不论左看右看，所有之事皆不合我意，于是厌嫌与世人交际而喜好闭门独居矣。

五十六、文行忠信

体充问曰：在下闻真正之学问，即使不读书亦可做到，然而诸如读艰深难懂之书或难以听懂之讲解之时，又该当如何呢？

师翁答曰：在古昔尚无文字时代，因无书籍，人们仅以圣人言行为标准而做学问。自伏羲创作《易书》，始有文字。之后，人们阅读书籍，明解书之本意，并将其作为自心之镜鉴而做学问。再之后书籍渐次增多，时至孔子时代，则六经①皆具矣。孔门之教者，文、行、忠、信四者也②。文者，六经之文也。行者，随性而行道也。忠信者，斩弃高傲自满之心根而追求诚之道、明明德之功夫也。此四者当中，亦有本末衡鉴差别。忠信，根本也。行者，枝干末梢也。文者，忠信与行之鉴也。通读六经明解其本意并以之为鉴，努力用功修炼根本与末梢之功夫，如此则明德之宝珠越磨越明也。圣人在

---

① 六经：《易》《诗》《书》《春秋》《礼》《乐》。据说《乐经》毁于秦朝。又说六经为《易》《书》《诗》《周礼》《礼记》《春秋》。
② 语出《论语·述而》："子以四教：文、行、忠、信。"朱子《集注》引程子曰："教人以学文修行而存忠信也。忠信，本也。"下文藤树的解释，很明显是与朱子的理解是一致的。

世直接施教之时方需如此用功，何况于末代圣人业已不在之时。如若弃定为镜鉴之圣经贤传①而不讲解，嗜好任由晦暗迷惘之心而做学问，则犹如舍弃灯火而于暗室中之寻物也。

五十七、以心读心

体充问曰：吾闻上自天子下至庶人，皆不可不做学问。然则愚钝不肖之卑贱男女并不会读书，其又将如何？

师翁答曰：往昔圣人在世时，闾巷②之中，每二十五家之区里均有学校，其区里之奉行、代官即为老师，农闲时节讲解书物教喻道理，所以即便愚钝不肖之卑贱男女，亦可善解书籍之本意也。其虽目不识丁，然心却可领会书中之本意，并以其为修身持心之明镜。此等境界，远非时下世间俗儒所能及也。彼等不能用眼睛识得文字，而心却能领会圣人书中之真意，并能将之作为照亮己心之明镜。此可谓之以心读书，乃真正之读书也。不用心领会而仅以眼睛读取和记诵文字者，可谓之以目读书，非真正之读书也。不言而喻，不能以自己眼睛读书，但能聆听深信并熟读圣经贤传者之讲解而领会其中真意，并以之为持心修身之镜鉴者，较之于俗学之读书，无疑乃远胜一筹之读书。故而可说，贱男卑女者虽未读书却已读矣。今时流行之俗学，实乃已然读书而未解读也。此中之深意当切切体会。

---

① 圣经贤传："圣经"意为圣人制定的经典；"贤传"则指贤人为经书所做的注解等书籍。语出唐代韩愈《答殷侍御书》："圣经贤传，屏而不省，要妙之义，无自而寻。"朱熹在《大学章句序》中也说过："宋德隆盛，治教休明，于是河南程氏两夫子出，而有以接乎孟子之传……然后古者大学教人之法、圣经贤传之指粲然复明于世。虽以熹之不敏，亦幸私淑而与有闻焉。"疑藤树或是引用朱熹的话。
② 语出朱熹《大学章句序》："三代之隆，其法寖备，然后王宫、国都以及闾巷，莫不有学。人生八岁，则自王公以下，至于庶人之子弟，皆入小学，而教之以洒扫、应对、进退之节，礼乐、射御、书数之文；及其十有五年，则自天子之元子、众子，以至公、卿、大夫、元士之适子，与凡民之俊秀，皆入大学，而教之以穷理、正心、修己、治人之道。此又学校之教、大小之节所以分也。"

五十八、十三经与七书

体充问曰：自唐国舶来之书籍不计其数。从头开始，皆不可不读乎？

师翁答曰：如此理解大错特错矣。不可不读之书物者，十三经①也。除堪为有助于理解十三经之名儒之书及七书②等，其他书籍读而无益。然若勉为其难读过多之书，则眼睛疲劳而心累，可谓之为不足取之事也。当知史书乃思考古今之事变，以为福善祸淫之印证者也，因此作为消遣余力而读即可。

五十九、十三经

体充问曰：十三经者，何也？

师翁答曰：所谓"十三经"，即指《孝经》《论语》《孟子》《周易》《尚书》《周礼》《仪礼》《诗经》《礼记》《左传》《穀梁传》《公羊传》《尔雅》，此十三部经书，被定为"十三经"。

六十、如何学习十三经

体充曰：十三部经书，篇章字数巨多，以凡夫之天分，实难全部学完。不知其中有无读之一两卷即可理解其纲要之书呢？

师翁答曰：就其根本而言，十三经均是从《易经》的一部分扩展而来，因此只用心学《易经》可也。然而《易经》言简意赅甚为

---

① 十三经是指在南宋形成的十三部儒家经典系统：《周易》《尚书》《诗经》《论语》《孟子》《春秋左传》《公羊传》《穀梁传》《礼记》《周礼》《仪礼》《孝经》《尔雅》。汉立《诗》《书》《易》《礼》《春秋》于学官，为五经；唐加《周礼》《仪礼》《公羊》《穀梁》为九经；至开成年间刻石国子学，又加《孝经》《论语》《尔雅》为十二经；宋复增《孟子》，因有十三经之称。
② 即"武经七书"，宋元丰年间颁行的武学生应试必读的七种兵书，即《孙子》《吴子》《六韬》《司马法》《黄石公三略》《尉缭子》《李卫公问对》。《宋史·选举志三》："凡武学生，习'七书'兵法、步骑射。"

玄妙，普通凡夫恐难理解，故可对《孝经》《大学》《中庸》①以心读心，认真学习，如此则容易领会十三经之纲要矣。学完此三书而后仍有余力者，可根据其学力和时间，学习《论语》和《孟子》。倘若此外仍有余力，则可以学习十三经全书。

如若以为十三经必须学完，则会望而却步，反而心生倦怠。相反，若以为三书之外无需他学，则会视野狭隘而墨守陈规，使明德生气勃勃之妙用反而染上枯萎迂滞之病也。故而须将"三书"定为纲要，其余各书，则根据个人学力而循序渐进而学，立下坚定之志向，将心学作为自己研习之事，以忠信为主，行止坐卧之间时而习之，不急于追求效果，放宽心态坚持不懈，如此必当开悟。至于开悟之早迟，将由天生之聪明愚鲁及用功之深浅而决定。

六十一、真正武道之教

体充问曰：《孝经》《大学》《中庸》之中，不知可有关于武道之说教？

师翁答曰：此三经之中，说孝行、忠节、勇强之处，即为真正之武道说教也。是故将勉于孝行、忠节而动之"勇"定为武道之名。而违背孝行、忠节之"勇"者，则谓之"谋反人"或"盗人"也。此道虽然浅显易懂，然而真正能将其明辨者少之又少，故将谋反人亦褒扬为武道者之风俗，实乃浅薄可悲！曾子曰："战阵无勇，非孝也。"②此贤人垂范之心，无疑是视报恩与尽义理为孝德之通感也。君之恩与亲恩同样，广大之恩德也。忠臣必出于孝子之门③，故明孝德者，必于战阵之中励精武道，建立武功也。如果平日一副遵行孝道尽忠节之模样，而临战阵之时则不励精武道，则非真正之孝行也。此即圣贤所训诫教喻之意也。程子曾将孝经添入武学制④，之所以如

---

① 《大学》《中庸》原为《礼记》中的两篇，义理深刻，宋儒将两篇提出，与《论语》《孟子》一起合称"四书"。
② 语出《礼记·祭义》，曾子曰："身也者，父母之遗体也。行父母之遗体，敢不敬乎？居处不庄，非孝也；事君不忠，非孝也；莅官不敬，非孝也；朋友不信，非孝也；战阵无勇，非孝也。"
③ 语出《孝经纬》："求忠臣，必于孝子之门。"《性理会通》卷二十三白沙要语中亦有此句。
④ 语出程颐《三学看详文》："武学制看详：所治经书有《三略》《六韬》《尉缭子》，鄙浅无取。今减去，却添入《孝经》《论语》《孟子》《左氏传》，言兵事。"

此，即认为不知报恩和成就义理之人，即使天生勇敢亦难以为主君立用，甚或反而为己方招致灾祸也。因此，添加孝经，教人彰显报恩与成就义理之本心，以使人变血气之勇为仁义之勇。圣人用心仅在于此，当深切体会，领会孝行之真谛。

六十二、孔子之兵法

体充问曰：《论语》有云："卫灵公①问陈于孔子，孔子对曰：'俎豆之事，则尝闻之矣；军旅之事，未之学也。'明日遂行……"②由此是否可认为孔子不懂兵法呢？

师翁答曰：此乃天大之误解，大错特错矣。无论任何事情，尤其于发兵用武之事，心地与天时二者尤为重要。若是以仁义之心为根，顺应天时而用，则可谓之仁义之师，乃真正之兵法武道也。若是以邪心欲心为根，违背应当之天时而用之武道，则谓之凶强暴逆之师，乃盗贼劫匪之徒也。然而卫灵公行无道而好攻伐③，为壮盛其凶强暴逆之战争而向孔子问阵。教授此等人兵法，无异于教盗贼以偷盗之手法。孔子倡导"君子不成人之恶"④，故为戒其恶心而唤醒其本心，才回答说自己曾学礼法而不知兵法。夫"俎豆之事"者，礼法也。礼法大体上有五礼，吉礼、凶礼、军礼、宾礼、嘉礼是也⑤。其中"军礼"者，即"兵法"也。孔子回答说曾学礼法之时，即已表示自己已学兵法，此乃不言自明也。孔子如此将"俎豆

---

① 卫灵公（前540—前493）：姬姓，名元，春秋时期卫国第二十八代国君，前534—前493年在位。
② 语出《论语·卫灵公》。"俎豆"指祭祀用的器具。"俎豆之事"，指关于祭祀的事情。孔子的话大意是：祭祀礼仪方面的事情，我还听说过；用兵打仗的事，从来没有学过。
③ 语出《论语·宪问》："子言卫灵公之无道也。"后世均以卫灵公为无道之君王。朱熹在《论语集注·卫灵公》注曰："尹氏曰：卫灵公，无道之君也，复有志于战伐之事，故答以未学而去之。"
④ 语出《论语·颜渊》："君子成人之美，不成人之恶。小人反是。"
⑤ 语出《尚书·舜典》。具体分述则见于《周礼·春官·大宗伯》："大宗伯之职，掌建邦之天神、人鬼、地示之礼，以佐王建保邦国，以吉礼事邦国之鬼神示……以凶礼哀邦国之忧。以丧礼哀死亡……以军礼同邦国。大师之礼，用众也；大均之礼，恤众也；大田之礼，简众也；大役之礼，任众也；大封之礼，合众也……以宾礼亲邦，春见曰朝，夏见曰宗，秋见曰觐，冬见曰遇……以嘉礼亲万民，以饮食之礼亲宗族兄弟，以昏冠之礼亲成男女，以宾射之礼亲故旧朋友，以飨燕之礼亲四方之宾客，以脤膰之礼亲兄弟之国，以贺庆之礼亲异姓之国。"

之事"与"军旅之事"相对比而论，无非是欲表达如下之意："曾学以仁为本之兵法，而专事杀伐而无本之军旅之事乃盗贼之行径，至今从未为学"。圣人宽裕温柔①，话语不直截了当，故凡夫闻之亦不解其真意。倘若卫灵公听闻圣人之言则一改邪心，问礼学道，彰显明德，然后再问兵法，或许圣人会传其于千圣心传兵法之神妙。然而卫灵公并未听进圣言，故圣人翌日便离其而去。极其明明德而与天地合其德，与日月合其明，文武兼备之人，方谓之圣人。孔子原本即是圣人，文武兼具之事毋庸赘言也。将鉴篇②曰："孔子用兵，万世之师也。"又曰："孔子夹谷之师③，堂堂正正，依然五帝三王④之风。"如此之格言务必仔细玩味，以深思孔子神武兵法之奥秘。

六十三、当学兵法之学

体充问曰：纸上谈兵之书学之兵法，即犹如木马学骑，无济于实战，远逊于屡屡征战沙场而立军功者。如此理解，不知当否？

师翁答曰：此评判亦有失偏颇。如若原本即不知随机变通而拘泥于法则者，即便学习了兵法亦与未学者无甚差异。如果学过之后仍不灵活，则说明其不学之时更是如此。即如习字，通常可使十人中之九人，通过学习学会并熟练读书和写字，但其中总有一人因愚笨而学不会。学习兵法亦与之相同，即如从学于才华横溢、深谙军事秘诀之师，若刻苦学习，用心领悟并熟练掌握之，则十人之中当

---

① 语出《中庸》："唯天下至圣，为能聪明睿知，足以有临也。宽裕温柔，足以有容也。发强刚毅，足以有执也。齐庄中正，足以有敬也。文理密察，足以有别也。……见而民莫不敬，言而民莫不信，行而民莫不说（悦），是以声名洋溢乎中国，施及蛮貊，舟车所至，人力所通……莫不尊亲，故曰配天。"
② 语出晚明尹宾商所撰辑《武书大全》。尹宾商，以恩贡授屯留知县，后因为得罪上司，免官归家，闭门著书。据《汉川县志》和《汇刻书目》载，除了《武书大全》，他还著有《阃外春秋》《兵垒》和《草书究原》等。其中《兵垒》为颇有价值之兵书。
③ 此处是指"齐鲁夹谷之会"。是齐鲁两国的一次著名的会盟，盟会上孔子屈强国、正典仪的凛然大义，被称为是"圣人之大司"。会盟后，齐人为孔子的大义凛然所折服，归还了郓（在今山东郓城东）、谨（今山东宁阳北）、龟阴（龟山之阴，在今山东新汶东南境）等汶阳之田。
④ "五帝"一般指黄帝、颛顼、帝喾、尧、舜；"三王"则指夏禹、商汤和周武王（一说为周文王）。

有九人即可成为领军之将才，然其中总有不成器者学亦无益。若有人不顾学成者九人而只以未成器者一人为据而加以评判，则此人即与学亦无益之不成器者无异。也有即便不学兵法亦可感通本心之武德而暗自练达者，此等人若再修习兵法，并领悟用兵之神妙，则如成语所言"如虎添翼"也。不论在唐国还是日本，所谓威名赫赫之名将，无一不是学兵法之人。只凭征战经验丰富者，则很难做到运筹帷幄、得心应手地指挥大军，尤其在遇到大敌强敌之时，则很难百战百胜建立军功。故而可说，大将不懂兵法，即犹如黑夜无灯无火而行陌生之路。

诚然，其中亦或有人虽不懂兵法但侥幸破敌，夺取国家而树立威名。但此乃命运之盛、敌方所予之功名也。如若只看此等侥幸之人而不加思考甄辨，即以为不懂兵法亦无关紧要，则可谓"守株待兔"之流也。因为如若命运之强盛可使昏愚大将莫名其妙发挥威势，即仿佛干枯竹子之箭不可飞远，即便射手之力道强大，亦只能飞出三四町之远；且枪之子弹是铅，并非杀人之物，只有凭借火药之力催动，方可击穿盾牌或盔甲而伤人性命。再说敌方所予之功名，至多可视之为围棋或象棋之比赛。即遇到棋艺差的对手就赢，亦显得其赢棋手法高人一等，然若遇到棋艺高超者，则会大败亏输。大凡决战之胜负皆如此。中国之有名大将数不胜数，众所周知并举世闻名者，可首举太公望、张良、韩信、项羽、诸葛孔明等人。此五人，均在年轻时代生活多舛，从事卑贱之职业，历经苦劳艰辛方从书上习得学问，并无临阵建功之经验，待到时来运转才开始上阵取得胜利，成为千秋奉为典范的无与伦比之名将。中国著名之大将，皆是如此。即使在日本也是如此，如源义经公，年幼时可谓是木马上学习军事兵法，并无临阵建功之经验，然待到与木曾义仲或平家一族交战，则屡战屡胜，成为日本无与伦比之名将。吾等当认真参考如上和汉两国之古例，以明晰"诚"之道理。

另有一喻。大将者，医者也；敌者，病也；士卒者，药味也；军备之法者，药方也，占筮、用间等武略者，四诊之医术也。视敌情而定奇袭或正攻之战术者，即犹如视病情开出攻补之药方者也。丝毫不懂兵法之大将作战，即犹如不懂医道者治疗病人，必会极其危险。仅有战场经验，或曾少许见习排兵布阵和备战方法之大将，即如仅记得稍许药方便靠经验治病之庸医。亦有某些毫无兵法学问之大将，因运势强盛尽遇弱敌而取得胜利，获得封国而扬威名，然此即犹如幸运之庸医，遇到看似病危实则容易治愈之患者而显其功，获取过分之药费而扬其名。而像太公望、张良、韩信、项羽、诸葛孔明、源义经等人，皆精研学问，深谙军事兵法之妙理而建百战百胜之功勋者，即如扁鹊①、仓公②、东垣③、丹溪④等名医，皆精通医学、炼就四诊之妙术而医治百病、屡建起死回生之功者也。若是学得军事兵法却不知变通灵活运用之大将，则犹如虽博览医书却不知灵活使用医术之医生，最终难达治病救人之效果者也。自古至今，如扁鹊一般精通医学能手到病除之医生十分罕见，亦无人可像扁鹊那般做到让病人起死回生。学过太公望之兵书却武功低下者虽然有之，然不学兵法之大将，绝无一人能在征战中如太公望般建百战百胜之功。此当仔细观察审视之。

六十四、打胜仗需要德、才、力、运

体充曰：是否可说只要运势强盛，即能克任何强敌？

师翁答曰：战争之胜负亦有不同，可分为德之胜、才之胜、力之胜和运之胜四类。德之谓者，文武合一之明德也。才者，善于武略，能自由自在地驱使人众，能参知敌情，动于九天之上，藏于九

---

① 扁鹊：战国时代郑国的名医，著有《难经》。
② 仓公：姓淳于，名意（约前205—？），西汉名医，曾任齐太仓令，精医道，辨证审脉，治病多验。
③ 东垣：金代名医，号东垣老人。据考，此人在《医史》中有记载，《医史》十卷，明李濂撰，刊于1513年。本书编录了明代以前的名医共72人的传记，其中卷一至五从历代史书（包括《左传》《史记》以下至《元史》）中辑录医家列传；卷六至十作者参考有关文献，补写了张仲景、王叔和等一些古代医家的传记。藤树为了教资质愚钝弟子学医，大量收集从明国传过来的医书，应该是曾接触到《医史》。
④ 丹溪：朱丹溪（1281—1358），名震亨，字彦修，元代著名医学家，婺州义乌（今浙江义乌市）赤岸人，因其故居有条美丽的小溪，名"丹溪"，学者遂尊之为"丹溪翁"或"丹溪先生"。朱丹溪医术高明，临证治疗效如桴鼓，多有服药即愈不必复诊之例，故时人又誉之为"朱一贴""朱半仙"。倡导"阳常有余，阴常不足"说，创阴虚相火病机学说，善用滋阴降火的方药，为"滋阴派"（又称"丹溪学派"）的创始人，与刘完素、张从正、李东垣并列为"金元四大家"，在中国医学史上占有重要地位。著有《格致余论》《局方发挥》《丹溪心法》《金匮钩玄》《素问纠略》《本草衍义补遗》《伤寒论辨》《外科精要发挥》等。其故里浙江义乌有墓园、纪念堂、纪念亭、丹溪街等。

地之下①，有建百战百胜之功之才能也。力之谓者，人众之势力也。运之谓者，主将天生强运之事也。与敌人正面交锋，运势强者胜也。大军对阵，德胜于才，才胜于力，力胜于运也。双方才德势均力敌时，当为运势强者胜。战争之胜利，才、德、军势强者取胜，然而最后获取国家者，则总偏向于运势强者一方。

在古时中国，曾有蜀国与魏国争夺天下。蜀国，乃后汉之末裔，虽然运势衰弱却拥有诸葛孔明之才德兼备之名将。而魏国，虽然运势强盛，但无可与孔明匹敌之大将。因此每逢交战均为蜀国一方获胜而威震四方。然而因蜀国运势羸弱，孔明天年之命数已尽，在与魏国大将司马仲达对阵期间病死。孔明死后，蜀国之内亦无可与司马仲达②匹敌之大将，加之魏国运势强盛，最终消灭蜀国而夺取了天下。又如项羽与汉高祖刘邦，更为众所周知之事也。项羽与高祖二人，命运可谓不相上下。虽然高祖之"才"略输一筹，然而高祖一方有大将韩信与项羽匹敌，致使在"才"方面亦不相上下。关于双方之军力，初期项羽一方非常强大，故最初阶段项羽军每战皆必胜也。然而项羽其人乃剽悍猾贼而无德；而高祖其人，不仅宽仁大度而有德③，且拥有诸如张良等才德兼备之名将，故使项羽之力渐渐衰弱，最终兵败垓下，自刎于乌江，天下终为高祖所得。是故当以此等古事为例，认真锤炼识别德、才、势力、命运之四种胜负之差异。

六十五、胜负之决定因素

体充问曰：如若才、德、势力、命运皆不分伯仲，将如何决胜负？

师翁答曰：此即如棋逢对手之决胜负。如此"成合战"④之中，

---

① 语出《孙子·形篇》："善守者，藏于九地之下；善攻者，动于九天之上。"
② 司马仲达：司马懿（179—251），字仲达，河内郡温县孝敬里（今河南省焦作市温县）人。三国时期曹魏政治家、军事谋略家、权臣，西晋王朝的奠基人之一。
③ 语出《史记·高祖本纪》："项羽为人，剽悍猾贼……高祖为人，隆准而龙颜，美须髯，左股有七十二黑子。仁而爱人，喜施，意豁如也。常有大度……"
④ "成合战"，日本象棋中一种局面，普通棋子进入敌方某个范围后，可具备与金将一样的功能。

当有天时地利之胜负。须默识而心通之矣①。

六十六、圣人、贤人、英雄、奸雄之别

体充问曰：不知何以区分圣人、贤人、英雄、奸雄？愿闻其详。

师翁答曰：得以充分彰显文武合一之明德、德才出类超群于万众、具有神明不测之妙用者，谓之圣人，三皇、五帝、禹、汤、文、武、周公、孔子是也。次于圣人一等者，谓之贤人，诸如伊尹、付说②、太公、召公③、颜子、曾子、子思④、孟子、孔明、王阳明等是也。德与余才虽次于贤人一等，但大将之才却与贤人不相上下者，谓之英雄，管仲⑤、乐毅⑥、孙子、范蠡⑦、张良等是也，源义经、楠木正成⑧等人，可为日本之英雄。大将之才拔群而其他才能短缺且不明明德者，谓之奸雄，项羽、韩信等是也。

圣人之才德与天地神明相同，故其神妙不可测知，广大无垠，无所不备，无以言表也。贤人之才德，虽大致具备圣人之形态，但却难及圣人神妙莫测之程度。英雄者，其大将之才德虽与贤人相同，然其他才德则逊于贤人一筹，具有英气勃勃之特性。圣人、贤人、英雄，此三者，虽才德有高下大小之别，然均为君子，不论生于治

---

① 原著中表记为"嘿识心通"。"嘿"字应为"默"字之误，"通"字意为"融会贯通"。朱熹在注解《论语·为政》中"吾与回言，终日不违，如愚"一句时用过"默识心融"一词。"默识"则语出《论语·述而》："子曰：'默而识之，学而不厌，诲人不倦，何有于我哉！'"
② 付说：殷高宗时的宰相。
③ 召公：一般指姬奭。姬奭，生卒年不详，又称召公（一作邵公）、召伯，西周宗室、大臣，与周武王、周公旦同辈。
④ 子思：孔子之孙，据传为《中庸》作者。
⑤ 管仲（约前723—前645）：姬姓，管氏，名夷吾，字仲，谥敬，颍上（今安徽省颍上县）人，中国古代著名经济学家、哲学家、政治家、军事家，辅佐齐桓公成为春秋五霸之首。
⑥ 乐毅：生卒年不详，战国后期杰出的军事家、战略家，拜燕上将军，受封昌国君，辅佐燕昭王振兴燕国。前284年，他统帅赵楚韩魏燕五国联军攻打齐国，连下七十余城。
⑦ 范蠡（约前536—前448）：字少伯，春秋事情楚国宛地三户（今南阳淅川县滔河乡）人，担任越国相国、上将军，曾献策扶助越王勾践复国，兴越灭吴，后隐去，著名政治家、军事家、谋略家、经济学家和道家学者，著《范蠡》兵法二篇，今佚。
⑧ 楠木正成（1294—1336）：幼名多闻丸，明治时代起尊称大楠公，为镰仓幕府末期到南北朝时期著名武将。楠木正成一生竭力效忠后醍醐天皇，担任三国守护期间，曾推行减轻赋税、开垦荒地等政策，后在凑川之战阵殁，后世其为忠臣与军人之典范，被视为"武神"，原官位正五位，1880年追赠正一位。楠木正成与战国末年的真田信繁、源平合战的源义经并列日本史中三大"末代"悲剧英雄。

世还是乱世，皆为天下无双之重宝者也。

奸雄者，若只论退治敌人之作用，可说并不逊于贤人、英雄，然因其不明明德、邪欲深重、有生谋反叛逆心之嫌疑，故而若以之为盟友则危险矣。因若国家平定委之以治国之任，其则会成为乱国而挑起纷争者也。圣人，非中国而不生，贤人、英雄，亦为略不世出者也。故而世俗之心不明，迷惑于奸雄之才，不仅不察其内心之奸，而且推崇其为英雄，致使自古以来被篡国夺权之天子诸侯不胜枚举。须当睁亮眼睛仔细审视，小心警惕为是也。虽说如此，然若认为奸雄可弃之不用则为谬误也。因吾之所说旨在强调用之方法之重要。若以例喻之，奸雄即犹如砒霜、巴豆等毒药。倘若将毒药对症用于治疗相应之痼疾，其疾病则可很快治愈。然若见药效之神速便认定其为良药，将其用之于治疗虚症患者，则会致患者当场死亡。同样，若见奸雄破敌擒贼之雄才，便认其为忠臣良将，封其高官赐其大国，或委托其治理天下国家，则会导致被篡国夺权，丧失天下。对待奸雄，当如同良医明白砒霜、巴豆之毒效而不轻率使用，其关键所在是明辨其才能与心志，授予其金银财宝或其所喜好之物，用之以情待之以礼，始终不使其萌生奸贼之心。倘若封之以大国与之权柄，则必招致祸殃也。天子或诸侯者，须当小心警惕，慎之又慎也。

六十七、浪费与吝啬

体充问曰：浪费与吝啬，何者为善？

师翁答曰：浪费与吝啬，即是指钱财使用过犹不及之错误，两者皆乏善可陈。唯有既非浪费又非吝啬，合于中庸适当之用方可为善。上自天子下至庶人，如何使用钱财，乃至关重要之大事也。无正当使用之理由而随意用钱，对不合乎必须给与之道理者而胡乱给与，对本应薄奖之忠功却过分褒之以厚禄，无论建造房屋还是置办家具，皆喜好极尽奢华，毫不在意吝惜和积蓄钱财。诸如此类，世间称之为"浪费"。此类做法由于与君子之清廉正直行为有相似之处，故凡夫俗子观之则以为善而褒扬之。相反，按道理须当花费之事却惜钱不用，须当合理给与之时却不给与，须当大加嘉奖之忠功却只给予微薄之奖赏，修建房屋与置办家具亦降低规格而显得简陋寒酸。如此过分谨慎花费钱财之行为，世间称之为"吝啬"。因此类做法与君子简约朴素行径相类，故被一知半解学问之人视之为善而称许之。然浪费与吝啬，两者皆因心中不明明德而生之疾患，乃事关国破家亡之根本也。故须当慎思之，明辨之。

六十八、用财之工夫

体充问曰：若要践履既不浪费又不吝啬，当如何用工夫？

师翁答曰：准确权衡时、处、位且与之相应之义理，谓之中庸。若以此中庸适当之道为目标定规矩而使用钱财，则不会有过犹不及之私心，是故亦不会有所谓"浪费"和"吝啬"之说。若说如何用工夫，首先须去私欲之污秽，以天道之义理为鉴，判明准确权衡时、处、位且与之相应之处，把握用财之节度。其次，财富之使用，当分为公用、私用、妄费三种。公用者，乃有益于天下、国家之有道，军役公役之费用也；私用者，乃饮食、衣服、居住、妻妾、身边使唤臣仆等之杂用也；妄费者，乃毫无用途而一味消耗之费用也。此妄费者，唯凡夫所为，君子之上者断无此事也。若遵循中庸之不偏不倚①之心法而运用钱财，则会毫无私欲之污浊，清廉正直，私用亦变为公用，二者成同一之天理也。然若不晓中庸之不偏不倚之心法，仅随凡夫之心运用钱财，则或者浪费，或者吝啬，因其私欲污心深重，无论公用抑或私用皆变为妄费，成为同一之人欲也。此乃须当深刻体悟之事也。

六十九、诸侯、家老之私

体充问曰：国之大名或为其家老者，其最大痼疾者何也？

师翁答曰：私之一字也。自私者必任性。任性之人，必听不进他人之不同意见，不顾世间之非难，固执于自心之所欲，但凡自己

---

① 语出朱熹《中庸章句·题注》："中者，不偏不倚，无过不及之名。"

喜好之事，坏事亦全当好事而为之，不分昼夜皆耽于己之所好也；若是非自己喜欢之事，即使是好事亦斥之为坏事而不作为；若是与己性情投合，即便是奸佞小人亦喜欢亲近之，无功而封赏之，有罪而不罚；倘若与己性情不合，则即便是屡屡建功而尽忠节之人亦疏而远之，有忠功而不封赏，无罪却刑加其身。如此不义无道之行为举措，皆为自私之心根所衍生之枝叶也。长此以往，则国法兵法纲颓纪紊，最终亡其国也。故而倘若有丝毫自私任性之念发生，务必警觉此乃毁灭自身、亡国丧家之心魔，自当谨戒之。

七十、谦之一字

体充问曰：何为诸侯、卿大夫者首要操守之善事？

师翁答曰："谦"之一字也。斩除自己因身居高位而骄傲自满的心魔之根，明彰义理之本心，从不侮蔑轻慢他人，心怀慈悲，体恤万民，对诸士以礼相待，善于倾听家老、出头人之谏言，不以一己之智为先，好善如好好色，恶恶如恶恶臭①，此即"谦"之谓也。大舜者，大圣人也，然而其即便小事情亦要咨询他人，倾听身份卑下者意见而加以斟酌，对不合乎中庸者隐而不用，只用其合乎中庸之意见。孔子举其为例②说，正因为能如此，大舜才被尊为神圣，得受千秋之颂扬。再如周公，其子伯禽，被封为鲁国国主，在其第一次赴鲁国上任时，周公旦戒伯禽③曰："我，文王之子，武王之弟，成王之叔父，我于天下亦不贱矣。然我一沐三捉发，一饭三吐哺，起

---

① 语出《大学》："所谓诚其意者，毋自欺也。如恶恶臭，如好好色，此之谓自谦。故君子必慎其独也。"《传习录》下卷中有"人但得好善如好好色，恶恶如恶恶臭，便是圣人"之说，此处藤树应该是采用了王阳明的解释。朱注说："独者，人所不知而己所独知之地也，言欲自修者，知为善以去其恶，则当实用其力，而禁止其自欺，使其恶恶则如恶恶臭；好善则如好好色，皆务决而求必得之。"是对"诚意"的解释。另外，《大学章句》里注为"慊"，意为快意，满意，读音为qiè；藤树改之为"谦"，谦虚之意。
② 语出《中庸》："子曰：'舜其大知也与！舜好问以好察迩言。隐恶而扬善。执其两端，用其中于民。其斯以为舜乎！'"
③ 周公旦：周武王之弟。武王死后，成王继位，年幼，周公旦摄政，受封鲁国。但因周公旦在镐京辅佐周成王，故派伯禽代其受封鲁国。《史记·鲁周公世家》中伯禽临行前"周公戒子"的话。其中"一沐三捉发，一饭三吐哺，起以待士，犹恐失天下之贤人"广为后人传颂、引用。中江藤树在原文中引用了《史记》汉文原文。

以待士，犹恐失天下之贤人。子之鲁，慎无以国骄人。此圣戒之主旨，在于告诉伯禽，我之父亲，文王也；我之兄长，武王也；当今天子，我之侄也。我自身之位，摄政冢宰也。即我身居天下至高无上之尊位也。然而，我洗一次头发的工夫之间，竟要三次握上洗到中途的头发，去面见来访的诸士；我吃一顿饭的工夫之间，都要三次把嘴里的食物吐出来去接见来访诸士。即便如此，我仍旧担忧自己是否有对天下诸士傲慢无礼，是否疏远了贤人。汝今赴鲁国，不可因身为国主而傲慢，不可待人无礼，不可侮蔑轻慢任何人。谨记当如我般谨慎待人。"他一开始便列举文王、武王、成王而表明其位之尊贵，意在说明普通凡夫之所以高傲而失谦虚之德，即因为其自视地位尊贵。故而周公首先列举地位至尊之事，用以表明此乃使人易生骄傲之所在。其意又在于告诫伯禽，身处如此尊贵之位，更须谦德高深，不得有丝毫傲慢，何况身居此等身份以下之位者，更自不待言矣。且说"一沐三握发，一饭三吐哺"，此两句乃是假借之语，即比物假事进行比喻之话语也，旨在以其表明自己具有至高无上之谦德而无丝毫傲慢之心，而非真正说其洗一次头要三次握发中止，用一次膳要三次吐出。

　　大舜、周公者，其才，圣人也，其位，天子、冢宰也，尚且如此，末代之天子诸侯等当遵守之事，未有大过"谦"者也。是故，治国平天下之要领，尽在一"谦"字也。谦德可喻之为海也，万民可喻之为水也。海因其卑下而天下万水皆集而归之，如是，天子诸侯坚守谦德者，则国家天下万民归心乐而从之也。若天下无论贤愚皆乐而从之，则国家天下可自然不治而平也[①]。故《易经》有云："天道亏盈而益谦，地道变盈而流谦，鬼神害盈而福谦，人道恶盈而好谦。"[②]此等圣谟，当虔诚尊信。

[①] 这一段的比喻，似来自老子的《道德经》。然老子主要想论证无为而治和不争的思想，而藤树则想表达谦之德和海纳百川虚怀若谷的态度谦虚待人以礼。《道德经》第六十六章："江海所以能为百谷王者，以其善下之，故能为百谷王。是以欲上民，必以言下之；欲先民，必以身后之。是以圣人处上而民不重，处前而民不害。……以其不争，故天下莫能与之争。"
[②] 语出《周易·谦卦·象传》。

七十一、士之以商立身

体充问曰：当今之世，诸士中不乏一人事多名主君者，以多获取俸禄为立身，如此是否可称之为建功？

师翁答曰：此乃士道甄选无知之弊害也。有才德而尽忠节、建军功而受封高位，得以增加知行俸禄者，方为真正之立身，武士之功绩也。无才德亦无忠节且未建军功，仅凭借强有力靠山拍马逢迎，靠着侍奉主君的数量而提高身价，此可称之为"买卖立身"，即如商人见买家众多坐地抬价而赚取暴利。稍微懂得士道之人，则会以之为耻而憎恶之，更不会以之为功绩。武士立身之心，若与肮脏商人求利之心同样贪婪污秽而不守义理之心，则无任何用处可言。崇敬此等士而发挥作用之先例，不论唐国还是我朝，自古以来未之有也。然而诸家大名却把此等擅长"买卖立身"手法之人当作良士，不惜给予高官厚禄也要纳入麾下，想必是认定其可助自己治国治军而用。倘若果真有此等志向，则如蜀国先主刘备"三顾茅庐"①拜请诸葛孔明出山辅佐之故事，其用心实为可嘉，然而若不参详其人品，则不仅会失弃过分之俸禄，而且还会妨害士道，致使诸士之风因此而日益流于恶俗，实为浅薄可叹之事也。

七十二、流动家臣与术士

体充问曰：诸家大名崇敬此等不守士道之流动家臣，致使武士之风日下，不知具体又该当如何？

师翁答曰：凡研习过心学之士者，则能坚守义理而无邪欲，所以能不为世间一般流俗所左右。而未研习过心学之士者，则易耽于淫邪之名誉利益。现今之武士，尽皆未研习过心学之人，故而耳闻目睹那些擅长"买卖立身"之士跻身时流之风光，则艳羡不已，争先恐后仿效之。由是渐渐玷污士之风气，将遵守士道视为守旧不合

---

① 出自《三国志·诸葛亮传·前出师表》："先帝不以臣卑鄙，猥自枉屈，三顾臣于草庐之中，咨臣以当世之事，由是感激，遂许先帝以驱驰。"

时流，而盛行浅薄之做法。此等现象，皆是诸家大名争相厚待那些无功而靠玩弄手段上位之"术士"所致。若主君善为政事，则其国中诸士，人人皆可为义士勇士也。此种事例，和汉两国均为数不少。然疏远慢待久功之诸士，无端迎合时流尊崇装腔作势之术士，实为憾事也。

七十三、可否事二君

体充曰：如此说来，如古话云"忠臣不事二主"①，主君以外不再侍奉他人，此可谓正确士道乎？夫百里奚去虞国而仕于秦穆公，孟子以为其贤而智也。②若如此，认为换主君而事非士道之评判，不亦偏颇乎？

师翁答曰：如此理解乃大错特错。即如百里奚，其洁心修身而无名利之欲心，揣度其境遇形势迫不得已而更换君主另事他人者，自古以来便是正确之士道。吾唯以为，那些心地不洁而不修身者，只以立身之欲望为宗旨者，并非迫不得已而是毫无道理地顺应时流者，屡屡更换主君只为满足贪婪者，绝非士道也矣。百里奚者原本虞国之臣子也，是因虞国之君行不义之事，而发生了百里奚不得不离开之事，故其离开虞国到秦国，乃不得已而为之。其时百里奚年既七十，是因秦穆公听闻其贤派人前来相请，方事之也。在更换主君而侍这一点上，看似与那些流动奉公者有相同之处，然而两者之内心与做法，则有天壤之别。将两者相提并论，实为浅薄之见。无论将不事二主当作正确之士道，抑或将更换多个主君视为正确之士道，皆是太过拘泥于形迹之错误。只要心地纯洁合乎义理，无论是"不事二君"，还是更换主君而事，皆可为正确士道也。即当知，不管其所行之事如何，只要其发心纯洁、合乎义理，则可视为正确之士道。

---

① 语出《史记·田单列传》："忠臣不事二君，贞女不更二夫。齐王不听吾谏，故退而耕于野。"
② 语出《孟子·万章上》："百里奚，虞人也……宫之奇谏，百里奚不谏。知虞公之不可谏而去，之秦，年已七十矣……不可谏而谏，可谓不智乎？知虞公之将亡而先去之，不可谓不智也。……相秦而显其君于天下，可传于后世，不贤而能之乎？"

七十四、士道之斟酌

体充问曰：对士道的理解该当如何？

师翁答曰：古有齐王之子，名垫，见孟子问曰："四民之中，农工商贾皆各有其所为，吾观今日之士，可谓之酒囊饭袋，终日沉迷于着轻暖之衣服，饮甘美之酒食，不见有任何作为。士也者，何事？"① 孟子答曰："农工商贾者，以劳力养人为事，士之上者，以劳心治人为事，故明明德、行仁义，即为士之所作。"② 若如此，则儒道即为士道，仔细斟酌真儒之心学可也。若非如此，则其领会亦不合义理者也。近代甲斐国③之武田信玄④者，亦通文学、善斟酌之大将也，然不知真儒之心学，故其军鉴⑤之领会，合乎真正义理者少也。应当好好体会。

七十五、真士道者忠孝也

体充问曰：原本一直以为精通武道即是士道，并对此深信不疑。先生却说，明明德、行仁义，方为士道。如此说来，世间懂得士道之武士自古以来当为数不多。虽说如此，不论是过去还是现在，士道也立，国亦得以治理，所以那难懂之心学是否根本就不需要呢？

师翁答曰：据说，有位名叫盗跖的强盗曾经高谈阔论说，世间

---

① 《孟子·尽心上》中有一段问答："王子垫问曰：'士何事？'孟子曰：'尚志。'曰：'何谓尚志？'曰：'仁义而已矣。杀一无罪非仁也，非其有而取之非义也。'"
② 此处似把《孟子·尽心上》（见上注）与《孟子·滕文公上》中下述一段结合引用了。"有大人之事，有小人之事。且一人之身，而百工之所为备，如必自为而后用之，是率天下而路也。故曰，或劳心，或劳力；劳心者治人，劳力者治于人；治于人者食人，治人者食于人；天下之通义也。"
③ 甲斐国：古代日本一分国名，七世纪前后成立，属东海道，俗称甲州，今山梨县境内。战国时代为武田信玄所统治。
④ 武田信玄（1521—1573）：日本战国时期甲斐国著名政治家、军事家。从四位下大膳大夫，信浓守，甲斐守，甲斐武田氏第十七代家督，一生战功彪炳，有日本"战国第一名将""战国第一兵法家"之称。
⑤ 军鉴：《甲阳军鉴》，甲州流军事兵法书，编纂于江户时代，主要论述了以武田信玄和武田胜赖父子为中心的甲州武士的治军、指挥作战、施政等经验以及他们的抱负和理想。"甲阳"即指"甲斐国"。

没有比偷盗更好之事，尧舜禹汤之仁义者，无益之事也。所以执迷不悟之世间凡夫如此作想也无可厚非。然而，其真正的问题是，它反映了人们为明德和仁义等名称所缚而困惑之怀疑。其实，明德仁义者，乃我等人之本心之别名也。此本心乃生命之根，世间所有生存之人，无明德仁义之心者未之有也。爱亲者，仁也，忠君者，义也。彰显此忠孝之心并端行之，即为明明德而行仁义也。而学习之即谓之心学。

武道，乃是忠孝之一种，若忠孝之心真实，则武道亦必然高强。如果明了此道理，则可知只要精通武道即是正确士道，行仁义而非士道之错误认识即可轻而易举纠正。不仅如此，当知古往今来，从未有过背叛父母、谋反主君、专行恶逆不道而能立道治国者，诸如即便抛弃仁义之道亦可立士之道和治国之说法，实属荒诞可笑之谈。而那些背离仁义之道只为私欲所动之勇武，乃是谋反之人、是强盗，而非武道也。故不做参详，便将那种威武勇猛、自恃武功高强而嗜好杀人者认作精通武道之人，诚乃浅薄可叹之事也。

七十六、武道之修行

体充问曰：先生言之有理，然而若总没有威严勇猛之武功修行者，岂不会使武士之用柔弱？

师翁答曰：征战沙场，或者该当动武之时，可不得不展示威风勇猛，然而于平素无事之时，威猛则毫无益处。若说是为了战场之用而平日无事亦威风勇猛行事，则可说如同是预先多喝一杯无用之水，乃愚笨之行为。例如精研排兵布阵，犹如平素即头戴战盔、身披甲胄，加之练习武艺学习兵法，有助于提高武道之修养，故当以其为平常之修行。那些嗜好威武勇猛夸耀武功、动辄杀人者，并无益于提高武道之修养，反倒成为武道修行之障碍。其原因在于，耀武扬威夸示武功之人，必定嗜好羞辱他人且争强好胜之心强盛，必然会于打架斗殴中无谓而死，致使父母忧心、主君损失俸禄，故浅薄至极也。因为即便在打架斗殴中表现勇猛，亦不过是狗咬狗之中之猛犬而已，有心之士均应以此为羞耻。

平素保持温和柔静，即便不威严勇猛武力高强，只要其忠孝之心真诚，亦当成为武道修行之证明。古代时有一人名杨丰，其女杨香①，年十四，时随父上山耕田，路遇老虎突然跳出欲吃掉杨丰，杨香飞跑过来紧紧扼住老虎脖子救下父亲。此杨香，年方十四，且为女子，显而易见并无威严勇猛高强武功，可谓柔弱矣。然而徒手扼虎一事，其武道不弱于樊哙也。由此当察知，即便不威严勇猛修炼武功，而做忠孝仁义之修行方为重要。所以说，杨香之如此武勇，唯深爱其父之一念之仁之发动也，孝行忠节之心倘或真诚，任何人均可武道高强，此道理显而易见。当以此理深刻体会仁义之勇之真意。

---

① 典出《二十四孝》之"杨香扼虎救父"的故事。"晋杨香，年十四岁，尝随父丰往田获杰粟，父为虎拽去。时香手无寸铁，惟知有父而不知有身，踊跃向前，扼持虎颈，虎亦靡然而逝，父子得免于害。"

下卷之末

七十七、何为狂者

体充问曰：所谓狂者，是指何等人物？

师翁答曰：所谓狂者，是指能悟道体①广大高明之处者，然而因其尚不能精致入微，悟至中庸机密之境地，故其见性成道之心术粗粝迂阔，修行方法迥异，遂成逸狂者也。于大唐有许由②、巢父③、牧皮④、曾晳⑤、子桑户⑥、庄子；于天竺有释迦、达摩等杰出之狂者。人因生而不同，故求学悟道而见性成道之位阶亦有不同，可分为上中下三个等级。中行者，圣人之下、亚圣大贤也。此可谓三位阶之中第一位阶，上位也。狂者得中行之下，第二位阶，中之位也。第三位阶，下之位也，狷者也。⑦而做学问但未达此三等位阶者，则谓之俗学者。可仔细领会之。

七十八、圣人为太阳，狂者为星子

体充问曰：即便同为狂者，亦有巢父、许由、曾晳等人，其思想教法不传于世间，而释迦、达摩之思想教法却不仅传于其所生之

---

① 语出《近思录》。道体：指宇宙本体，道之根源。
② 尧想把帝位禅让给许由，许由逃走，隐于箕山，说是听到了不洁净的话而清洗耳朵。
③ 有巢氏：舜的时候，隐于山中，于树上筑巢而居住，认为许由清洗耳朵的河流已经被污染了而不肯涉渡。
④ 牧皮：孔子门下。《孟子·尽心下》："万章问曰：'孔子在陈曰：……''敢问何如斯可谓之狂矣？'曰：'如琴张、曾晳、牧皮者，孔子之所谓狂矣。'"
⑤ 曾晳：名点，曾参之父。《论语·先进》中有记载，孔子让弟子们各自说出自己志向的时候，子路、冉有、公西华等人都说出了自己的政治志向，唯有曾晳回答的是："莫春者，春服既成，冠者五六人，童子六七人，浴乎沂，风乎舞雩，咏而归。"孔子大为感慨，喟然叹曰："吾与点也！"
⑥ 语出《庄子·大宗师》有记："子桑户、孟子反、子琴张三人相与友，曰：'孰能相与于无相与，相为于无相为？孰能登天游雾，挠挑无极；相忘以生，无所穷终？'三人相视而笑，莫逆于心，遂相与为友。"
⑦《论语·子路》中有关于狷者狂者不得中行的言论："子曰：'不得中行而与之，必也狂狷乎！狂者进取，狷者有所不为也。'"

国，更远远流播于大唐、日本，此为何故？

师翁答曰：此问甚好！自古以来鲜见有能明辨此理者也。举例说来，圣人如太阳，狂者如星子。白天有太阳光，即使星子存在然并不能得见其光，及至夜晚，日光不照而星光明亮也。如此，许由、曾皙等人之时代，有尧、舜、孔子等太阳如日在中天照耀，狂者之思想即使存在，亦如正午之星光一般，无人信仰并实践之，因此狂者亦无意弘扬自己之思想而立自己之教法。是故并无其教法留传于后世。庄子出现在圣人之日光隐去而世间处于暗夜之战国时代，强力弘扬其狂者之见解，教授与人且著述成书，成为唐国之狂者师祖。然而当时因圣人之日光隐去并不甚久远，所以其星子之光并不太强。以此为喻可以知道，没有圣人日光之暗夜，狂者之星光方得以闪耀。即便在圣人辈出、拥有三才一贯和中庸精微思想之大唐国，尚且于圣人日光隐去之后方有如庄子者显现于世，更何况于天竺之国，圣人竟未曾出现一人，从开天辟地到释尊时代，一直沉浸于暗夜未开化国之状态，故释尊狂者之见教得以为其终生信仰，亦确有其道理。天竺国没有圣人至高之教，故难能悟入三才一贯、中庸精微之机密境界。只能将悟得其广大高明之偏端，想定为大觉明悟，并将其立为改善天竺蛮昧风俗之教义，用以教化众生而已。

且说彼唐国，于战国之后，气运否塞①未出圣人大贤，陷入暗夜迷惘时代。此时天竺狂者释迦之教始入唐土而流传。倘若当时是圣人之日光正午时分，释迦之教必当不传。若论其证据，参考许由、曾皙等人之事便可知也。然而日本初次通渡大唐国之时，正是大唐国佛法流传正盛时期，便受之而归，流布日本。原本，释迦、达摩创立教法之本意，是因为悲悯众生之迷惘和浅薄，为劝善惩恶而创作出形形色色之寓言故事，虽然其精神殊可嘉许，但因其德乃为狂者之德，且其教法亦基于天竺之未开化之风俗而立，故皆为逸狂偏颇者也。而且其所劝进之善，亦非真实无妄之至善，违背三才一贯、中庸精微之至道，且多有妨害人之至道之处。即便是圣人中庸之法，若拘泥于形迹，亦会成为妨害人道之事物，何况狂者偏颇之法，因其尽流于形

---

① 语出《灵宝无量度人上品妙经》卷四："元始大梵，三气推延。分判二象，植立万天。神灵罗布，造化生成。生成陶育，五气流行。六气代迁，荣谢相仍。气运否塞，大劫缠绵。"

迹，故虽然释迦、达摩原本之发心是为劝善惩恶①，但至于末流，却亦如淫声美色一般，流变为破善劝恶迷惑人心之事物。虽说导致如此之结果可归咎于后世之比丘僧侣，然而归根结底是由于此教乃狂者之见解，并不纯粹成熟，致使其教法亦粗陋迂阔。释迦、达摩等人，实乃优秀狂者也，倘若得遇圣人，必当悟入中庸精微之机密境界，修行致于中行之位阶。即便不能致于中行程度，亦当如许由、曾皙等人一般，不至于创立迷惑斯世之教法。出生于未有圣人出世之未开化国度并传布教法，乃看似有幸实为不幸也。

七十九、狂者与佛

体充问曰：吾闻唐国与天竺相隔十万里，而且释尊之做法与唐国狂者之做法不同之处颇多，如何能说他们皆是同样之狂者？

师翁答曰：以语言和做法来斟酌判断，乃心盲凡夫之所为，实为浅薄之迷惘也。拘泥于国度和语言、做法，乃心之迷暗，借此迷暗而去理解大道、区分儒道佛道，恐怕不成。

首先应该不拘泥于形迹，善于观察心之道理。虽然国别、世界千差万别，各有不同，然而原本都是由太虚神道之中开辟而来之国土，故神道者，十方世界②皆为一也。因此，虽然国土远隔、语言不同、风俗各异，然而其心中之位阶，原本为同一实体之神道也。故不论唐土、天竺还是我朝日本，抑或是其他国度之间，并无丝毫差异。故此，那些心明眼亮之哲人，会丢弃因处所变化而变化之形迹，而以任何国度皆不变之同一之心进行评判。

一般来说，不论圣人贤人，狂者狷者，均凭借唯一之心见性成道，故仔细观察其心，然后为其定位可也。庄子与释迦、达摩之间，语言、做法虽然不同，然因其见性成道之心相同，故而或曰狂者，或曰佛，名称虽然不同，其见性成道之心之位阶却无差异，于天竺之

---
① 语出《左传·成公十四年》：《春秋》之称，微而显，志而晦，婉而成章，尽而不污，惩恶而劝善，非圣人谁能修之。"
② 十方世界：东、西、南、北、东南、西南、东北、西北之八方，加上上、下两方，合称十方，意指整个世界。

国，将之崇称为如来佛而尊贵之，于大唐国则名之为狂者，其心之位阶居于中行之下也。当知其中真意即如"难波芦苇伊势荻花"①之谚语所说。

八十、见性成道

体充问曰："观察其见性成道之心之位阶"，诚非凡夫俗子之所能及也。不知拥有何等学问方可察知之？

师翁答曰：目视于物，由上而下观之，则容易看得分明。若由下往上仰视，则不易观看且难以分辨清楚。以心观察心，亦是如此。以圣贤之心视狂者、狷者、凡夫之心，则如日月照亮万物一般。以狂者、狷者、凡夫之心视圣贤之心，则与置身山谷之底点燃松明火把观看山峰无异。是故，以真儒之心学以外之学问，则难以明辨而知之也。唯有仔细钻研琢磨真儒心学，达致大觉明悟之位阶，而后再观察庄子、释迦、达摩等人之心，方可如白昼分辨黑白两色般一目了然。

若已修习庄子、佛学并得其真意而后辨识圣贤之心，则可如站在富士山之山麓仰望其顶峰。故而可说，在追随释迦之流当中，虽然聪明者众多，然而因陷于偏执，迷言称自己所供之佛最为尊贵，或称佛法中即便小乘教之粗浅教义亦远超儒道之极上乘之学说，或称释迦为大圣而孔子为小贤，或称佛教为内典圣教而儒道为外典俗书②，甚或称儒道乃外道，等等，以此迷惑世间诓骗世人。此类议论，实为深陷"盲蛇不可怕"③之迷惘之心，无视世间众生之信口开河也。殊不知其理已违背其道之始祖释迦、达摩之心，不仅极其浅薄，而且可谓我慢邪慢④、自高自大之蠢话，实为可悲可叹也。那些

---

① "芦苇生于难波则为芦苇，生于伊势则为荻花"，意为同样事物，在不同地区所冠以的名称不同，但其本质（心性）并无不同。
② 佛教信徒称佛教经典为"内典"、佛教为"圣教"，称佛典以外的书籍均为"外典"，儒教为"外道"。
③ 译自日文成语"盲蛇に怖じず"，指无知者对危险事物因无知而不觉害怕。
④ 我慢：佛教用语，七慢之一，指执着于自我，认为自己最高明而轻视他人。邪慢：佛教用语，七慢之一，指自身没有德行却妄称有德者，即成就恶行，恃恶高举之人。

身份显赫、头脑聪明却误选步入此道者，概因其教之法违背中庸也。虽然其立法之心根良好，但因其只咀嚼末流之学者错误理意，故而犹如自以为在攀高峰其实却正跌入谷底。如若不再执着于一己之私，去除争强好胜之"唯我独尊"之心魔，忘却佛与儒之名称之差异，专心致力于原本之至诚无息①、"儒佛不二"之心学，悟得"太虚寥廓"②之神道，则可解任何疑问，万事可明矣。

八十一、批孔子老子皆释迦弟子之谬说

体充问曰：承蒙先生之教诲，得知佛乃居于圣人之后第二位之见性成道者也。然而闻有经文记载，佛者曰："我遣三圣化彼真丹"③。此经文之意是说，释迦以其佛力，派遣三名佛弟子入大唐国，命其化身为老子、孔子、颜子三人，以普度大唐国之众生。以此经文观之，孔子颜子皆释尊之弟子也。于是佛者以为孔门弟子不明此等因缘而一味排斥佛法，实在荒谬无理云云，大肆讥讽嘲笑。是否真有此等因缘呢？

师翁答曰：那是顽固偏执之僧侣如谚语所说，"井底之蛙焉知大海"④，因其仅修习佛学就自以为无高过佛道之学问，故而为儒者排佛而愤怒。而其虽自高自大之邪心强烈，但却知道若以道理论之自己并无胜算，故捏造故事，假托释迦之名而欲以对抗儒者之排佛。释迦乃优秀之狂者也，断然不曾有此等龌龊争斗嫉妒之心，然而捏造此等浅薄谎言，让释迦背负无妄之罪，此之于释迦，实乃罪人也。之所以说其捏造之故事于理不通，主要基于如下之理由。人

---

①《中庸》中有："至诚无息，不息则久，久则征，征则悠远，悠远则博厚，博厚则高明。"《传习录》中有："先生以为，良知如同明镜。圣人致知之功，至诚无息；其良知之体，皦如明镜，略无纤翳，妍媸之来，随物见形，而明镜曾无留染，所谓'情顺万事而无情'也。"
②《日本思想大系29：中江藤树》山下龙二先生注；语出《素问·五常政大论》。但据笔者考证，此句或语出《素问·天元纪大论》："臣积考《太始天元册文》曰：'太虚寥廓，肇基化元，万物资始，五运终天。'"
③语出《摩可止观》："元古混沌，未宜出世。边表根性，不感佛兴。我遣三圣，化彼真丹。""真丹"即《震旦》，古印度（天竺）对中国的称呼。"三圣"指老子、孔子、颜回，三人分别为"伽叶菩萨""光净菩萨""月光菩萨"。
④典故出自《庄子·秋水》。

之出生，看似父母所为，然却并非如此，而是受太虚皇上帝①之命，由天神地祇②化育而成。如此，不能明辨此神理，而编造释迦靠佛力遣送佛弟子入大唐国化身为孔子等之故事，实乃滑稽可笑，无稽之谈也。佛者当中，擅长制作佛像之工匠者古来多也，若说曾有专为释尊所制作之木像，应当所言不虚。但若说有释尊以佛力而生成一个活生生的人，则绝无可能，因其即如用水烧制物品一般。更何况，从释尊之妙觉位阶观之，其仅仅相当于大唐国之狂者之位阶，其见性成道远远劣于孔子，故而，说孔子等乃是释迦之弟子化生之说法难以成立。

总体说来，佛书皆是以寓言写成之书。那些仿照诓骗愚民之笔法，试图写出对抗儒道之寓言的僧侣，其心性亦甚是愚蠢浅薄。不仅如此，诸多沙门僧人，高傲自大之邪心至深而编造种种谬说，或者粗略学习少许儒书文意之皮毛，根本不懂其真髓理意，便妄论儒佛之深浅、高下、真假虚实、内外之差别，大行尊佛毁儒之道。此等沙门僧，自古以来不知其数。此类做法，皆是因受尊爱他人而贱视自己双亲之凡心迷惘所致，诚如朝天吐痰，愚蠢浅薄至极也。

若说其中缘由，则因天神地祇者乃万物之父母，故使太虚之皇上帝者成为人伦之太祖。以此神理观之，则不论圣人、贤人、释迦、达摩、儒者、佛者、他人还是自身，世界上所有生为人形者，皆为皇上帝、天神地祇之子孙也。与此同理，儒道乃皇上帝、天神地祇之神道也，凡具人形而毁谤儒道者，皆为毁谤其先祖父母之道、违背其命者也。如前所述，敬畏我等人类之大师祖皇上帝、大父母天神地祇之命，谨遵其神道而受用之者，名为孝行，又名之为至德要道，亦名之为儒道。教之者称为儒教，学之者称为儒学，学习之后能心守之而身行之者，谓之儒者也。

诚然，释尊乃大致悟道之狂者，早已亲自背负其父净饭王之棺，

---

① 语出《尚书·汤诰》："王归自克夏，至于亳，诞告万方。王曰：'嗟！尔万方有众，明听予一人诰。惟皇上帝降衷于下民。若有恒性，克绥厥猷惟后。夏王灭德作威，以敷虐于尔万方百姓。"皇上帝者，大皇帝之意。《藤树先生全集》之第一册第622页，有"盖自天降生民"之注中有"天即皇上帝也"。另外，《藤树先生全集》第一册第31页中对"慎独"之解中有"太虚寥廓之皇上帝、太一元神之一"字句。
② 天神：指天上的神，司掌日月星辰、风雨雷电等。地祇：指国土之神，司掌五谷、山林等。

并于《梵纲经》①讲说孝顺至道之法②，然而其本人黯然于孝行而未能开悟致于孝德之全体、精微之境地，故未能进升致于中行位阶。如若其曾闻儒道，想必会尊信且加以受用，因从其讲说孝顺至道和为父负棺之举即可推知。然而其末流之僧侣邪慢之心强盛，不明不尊父母最为可怕之诸多道理，信口胡言毁谤儒道，诚乃无比浅薄之迷惘也。

八十二、佛法有碍于道

体充问曰：巢父、许由者，虽为狂者，然而尧舜并未予以排斥；曾晳、原壤③亦狂者也，孔子亦未予以斥责。因此，既然释迦为狂者，就没道理去排斥佛法。然而程子曰："老佛皆是正路之蓁芜，圣门之蔽塞，辟之而后可以入道。"④又曰："佛氏之言，比之杨墨，尤为近理，所以其害为尤甚，学者当如淫声美色远之，不尔，则骎骎然入于其中也。"⑤朱子曰："异端虚无寂灭之教，其高过于大学而无实。"⑥又曰："至于老佛之徒出则弥近理而大乱真。"又曰："程夫子兄弟者出，得有所考以续夫千载不传之绪，得有所据

---

① 《梵纲经》（《梵纲经卢舍那佛说菩萨心地戒品》）第十卷，亦略称为《梵纲戒经》，说有十重禁戒，四十八轻戒等。
② 《梵纲经》卷下，有说释迦忏悔："孝顺父母师僧三宝。孝顺至道之法。孝名为戒。亦名制止。"蕅益大师《梵网经合注》："故总提孝顺二字。以为其宗。父母生我色身。依之修道。师僧生我戒身。籍之成佛。三宝生我慧命。成就菩提。故一一须孝顺也……"
③ 原壤：春秋时期鲁国人，是孔子的老相识。《论语·宪问》："原壤夷俟。子曰：'幼而不孙弟，长而无述焉，老而不死是为贼。'以杖叩其胫。"《礼记·檀弓下》："孔子之故人曰原壤，其母死，夫子助之沐椁。原壤登木曰：'久矣予之不托于音也。'歌曰：'狸首之斑然，执女手之卷然。'夫子为弗闻也者而过之。从者曰：'子未可以已乎？'夫子曰：'丘闻之，亲者毋失其为亲也，故者毋失其为故也。'"马融注曰："原壤，鲁人，孔子故旧。"皇侃注曰："原壤者，方外之圣人也，不拘礼敬，与孔子为朋友。'朱熹《四书章句集注》："朱熹注曰：'原壤，孔子之故人。母死而歌，盖老氏之流，自放于礼法之外者。"三注家之说皆本于《礼记·檀弓下》所载"原壤丧母"之事。
④ 语出程颐《明道先生行状》："自道之不明也，邪诞妖异之说竞起，涂生民之耳目，溺天下于污浊。虽高才明智，胶于见闻，醉生梦死，不自觉也。是皆正路之蓁芜，圣门之蔽塞，辟之而后可以入道。"
⑤ 此句引自朱熹《论语集注》对"子曰：'攻乎异端，斯害也已！'"一句之注：范氏曰："攻，专治也，故治木石金玉之工曰攻。异端，非圣人之道，而别为一端，如杨墨是也。其率天下至于无父无君，专治而欲精之，为害甚矣！"程子曰："佛氏之言，比之杨墨，尤为近理，所以其害为尤甚。学者当如淫声美色以远之，不尔，则骎骎然入于其中矣。"杨，即杨朱；墨，即墨翟。
⑥ 语出《大学章句序》："异端虚无寂灭之教，其高过于大学而无实。其他权谋术数，一切以就功名之说，与夫百家众技之流，所以惑世诬民，充塞仁义……"

以斥夫二家似是之非。"①不知为何如此排斥佛老？

师翁答曰：巢父、许由、曾皙、原壤等人，由于尧舜孔子之日光强盛，其狂者见解并未广泛传播成为世教之障碍。加之其为"惟狂克念作圣"②之人，故不必加以排斥。程子、朱子时代，儒道隐暗，而佛法昌盛广为流传，末流之僧众信口开河，胡言乱语，制造违背释尊本意之言论，创立教法惑乱世间，诓骗众人，不得已方如此排斥之，以为天下后世解明迷惘。亦即说，此乃引用孔子"叩打原壤之胫"而"责其为贼"之祖述而进行的抗辩，并非无根无据。若非佛氏之流拥趸者皆如曾皙、原壤，固执己心狂者之见妨害世间教化，则程子、朱子等人亦绝不会如此进行排佛。因君子拥有仁孝之心切，见天下将陷于污浊，人伦将被引向禽兽之域而痛心疾首，故而进行了强烈排斥。此与佛者出于争强好胜之邪心而嫉妒儒道所行之事不同。

八十三、佛教与儒教之不同

体充问曰：释尊创立其教法，其本意是为了劝善惩恶。且释尊乃是悟得道之大意之人，故我认为其教法并非那种迷惑世间诓骗世人、陷世间众人于禽兽境界之教。如此认识不知当否？

师翁答曰：有此疑惑亦不无道理。如果没有研究过《易经》，此理的确不好理解，吾在此仅解释其粗浅大意。子曰："差之毫厘，谬以千里。"③此圣谟之意为，建立修道心法之方法，不可有丝毫差错，不然其议论及形迹均将有千里之谬错。所以，如若不先辨明开悟之精粗、生熟、高下和心法建立之差别，则不论儒佛，均难以分清其虚妄与真实。

夫人之迷悟分为两极。迷时则凡夫也，悟时则圣人、贤人、君

---

① 语出《中庸章句序》。
② 语出《尚书·多方》："惟圣罔念作狂，惟狂克念作圣。"
③ 语出《礼记·经解》引《周易》曰："君子慎始。差若毫厘，谬以千里。"王阳明惯常使用"毫厘千里"之句。

子、佛、菩萨也。其迷与悟，全在于一心。人欲深重、无明①之云厚重，令心月之光微弱而晦如暗夜者，谓之迷惘之心也。积累学问修行之功夫，清除人欲，驱散无明之云而使心月之灵光明亮照耀者，则谓之明悟之心也。此明悟之心者，于佛教，则名之为无心、无念、本佛、妙觉佛、化身佛等等，亦称之为无碍清净位②。前章所述得以明悟高明广大道体之狂者之心，即处于此位阶。正因如此，其将明悟之心之无欲无为自然之灵觉定为真心，定为真性，定为灵性，定为佛心，定为佛性。此即为释尊、达摩心法之真实也。三大乘③之观念和一千七百则之公案④，无一不在此真实之中。此无碍清净位、无心无念之本佛者，乃不思议之体⑤，毫无欠缺及可置喙之处，而儒教则居于此无碍清净位之上，可以超人思维之神通之力，明辨神理与灵气，将二者视为"不二之二、不一之一"⑥，实现更高精进之"神化"⑦。得此神化之后，则谓之圣人，乃至妙天真⑧、艮背敌应⑨之位也。而能结成此神化之半纯熟圣胎⑩者，则名之为亚圣大贤，是为中行之位也。中行之位，亦居于无欲无为自然之真心和无碍清净之位之上，可结至妙天真、艮背敌应之圣胎，故其议论、形迹无异于圣人。此即所谓大一（太虚）天真之神道也。

　　许由、巢父、曾皙、庄子、释迦、达摩等人，已经明了无欲无为自然之真心，达至无碍清净之位，将之认定为至极中道、认定为

---

① 无明：佛教语，指不知意识心之虚幻，是十二缘起法中的第一种，即根本性无知之意，被佛教视为人类存在的最根本之烦恼，因不能理解事物的真实而迷惑和痛苦。
② 无碍清净位：指无任何障碍和烦恼之境界。
③ 三大乘：大乘三义，性乘（理乘）、随乘、得乘。指的是真如、万行、佛果。
④ 公案：指禅宗赋予参禅者命题中基于过去高僧问答文案撷取的精句。
⑤ 不思议之体：指超越人之思维之姿态。
⑥ 不二之二、不一之一：指神理与灵气，二者为一、一者为二，乃一体之两面。
⑦ 神化：意指不可思议之变化。源自《周易·系辞下》第一章："神农氏没，黄帝、尧、舜氏作，通其变，使民不倦，神而化之，使民宜之。易穷则变，变则通，通则久。是以自天佑之，吉无不利。"
⑧ 天真：上天赋予之真性。
⑨ 源自《周易·艮卦》："艮其背，不获其身。行其庭，不见其人。无咎。"《象传》释为："艮其止，止其所也。上下敌应，不相与也。是以不获其身，行其庭不见其人，无咎也。""艮"之意为动时与静时均止于常所（仁、孝）；"敌应"指的是阳爻与阳爻、阴爻与阴爻正对。此处藤树意指圣人位于最高之德，能够正确应对万事。另外，宋明理学推崇艮卦为最善。
⑩ 结胎：原为道教用语，指"成为圣人之德结于内心"；纯熟：指让圣胎纯粹化、成熟化，最终成为圣人。王阳明《传习录》上卷说："只念念要存天理，即是立志；能不忘乎此，久则自然心中凝聚，犹道家所谓结圣胎也。"

山顶。然而由于其未能结成至妙天真、艮背敌应之圣胎，故而虽然其心也无欲无为清净自然，但其应事接物之言论、形迹，则为狷狂妄行，与圣人之艮背敌应之天真背道而驰。诚然，虽说其与天真背道而驰，但由于其具有无欲无为之清净自然之心，故不可谓之"恶"也。虽然不能谓之为"恶"，但不合"天理"者即非"天真"，故可谓之为"无欲之妄行"也。而圣人将其称为"狂者"，若着眼于其"狂"字而观之，则"无欲之妄行"之义不言自明。

仔细体察一下便可知，佛者乃是以明悟元气（根源之气）之灵觉为至极，未悟元神（根源之神理）之灵觉者，因其仅以无欲无为自然为心法而放任元气之灵觉，故其心也粗阔，其形迹也狂妄。儒者奉穷理、尽性、至于命为心法，不言而喻可无欲清净无为自然无碍。因其专注于遵从元神灵觉，故而其心也精妙，其形迹也中正。陈乐轩①所言"儒者悟道，则其心愈细；禅家悟道，则其心愈粗"，正是阐明了此意。元神较之于元气，真可谓"不二之二，不一之一"，虽然二者仅有毫厘之差，但其言论、形迹之谬误却可相差千里。佛者之教法虽为劝善惩恶，然其所劝之善并非"皇极"②之至善，故其所惩之名之为"恶"者当中，亦有非真正之恶者也。如不淫③之类即是如此。

释尊十九岁舍弃天子之位而隐遁山中，三十岁成道之后，不尽人之本分营生，时常乞食生活，乖离人伦，嫌弃人事，游说种种权教④和方便，诱骗欺瞒愚民，此皆因其将此无欲无为自然清净之位阶定为极上之善，放任于元气之灵觉，并由其毫厘之差而生无欲妄行之谬误所致。信仰佛教之后世僧侣，并不用心修行明悟释尊之妙觉之真性和无碍清净之位，而是只顾模仿释尊之无欲妄行之形迹，其傲慢之邪心较之于凡夫俗子更为深重。他们高谈阔论巧言善辩，无论任何琐碎小事都要一争高下，专行诳骗劝诱愚蠢民众之事，即便同为佛教中人，亦以唯我是尊之偏执互相争论和诽谤，较之贪心农

---

① 陈藻：南宋中后期闽学传承的一位重要人物，字元洁，号乐轩，其师祖林光朝为当时大儒，曾做孝宗朝国子祭酒，朱熹兄事之。其弟子林希逸著有《鬳斋考工记解》《三子口义》《庄子鬳斋口义》《老子鬳斋口义》《列子鬳斋口义》等，为南宋著名理学家。
② 《尚书·洪范》谓中庸之最高之道。
③ 不淫：佛教有"不淫戒"。
④ 权教：相对于"实教"，为了方便理解为设的教义，即假说。

夫相互争夺农田之地界更为浅薄。然而，对于佛僧们的种种诓骗众人之说，有人却说佛者超越太虚即是达到了最上最尊贵位阶，故已再无敬拜父母兄长之理，亦有人称颂黄檗禅师①弑母之事为真正之大孝行，甚至有人说三纲五常之道乃是今生现世之虚假幻象，不可能结成菩提之果等等。甚或有人传教众人说，即便是弑君杀父之大恶之人，只要凭借念佛之功力，亦必定往生极乐净土。②除此之外，亦有巧言令色编造各种寓言故事蛊惑人心者，将人引向禽兽领域，妨害世间之教化。凡此种种，不胜枚举。之所以出现此状况，虽说可归咎于末流僧侣未认真学习之过错，然而究其根本原因，则在于释尊之无欲妄行。释尊之心地，虽其无碍清净之位可称之为善，然而其妄行，则妨害天真之教法，必须加以排斥。

  古时，有位名为原壤之狂者，为孔子之旧友。后来原壤之狂者之见日渐强烈，出现需要排斥之妄行。于是孔门诸贤问孔子是否该当与原壤绝交。孔子说"故者毋失其为故也"③，最终并未与之绝交。虽然未与之绝交，然而见到"原壤夷俟"之时，却斥其"为贼"，用自己手杖敲打原壤小腿而进行了责备。仔细思考此圣行之本意则知，之所以不与之绝交，是为"吾不得中行而与之必也狂狷乎"④之意，而之所以敲打其小腿，则是欲使其认识到妄行之错误，引导其进入中行之位阶。此即所谓"不屑之教诲"⑤矣。后世承继洙泗教泽之真儒⑥，均以此圣谟为宪章，肯定释尊之心而排斥其妄行，教化彼等醉心于灵鹫山糟粕之僧侣，以使其成为儒家良背敌应之学者，可谓成就"仁民"⑦之一端也。

---

① 黄檗希运禅师。住持黄檗山，门下学人常达千余众。风百丈怀海门下，深得马祖、百丈洪州禅法之精髓，又因势创新，故其接引之法更见单刀直入，机锋峻烈，棒击喝问，语势兼用，创立"黄檗禅"，并开启其后之临济宗。著有《传心法要·宛陵录》等。藤树所言其"弑母之事"，乃其母思念出家三十年未归的儿子哭泣失明，黄檗相遇而不相认，坐船离去时，其母追赶，黄檗眼看生母堕水溺亡的公案。后世佛门解释黄檗此举属于"大孝，出家修行，度父母出离生死轮回"。
② 此种说教是指净土真宗，如净土真宗第八代宗主莲如上人（1415—1499）所书《叹异抄》中，就有"善人尚且能往生，况恶人乎"之说教。
③ 语出《礼记·檀弓下》："丘闻之：亲者毋失其为亲也，故者毋失其为故也。"
④ 语出《论语·子路》："不得中行而与，必也狂狷乎！狂者进取，狷者有所不为也。"
⑤ 语出《孟子·告子下》："教亦多术矣，予不屑之教诲也者，是亦教诲之而已矣。"
⑥ 《礼记·檀弓上》记曾子谓子夏曰："吾与尔事夫子于洙泗之间。"后世以"洙泗"代称鲁国的文化和孔子的教泽。
⑦ 仁民：将仁爱和仁义施之于人之意，语出《孟子·尽心上》："亲亲而仁民，仁民而爱物。"

八十四、中行与狂者之差异

体充问曰：倘若说元神、元气乃通一不二之实体，则想必狂者之心亦达至无碍清净之位阶，可以明悟元神之实体。可否如此理解？

师翁答曰：圣人乃生知安行与天同体，自然元神、元气一贯妙用，活泼泼地也。大贤以下之人，需要通过学问修行方可达至开悟，其见性成道之过程，犹如登台阶一般，一阶一阶，狂者尚不能悟至中行所能开悟之位阶，狷者亦不能悟至狂者所能开悟之位阶。恰如登山一般，自山麓至于峰顶，虽皆为山之一体，若不能登上山顶，则不能详细明辨峰头之草木。恰如元神、元气，虽皆为一心，然若不能止于兼山①之顶，则断不能悟得元神之灵觉。

八十五、修行亦有真妄

体充问曰：如此说来，于尚未达到中行之时，儒家学者与佛门学者岂不是一样的？

师翁答曰：其心之位，心如意马奔跑②不定之阶段，于初学时虽是一样，然其修行之道，却有真妄之差别。再以登山为譬喻，儒家学者所力行之道者，恰如最终可通达山顶之道路也。因其"平常""不易"③，故可谓之天真。佛家学者所修行之道，则如刚登山及八高处，便有山棱横陈，不通山顶，亦无可攀之路，只能扒开杂木茅草前行。因其险峻实为人所不能通行之处，故谓之妄行。所谓初学阶段彼此心之位阶并无差别，指的是彼此登山路程相同，其高低相等之意。然而彼此脚底下之道路，则有真实而易于攀登者与虚

---

① 语出《周易·艮卦·象传》："兼山，艮，君子以思不出其位。"所谓"兼山"，因艮形似山，双艮重复叠加之卦，意为艮背敌应之圣人位阶。
② 佛教用语"意马心猿"，是指人心中涌起的烦恼和欲望如奔腾的马匹。王阳明《传习录》中用作"心猿意马"："先生曰：'教人为学，不可执一偏。初学时心猿意马，拴缚不定，其所思虑多是人欲一边，故且教之静坐，息思虑。'"
③ 平常、不易：对于中庸的"庸"，程颐解释为"不易"，朱熹解释为"平常"，故此处藤树用"平常""不易"代指中庸之道。

妄而难以攀登者之分。此当认真体会！

八十六、五戒与五常之区别

体充问曰：佛者曰，五戒①与五常，名虽不同，其心却相同，吾以之为然，不知先生以为如何？

师翁答曰：此乃"不知京都为何物"之妄说也。夫五常者，天地神祇之大德也，乃人生之天性，比之佛门尊位无上妙觉之佛性，乃是更高一阶之无上无外之天德。若说与拘泥于偏执一事之五戒佛法相同，则犹如说金与铅虽名称不同却同为金属之争论，原本即无须争辩之事，然而未学心学之人，大凡要受其迷惑。

（一）"仁"与杀生戒

仁者见不嗜杀生者，便不辨天理真妄，将不杀生视为仁之全部内涵，以为杀生戒即谓之仁也。其实此乃似是而非之论。夫仁者，乃天神地祇发育万事万物之神道，人间慈爱之神理也，原本即是亲亲、仁民、爱物，虽然视不背生理毁坏一草一木为仁者之常，然而亦将杀死彼等不畏天道、恶逆而祸害生理之罪人者，视之为仁。以弑杀与不弑杀而论仁与不仁，实乃愚蠢凡夫之见也。罪不当诛而杀之，当然不仁。而犯有当诛之罪却不杀之，则妨害神道生理之事，与杀死无罪者同样，是为不仁也。然而如今佛家所谓杀生戒之根本，既主张跳蚤虱子亦不可杀之法，又强调连弑君杀父之恶人均可原谅而不可杀。此乃似仁而不仁，似善而恶，似是而非者也。此等虚骗之类如何可与真正之神理相提并论！

（二）"义"与偷盗戒

称偷盗戒为义可也。然而，"义"乃天德之"利"②，即为人类

---

① 五戒：佛教用语，杀生戒、偷盗戒、邪淫戒、妄语戒、饮酒戒。
② 《周易·乾卦》卦辞中有"元、亨、利、贞"。朱熹《周易本义》当中解释"元"即"大"，"亨"即"通"，"利"即"宜"，"贞"即"正"之义。《周易·乾卦·文言传》中，分别将四者与"仁礼义智"相当。下文中出现的"天德之亨"亦参考此项注解。

自己果断之神理，感通天下之万事①而为天下服务之本，故而，如果仅以不偷盗之粗浅一理便将其谓之高明广大之"义"，则无异于将近江国三上山②等同于富士山。

（三）"礼"与邪淫罪

将邪淫罪喻为"礼"，虽然二者有相似之处，但"礼"乃天德之"亨"，人之恭敬撙节③之神理，可感通天下之万事，乃上至宗庙朝廷下至民间，履行人伦之交、冠婚丧祭、饮食、行兵布阵等之礼仪准则，而主宰万事之天理，故而若仅此"不邪淫"一项便称之为"礼"，则如将一勺水称之为大海。更何况其所谓"不邪淫"并不合乎天理。之所以说如此，乃是因为其将拥有一妻之外者皆称为邪淫，可谓之"死法"也。儒道之法中，规定庶人只可娶一妻。而自天子至于士，则根据各自的身份地位，可有后、夫人、世妇、妻、妾④等数人，顺从自然天则，并不拘泥于一妻。究其根本原因，乃在于传宗接代之道，而某些妇人不能生育子嗣。诚然，僭越其身份地位所定数额之外者，则为邪淫也。即便是其定额之内之妻妾，但若与之行不适"时"之交媾，亦为邪淫，当戒。遵循与"时"相符之义理，乃是法治之关键，可称之为"活法"也。

与此相对，佛法规定出家人须受不淫之戒。此可谓毫无道理之妄法也，无异于让饥渴之人斋戒饮食。是故末世之僧侣难以忍耐淫欲，挖空心思寻觅男女交合之法，于是即想出了男男交合之便，并称其为无阴阳之地与非交合之处，而非执着于色欲。如此以佛家惯有之巧言诳骗，不顾信徒之感受而以之为色欲之变，将年幼男童扮成女儿行状，称之为"稚儿"或"喝食"⑤，使其成为和尚上人之妻。真乃粗俗至极，无以言表也。不淫戒之法，原本即违背天理，至于末流后世，竟然堕落为如此畜生不如之做法。有佛门之人传说

---

① 语出《周易·系辞上》："感而遂通天下之故。"
② 三上山：位于现滋贺县野洲市形状酷似富士山的山。
③ 撙节：抑制、节制之意。语出《礼记·曲礼上》："是以君子恭敬、撙节、退让以明礼。"
④ 语出《礼记·昏义》："古者，天子后立六宫，三夫人，九嫔，二十七世妇，八十一御妻；以听天下之内治。"至于"妾"，《礼记·内则》有语："娉则为妻，奔则为妾"，是男人所纳身份地位低于"妻"的女性。
⑤ 喝食：均指日本寺庙里做杂役工作的带发少年男子。

此道由文殊所开创。而文殊乃是修得菩萨善果①之人，显然不会有此种浅薄之欲心，当为佛家所擅长之胡编乱造之言。夫妇之别，原本属于"智"②，然而佛家竟然将其归之于"礼"，此种做法若非不懂儒道，便是难寻可与饮酒戒相对应之处。

（四）"信"与妄语戒

将妄语戒称之为"信"可也。然而信乃天德至诚、人间真实无妄之神理，五常百行之根本，圣人皆曾有言"自古皆有死，民无信不立"③，如此广大无边亲切无类之天性，仅仅归于"不妄语"，无异于将九牛一毛视为全牛。

（五）"智"与饮酒戒

将饮酒戒称之为"智"亦无说服力。如此将两者对应者，大概是由于见凡夫俗子酒酣之后心黯然而威仪乱之事，然而此乃饮酒者之过失而不应当归罪于酒，若归罪于酒则犹如因噎废食。倘若遵从"不及乱"④之儒法而用酒，则可合宾主之欢，可润肌肤、活气血，可谓百药之长也。何况酒亦是祭祀所必用之物，不可一味禁止。明辨事物之是非方为"智"也。如此般一味固持偏曲邪僻之戒者，何以称之为智者？而且，"智"乃以天德之贞⑤明辨人间是非之神灵，是灵妙综合众理主宰万物之神理，故而谓饮酒戒为"智"者，实如以石喻玉。诸如此般将似是而非之事混为一谈而以假乱真者，不是真正愚蠢，便是别有用心。总而言之，佛者之法皆多邪僻。间或偶有合乎道理者，亦因其固执拘泥于一隅之义而成僵死之法。故而受用者则无不为其法所束缚而僵化，真乃浅薄至极也。

---

① 善果：指皈依佛门后修成正果，达到"菩萨"境界。
② 《中庸》中说："文理密察，足以有别也。"朱注将其归于"智"之德。中江藤树于此处把"别"理解为"夫妇之别"了。
③ 语出《论语·颜渊》："子曰：'足食，足兵，民信之矣。'子贡曰：'必不得已而去，于斯三者何先？'曰：'去兵。'子贡曰：'必不得已而去，于斯二者何先？'曰：'去食。自古皆有死，民无信不立。'"孔子于兵、食、信之中最以信为重。
④ 语出《论语·乡党》："惟酒无量，不及乱。沽酒市脯不食。不撤姜食，不多食。"
⑤ 《周易·乾卦》乾卦辞中有"元、亨、利、贞"。朱熹于《周易本义》之中的解释可参考前注。

八十七、何为佞人

体充问曰：所谓佞人者，是何等之人？

师翁答曰：心地诡诈而善欺骗者谓之佞人。佞人往往富于才智、艺能、文学优于常人，巧舌如簧而邪欲深重，不守义理。拥有骗人如野狐、害人如虎狼之心地者，乃佞人之栋梁也。此等人善于掩藏其野狐虎狼般之邪心，利用才智、艺能、文学和能言善辩化作君子而诓骗世人，其诡诈之程度，即使狐狸亦望尘莫及。凡夫俗子皆被其迷惑，将其当作君子而称颂。自古以来，被此等佞人诓骗而丧失天下或家国者数不胜数。不仅被世俗称颂为高僧大德之诸士，即便在以艺能立身之武士俗儒之中，此等佞人狐狸辈亦不鲜见。此乃天子及诸侯当格外小心谨慎之事也。

八十八、何为乡原

体充问曰：所谓乡原①者，不知是何等之人。

师翁答曰：世俗中将所谓巧言令色者②称之为乡原。此等乡原，机灵善辩，小聪明优于常人，无论处理何事皆滴水不漏。在世人眼中，他们躬行孝悌忠信，深谙廉直无欲，几乎无可挑剔，然而其心志全在获得当今世人称颂之名誉，专注于如何得其主君信赖而获取出人头地之利益，全然不顾义理与法度。因其心根被名利欲望之污泥玷污，故无论其对孝悌忠信之躬行，抑或对廉直无欲之喜好，皆流于表面，并未根植于心。他们审时度势、见风使舵，其行看似孝悌实非真正孝悌，看似廉直无欲其实并非真正廉直无欲，因其心中不守义理而以利害得失为准则随机应变，故而多为不谙武道之人。世俗中"机变者必胆小"之说，即是指此等乡原者的表里不一、口

---

① 乡原：是两个词语合成的一个概念，"乡"指行政区划中的乡，"原"指原人，故"乡原"的字面意思是指"一个地方的老实人"，但实际上往往用以指伪善人。如《论语·阳货》中说："过我门而不入我室，我不憾焉者，其惟乡原乎！乡原，德之贼也。"《孟子·尽心下》中说："阉然媚于世也者，是乡原也。"
② 日语原文为"目口干燥者"，指善于察言观色且能说会道以至于眼睛酸涩、口干舌燥者。

是心非。乡原者以名利之欲心为本而随机应变判断利害得失，故而极其擅长鉴别利害，毫不以违背义理为耻。故此，即便其生来本有勇气，但临关键时刻亦必会心口不一。

君子生来亦机敏聪明，但与乡原的精明机变品级不同。君子对乡原所热衷的名利之欲不屑一顾，而对义理之是非则非常敏感。由于君子对利害得失毫不在意，故根本不顾有利无利，只专注于建立义理，决无表里不一、口是心非之事。然而世间乡原者居多，而君子却非常鲜见，乡原之机变已成司空见惯，因而世人有此习惯之说亦无可厚非。此等乡原，机巧善辩而不囿于形迹，不留滞于事物，其表面行为看似与中行之君子无异，但却是有害于道德者，因此孔子对其格外痛恨，斥之为"德之贼"也。放眼当今之世，诸如此类乡原者何其多也，有志之士当仔细明辨之，切不可与之亲近交好也。

八十九、权之真正含义

体充问曰：吾闻不合通常之礼法而合常道者，乃是权道之道①。如此可乎？

师翁答曰：权者，圣人之精妙用法，神道之总名也。大而言之有尧舜之禅让、汤武之放伐，小而言之有周公之吐哺握发和孔子之恂恂便便②，其一言一行之至微，皆为权之道。然若因此即说"背经而合道者谓之权"③，却大错特错也。程子早已纠正了此种论说之错误④。权，秤之锤也⑤。以权来命名神道之名义，乃是因为圣人

---

①《孟子·离娄上》："淳于髡曰：'男女授受不亲，礼与？'孟子曰：'礼也。'曰：'嫂溺则援之以手乎？'曰：'嫂溺不援，是豺狼也。男女授受不亲，礼也；嫂溺援之以手者，权也。'"
②《论语·乡党》："孔子于乡党，恂恂如也，似不能言者。其在宗庙朝廷，便便言，唯谨尔。"讲的是孔子在不同场合的言行表现。
③ 对于《孟子·离娄上》中"嫂溺援之以手者，权也"一句，赵（赵岐）注："权者，反经而善也。当以道援天下，权时之宜，拯世以道……"指的是根据情势而采取的应急措施。赵岐（？—201），字邠卿。京兆长陵县（今陕西咸阳）人，东汉末年经学家、画家。初名嘉，字台卿，对《孟子》的研究颇深，对后世有一定影响。《十三经注疏》中《孟子注疏》的注本即是赵岐所作。
④ 语出《论语·子罕》："子曰：'可与共学……可与立，未可与权。'"《论语集注》有朱注："程子曰：'汉儒以反经合道为权，故有权变权术之论，皆非也。权只是经也。'……'愚按：先儒误以此章连下文偏其反而为一章，故有反经合道之说，程子非之，是矣。然以孟子嫂溺援之以手之义推之，则权与经亦当有辨。"
⑤ 语出朱熹《论语集注》："程子曰：'……权，称锤也，所以称物而知轻重者也。可与权，谓能权轻重，使合义也。'"

与天同体,至诚无息,不停滞于事物,不拘泥于形迹,独来独往生动活泼,其所行之处皆正好符合天道之神理,恰如秤砣不固定于一处,而是在秤杆上来回移动而称量物之轻重,停留在恰好适当之处。所谓"权",即犹如此般称量物之轻重①之光景。

大贤以下之人,因为气质所累②,明德不显,不能够行权道,是故圣人便为天下人制定了礼法。此礼法亦即权道,然而既被定为礼法,则有了形迹,失去了变通之灵活,故便不再称之为权,而称之为礼法也。

非大贤之人大多不明此真意,徒将礼法之形迹理解为真实之权道,不能领会圣人制定礼法之本意和权道之妙用,而固执于礼法而一意孤行,违背"时中"③之妙理,故可称之为"非礼之礼"④,乃君子不取之行为也。此等将"非礼之礼"误作真正之礼而惑于其中之人,见到圣人贤人之形迹与礼法不同便产生质疑,认为礼与权是各自不同之事。

倘若不知此"权"字之精义,即便有志于研修心学,努力去"致知力行"⑤,亦终必陷入"欣真落法"⑥之迷茫境地。《大学》中所说之"能虑",即是指能详细辨别此"权"之功夫;而"能得"⑦,则是指能理解受用此"权"之事。即有法而不拘泥于法,无所在而无所不在,无定处而无不定处,乃此"权"字之真意也,当仔细体会。

九十、权为功夫之目的

体充问曰:若如此,初学者能否行"权道"呢?

---

① 此处"权"指以秤称量,源于《孟子·梁惠王上》:"权,然后知轻重。"
② 朱子学观点:人的身体和感情等,都是由气和质形成的,气和质的清浊之分,造成人生而有贤愚之差别,从而影响到人对本然之性(道德之本性、明德)的发现和彰显。
③ 时中:应时而守中。语出《中庸》:"君子之中庸也,君子而时中。小人之中庸也,小人而无忌惮也。"
④ 语出《孟子·离娄下》:"非礼之礼,非义之义,大人弗为。"
⑤ 对于《大学》之"格物致知",朱子认为是"穷尽知识",而王守仁认为是"致良知"。
⑥ 指"喜得知真实而落入错误之礼法"之义。
⑦ 语出《大学》:"知止而后有定,定而后能静,静而后能安,安而后能虑,虑而后能得。"朱熹与王阳明皆将"能得"理解为"获得至善"。

师翁答曰：权者，圣人之妙用也，非初学之人所能用。然而，功夫之目标，仍必须以"权"为基准，此即如使用步枪射击。稻富①所要射击之靶心与初学者欲射靶心完全相同，然而稻富每发必中靶心，而初学者之射击往往连靶框亦难打中。二者之命中率虽然有天壤之别，但并不意味着后者可以错误选定欲射靶心而训练射击。如同此理，初学者之受用与圣人之妙用虽有天壤之别，然而若不以权为目标而用功，则无可以彰显明德之途径。

九十一、权者道也

体充问曰：子曰："可与共学，未可与适道；可与适道，未可与立；可与立，未可与权。"②据此圣训观之，是否可说"权"并非初学者该当妄论之事。如此理解当否？

师翁答曰：此圣训，其主意旨在为学者"画"定适合各自之位阶③，戒喻其不可志存高远而不笃，并非是说初学者不该妄论"权"。所谓"可与共"之学，亦即学习此"权"之学也；"可与适"之道，亦即此"权"之道也；"可与立"之道，亦即此"权"之道也。"权"外无道，道外无权。权外无学，学外无权。唯于其受用之处有生熟、大小、粗精之分矣。是故，此圣谟之主意在于，明确功夫成就之次第，指出至极无上之神道，揭示学者之基本目标。孟子道性善，言必称尧舜。公明仪曰："文王我师也，周公岂欺我哉。"④上述圣贤之教言，当认真体会，而仔细明辨。倘若不知此基本目标，即便为心学之徒，亦将迷滞于"欣真落法"之境地，而徒增非礼之礼。

---

① 稻富：稻富一梦（？—1611），名直家，后改名裕直、理斋，后出家取号"一梦斋"，安土桃山时代至江户时代初期之炮术家。
② 语出《论语·子罕》。
③ 语出《论语·雍也》："冉求曰：'非不说子之道，力不足也。'子曰：'力不足者，中道而废，今女画。'""画"是指划地自限。
④ 语出《孟子·滕文公上》："滕文公为世子，将之楚，过宋而见孟子。孟子道性善，言必称尧、舜。世子自楚反，复见孟子。孟子：'世子疑吾言乎？夫道一而已矣！'成覵谓齐景公曰：'彼丈夫也，我丈夫也，吾何畏彼哉！'颜渊曰：'舜何人也，予何人也，有为者亦若是！'公明仪曰：'文王我师也，周公岂欺我哉！'"

九十二、权之误解

体充问曰：洪氏曰："权者圣人之大用。未能立而言权，犹人未能立而欲行，鲜不仆矣。"①若以此格言所见而言，则感觉先生之教，不免有劝超越位阶之弊。先生以为如何？

师翁答曰：此格言之主旨，并非在于告诫以权为功夫之目标者，而是告诫那些误解权之真意而有害于道之人。此类人分为两种，一种是陷入狂见之人，其只见权道之不着礼法和不拘形迹之表象，不懂中庸精微之基准，无限放任无欲之心，将不拘泥于形迹、不着礼法视为至极之道，而与神道之权背道而驰。学禅之人即多迷执于此等心境。之所以如此，是因其根本不懂权之实体自始至终皆乃中庸精微之神理，而不着礼法和不拘于形迹，只不过是权之形体而已，即可谓视影为形之误矣。另一种人则是俗儒，其只知将博学而不拘礼法视为"权"，而不知明辨时中之适当，无限放纵欲心而违背礼法，虽然其内心亦略知自己有所不义，但由于其过于心高气傲，故而往往借助"权"之名为自己巧辩脱罪，欺瞒门人蛊惑世人，从而妨害世间之大道。正是为了告诫上述两类伪权之人，朱子才在《集注》中引用了洪氏之言。当仔细明辨之。

九十三、经与权并无区别

体充问曰：淳于髡②曰："男女授受不亲③，礼与？"孟子曰："礼也。"曰："嫂溺，则援之以手乎？"曰："嫂溺不援，是豺狼也。男女授受不亲，礼也。嫂溺，援之以手者，权也。"曰："今天下溺矣，夫子之不援，何也？"曰："天下溺，援之以道。嫂溺，援之以手。

---

① 洪氏，宋代洪兴祖。洪氏曰："《易》九卦，终于《巽》以行权。权者，圣人之大用。未能立而言权，犹人未能立而欲行，鲜不仆矣。"程子曰："汉儒以反经合道为权，故有权变权术之论，皆非也……"
② 淳于髡（约386—310），齐国黄县（今山东省龙口市）人，战国时期齐国政治家、思想家，齐之赘婿，齐威王拜其为政卿大夫。事迹见于《战国策·齐策》《史记·孟子荀卿列传》《史记·滑稽列传》等。
③ 原典出自《礼记·曲礼上》："男女不杂坐，不同椸枷，不同巾栉，不亲授。"本文引用的段落出自《孟子·离娄上》。

子欲手援天下乎？"吾观《孟子》此章，则以为经与权当有区别，先生以为如何？

师翁答曰：汉儒中有人主张"反经合道为权"之说，乃是对《孟子》此章之误读也。此章之中所说之"礼"，乃是指"礼法"也。礼法，乃是为天下万民日用通行所制定，用于平常之急务，而面临非常变故之时则无礼法。道者，乃充满太虚须臾不离身者也，故平生日用之礼法者，亦为道也。处理非常变故之"义"者，亦为道也。而权者，则是此类道之总称也。礼法之本虽然亦是权之一种，然而事物有固定样态和形迹，难以以"权"命名之，故称之为"法"。嫂溺者，突发变故也，因并无救嫂之礼法，故不言"嫂溺援之以手者，礼也"，而说是"权也"。权为道之总称，权即为道，道即为权，故可以不说"道也"而说"权也"。倘若此章之中所记为"男女授受不亲，礼也。嫂溺，援之以手者，道也"，则"反经合道"之说即不为谬误。但因其将之称为"权也"，便使其只拘于一个"权"字，故令人生惑也。

此章之主旨，并不在于说教"礼"与"权"之区别，而在于开示儒者之道，即揭示儒道以上律天时下袭水土①止于至善②为根本，而不是拘于法和形迹之性质。淳于髡以自己私心揣度孟子，见孟子因憎恶当时诸侯之无礼而不去为官出仕，即认为孟子是拘于礼法之人，故而以嫂溺之事为寓讽喻孟子。正因如此，孟子方才予以告之，儒者之道乃是以权为主要基本，不停滞于物，不拘泥于形，是为活泼泼之道，为了解其惑特意不说"道"而称之为"权也"。《孝经》有曰："夫孝，天之经也，地之义也，民之行也。天地之经，而民是则之。"③因经与权同为道之总称，故不可有"经与权之辨"之说，而说礼法与权则可说略有区别。然而，由于礼法者原本乃权道之"节文"④，若合于时宜而用，则礼法即权道也。若不合时宜而

---

① 语出《中庸》："仲尼祖述尧、舜，宪章文、武，上律天时，下袭水土。"朱熹解释说："律天时者，法其自然之运。袭水土者，因其一定之理。"
② 语出《大学》："大学之道，在明明德，在亲民，在止于至善。"
③ 语出《孝经·三才章》。
④ 语出《孟子·离娄上》："仁之实，事亲是也；义之实，从兄是也；智之实，知斯二者，弗去是也；礼之实，节文斯二者是也；乐之实，乐斯二者。乐则生矣，生则恶可已也，恶可已，则不知足之蹈之、手之舞之。"

用，则违背权道，成为非礼之礼，毕竟，礼外无权。权与礼，虽然名称略有不同，但实则一理也。此理当细细咀嚼体会。

九十四、信仰神乃儒道之本意

体充问曰：信仰神是否适宜？

师翁答曰：信仰神明乃是儒道之本意。故此，《孝经》里说，以祖配天，以父配上帝，通于神明，方为孝行之极致。《周礼》曰："大宗伯之职，掌建邦之天神、人鬼、地示之礼，以佐王建保邦国。以吉礼事邦国之鬼神示，以禋祀祀昊天上帝，以实柴祀日、月、星、辰，以槱燎祀司中、司命、风师、雨师，以血祭祭社稷、五祀、五岳，以狸沉祭山林川泽，以疈辜祭四方百物。"① 又曰："若大师，则帅有司而立军社，奉主车，若军将有事，则与祭有司将事于四望。"② 又曰："凡师甸，用牲于社宗，则为位，类造上帝，封于大神。祭兵于山川，亦如之。"③《礼记》有曰："燔柴于泰坛，祭天也；瘗埋于泰折，祭地也；用骍犊。埋少牢于泰昭，祭时也；相近于坎坛，祭寒暑也。王宫，祭日也；夜明，祭月也；幽宗，祭星也；雩宗，祭水旱也；四坎坛，祭四方也。山林、川谷、丘陵，能出云为风雨，见怪物，皆曰神。有天下者，祭百神。诸侯在其地则祭之，亡其地则不祭。……王为群姓立社，曰大社。王自为立社，曰王社。诸侯为百姓立社，曰国社。诸侯自为立社，曰侯社。大夫以下，成群立社，曰置社。王为群姓立七祀：曰司命，曰中霤，曰国门，曰国行，曰泰厉，曰户，曰灶。王自为立七祀。诸侯为国立五祀，曰司命，曰中霤，曰国门，曰国行，曰公厉。诸侯自为立五祀。大夫立三祀：曰族厉，曰门，曰行。适士立二祀：曰门，曰

---

① 语出《周礼·春官宗伯·大宗伯》。
② 语出《周礼·春官宗伯·小宗伯》："小宗伯之职，掌建国之神位，右社稷，左宗庙。兆五帝于四郊，四望、四类，亦如之。……若大师，则帅有司而立军社，奉主车，若军将有事，则与祭有司将事于四望。若大甸，则帅有司而馌兽于郊，遂颁禽。大灾，及执事祷祠于上下神示。王崩……"。
③ 语出《周礼·春官宗伯·肆师》："肆师之职，掌立国祀之礼，以佐大宗伯。……凡师甸，用牲于社宗，则为位，类造上帝，封于大神。祭兵于山川，亦如之。凡师不功，则助牵主车。凡四时之大甸猎，祭表貉，则为位……"。

行。庶士、庶人立一祀，或立户，或立灶……夫圣王之制祭祀也，法施于民则祀之，以死勤事则祀之，以劳定国则祀之，能御大灾则祀之，能捍大患则祀之……及夫日月星辰，民所瞻仰也；山林川谷丘陵，民所取材用也。非此族也，不在祀典。"① 《论语》也有曰："祭神如神在。"②

仔细思考以上之圣谟即可明知，儒教乃专教人以信仰神明之事也，此即侍奉外神之大法也，而对祖先鬼神之祭祀则另当别论。日本神道之礼法当中，亦有与儒道祭祀之礼相合之处。加之"三社托诧"③之意义亦与儒者信奉神明之心念极其吻合，故而日本乃后稷④之后裔之说，的确甚有意义。

关于侍奉神明，由于各自对应位阶之规矩作法不同，因此第一大重要之事，便是以其本国之风俗为大本，契合其天秩⑤祭祀之礼，斋戒净化身心而虔诚信仰。然而佛教信徒则将信仰神明称为"杂行杂修"，谬说佛六通⑥而神五通，实乃无稽之谈也。

九十五、儒礼之实行

体充问曰：聆听先生所言，已知儒道所教者皆为极致之道理，确实觉得我等之人皆应习而行之，然而日本正值风俗坏恶之际，恐难实行，不知先生以为如何？

---

① 语出《礼记·祭法》。
② 语出《论语·八佾》："祭如在，祭神如神在。"
③ 三社，指"天照大神宫、八幡大菩萨、春日大明神"。托诧，应为"诧宣"。三社各有"诧宣"，日本中世以降广为流传。天照大神宫"诧宣"："谋计虽为眼前之利润、必当神明之罚、正直虽非一旦之依怙、终蒙日月之怜"；八幡大菩萨"诧宣"："虽铁丸为食不受心秽人之物胴焰为座不到心浊人之所"；春日大明神"诧宣"："虽曳千日注连不到邪见之家，虽为重服深厚可趣慈悲之室。"以上诧宣文内容在文字标记方面各版本有些微差异。
④ 后稷：周师祖，传说是尧帝时司掌农时者。"日本乃后稷之后裔"的说法，始于周王族泰伯入吴，然后远渡海外的传说。据说泰伯到达日本，成为日本皇室之祖先。《晋书·四夷列传》中说："倭人男子无大小，悉黥面文身。自谓太伯之后，又言上古使诣中国，皆自称大夫。"也就是说，这个说法在中国古已有之。在日本，据说南北朝时期的五山禅师"中严圆月"信奉此说，而近世初期，有学者为说明"神道与儒学一致"，亦多依凭此说法。比如，中江藤树在本书中的论述，还可见于林罗山《神武天皇论》（文集卷二十五）、熊泽蕃山《三轮物语》等著作。
⑤ 语出《尚书·皋陶谟》："天秩有礼，自我五礼有庸哉！""天秩"是上天安排之意。
⑥ 佛六通：佛之六神通，指天眼通、天耳通、他心通、宿命通、神足通、漏尽通。佛教徒认为神缺少"漏尽通"。

师翁答曰：如此之说是因为未懂道之为道之真意，其错误在于是仅仅将儒教之礼法理解成真正之儒道。原本，儒道乃是太虚中之神道，故而世界之内，舟车所能达至之地，人力所能通达之处，天所覆盖、地所承载、日月照耀所及之处，霜露所降之地，血肉之躯所居之地等，无有儒道不可行之处。儒书所记载之礼仪作法，皆因时间、处所、人物而不同，故不可原封不动照搬实行。儒书中记载之礼仪作法，大多制作于周代。此等礼仪作法不加丝毫改动而用于今日日本并无地位之人，自然难以行通。即便是有一定地位之人，原封不动套用此等礼法亦不可行。因为即便在大唐国行使此等之礼法，亦无不根据损益进行修正之道理。自伏羲至周代，一代代圣人所定之礼仪作法，皆是与其时代需求相宜之中庸儒法，然而随着时易世变，则出现了大过不及之弊害，不得不考虑损益而修正。因此极少有万事通用之定法。如前所述，礼仪作法根据时代、处所、人物而变化，因而如若拘泥于一种礼法，即所谓"欣真落法"，无疑令人十分厌恶。殷代即对夏代之礼仪作法进行了修改而取长补短，而周朝则修正了殷代之礼法①。由此可知，礼仪作法乃是需要根据损益而修订之物。如若不自初学时期即把权之道作为目标，则必然在上述之处产生错误认识和质疑。

以为将儒书所载之礼法不加变通而全部照搬实行即是实行儒道者，亦是大错特错。因为即便将儒书所载之礼法不加变通而全部照搬，其行为若不考虑与"时·处·位"相合宜之道理，则非但不是实行儒道，反而是行使异端。即便其所行使之事合乎时宜而且适当，然若其心怀名利之私欲，则依然是所谓伪儒小人，而非君子之儒②。即便其所行之事不合儒书所载之礼法，但若合乎中庸之天理，且其心无私欲，符合圣人贤人之心法，则为践行儒道之君子也。若能如此不拘于礼仪作法而行使真正之儒道，则无论在任何国家皆不难推行。所谓"素夷狄，行乎夷狄；素患难，行乎患难。君子无入而不自得焉"③，其所说即是此理。

---

① 这句引申使用了《论语·为政》中孔子的话："子曰：'殷因于夏礼，所损益，可知也；周因于殷礼，所损益，可知也；其或继周者，虽百世可知也。'"
② 语出《论语·雍也》："子谓子夏曰：'女为君子儒，无为小人儒。'"
③ 语出《中庸》："君子素其位而行，不愿乎其外。素富贵，行乎富贵；素贫贱，行乎贫贱；素夷狄，行乎夷狄；素患难，行乎患难。君子无入而不自得焉。"中江藤树对"素"的理解为"空"，主张不以富贵、贫贱、夷狄、患难等为意而尽道。见其《中庸续解》。

九十六、行使真正儒道之功夫

体充问曰：欲要践行此种真正儒道之功夫，应如何作为？

师翁答曰：欲要践行此种功夫，首先须要去除自己因自满而生的浮躁之气和追逐名利之欲心，清除过多无聊思虑之妄念，澄清明德之心源，一心受用全孝之心法。关于世间与人交往之礼仪作法，当以其本国本地之风俗为本，无论何事皆应尽量低调处理，不露圭角①，毕恭毕敬、有礼有节遵守谦德，一时一刻不可持有争胜于人之魔心，将孝悌忠信之道根植于心并躬行之，对父母竭尽孝行，对主君竭尽忠节，对寄养之亲、位高之人、年老之人、德高之人等等，悉皆毕恭毕敬，对朋友信赖讲究义理，兄弟之间遵行友恭②之准则，对妻子儿女施与合乎义理之慈爱。唯有如此，方可称之为践行儒道。若能如此行道，儒道将在全世界畅行无阻。是为须认真体会并努力践行之事也。

九十七、书生学僧之剃发

体充问曰：若如先生所说，当今世上书生之学僧剃发之行为，皆合乎于理也，是否如此？

师翁答曰：俗儒此类之做法我了解甚少，不知该如何考量。但据我所知，在日本并无明文规定要求俗儒必须剃发。若以真儒之道而论，倘若合乎中庸之神理，则剃发也无妨。泰伯③曾经为孝行而断发文身。而孔子曾赞叹说："泰伯其可谓至德也已矣。"④孔子所

---

① 圭：古代帝王或诸侯在举行典礼时拿的一种玉器，上圆（或剑头形）下方。圭角指圭的棱角，即玉石的棱角。
② 友恭：指兄弟间相处的"兄友弟恭"之准则。语出宋曾敏行《独醒杂志》卷五，原文为："为人之弟，继体承祧，岂使沽名之贼臣，重害友恭之大义。"
③ 即太伯。《史记·吴太伯世家》："吴太伯，太伯弟仲雍，皆周太王之子，而王季历之兄也。季历贤，而有圣子昌，太王欲立季历以及昌，于是太伯、仲雍二人乃奔荆蛮，文身断发，示不可用，以避季历。季历果立，是为王季，而昌为文王。太伯之奔荆蛮，自号句吴。荆蛮义之，从而归之千余家，立为吴太伯。"
④ 语出《论语·泰伯》："泰伯，其可谓至德也已矣。三以天下让，民无得而称焉。"

赞叹者，并非赞美泰伯剃发文身，而是称赞其充分彰显了孝德，其所行之事符合中庸之道。有人因为不了解此中本意，所以虽然其自身既不具备类似泰伯之孝德，亦不具备合乎中庸之义理，却去剃掉头发，妄说自己剃发与泰伯之断发相同①。此等人不是如"刻舟求剑"②者之愚蠢，便是故意指乌鸦为白鹭之佞人。彼等心中既无仁义可守，亦不知追求何物，只知剃发文身，四处奔走，真可谓疯人也。若其因为利欲熏心、为贪图俸禄抑或成为权贵座上宾，而剃去头发、背叛中庸之理，则可谓之利欲熏心之小人，亦或称之为买卖佛法之恶僧。然若只拘泥于其剃发一事之表象，则无法判断其是非之真相。欲对其做出合理判断，须观其剃发之"心根"究竟是为了遁世，还是别有所图。倘若只看事情表象即判断是非，乃是凡夫俗子之所为也。不仅如此，无论评判任何事物，皆须根据其"心根"进行判断，否则会在是非之根本上犯错误。关于此问题，举一非常容易理解之例。

古时，大唐国有一名曰盗跖之盗贼，聚集统领同类数千人，自称将军，做下无数毁坏抢掠村庄、杀人掠货之事。虽然其勇猛无比，武功高强，但无人称其为大将，而是称其为"大盗"，鄙夷而憎恶之。我国古代亦有熊坂长范③者，其武勇程度虽不及盗跖，但也相当刚强勇猛，同样不被视为武道者而被蔑称为盗人。如果只看其武功勇猛，可说毫不逊于有名大将和武道者，然而因其心根乃是以盗为本，故以其心而评价则为盗贼也。世间万事莫不如此，须当仔细体察而明辨之。

九十八、名利之真意

体充问曰：先生曾说，要行真实之儒道，抛却名利之欲乃是第一之工夫。诚然，利欲之心是肮脏之物，理应抛弃，然而窃以为舍

---

① 林罗山被德川家康赏识，应邀为幕府近臣，但因出身下级武士，身份卑微，罗山与其弟东舟一起按照旧例削发为僧形，被授予僧侣最高荣誉"法印"称号。罗山在《叙法印位诗序》中为自己兄弟二人的行为辩解："吾兄弟祝发乃从国俗也。于太伯之断发、孔子之乡服有何异哉！"（转译自中江藤树《林氏剃发受位弁》）
② 语出《吕氏春秋·察今》："楚人有涉江者，其剑自舟中坠于水，遽契其舟曰：'是吾剑之所从坠。'舟止，从其所契者入水求之。舟已行矣，而剑不行，求剑若此，不亦惑乎？"
③ 熊坂长范：日本平安末期传说中的盗贼。能乐谣曲中有《熊坂》曲目取材于此人传说故事。

却欲心之后，将在世间无法生存。先生以为如何？

师翁答曰：在扭曲偏颇之佛教中，将释尊舍弃王位、庞居士①抛弃家财之行为谓之无欲，听信此说便会产生如尔所言之困惑。在儒道中，非常厌恶无缘无故弃位舍财之行为，将其喻为疯人之无欲。以谋位为欲，以舍位为无欲；以积蓄财宝为欲，以舍弃财宝为无欲，此等观念之产生，皆是因为其明德未明、好位贪财之心根残留，心存滞于外物而趋利避害之私所致。圣人之心，艮背敌应，因其无有"意必固我"②之私心，故无论是富贵贫贱、生死祸福，抑或其他天下万事、大小高下、清浊美恶等，其实并无丝毫好恶择分之私情，而只有贯于全身心目睹皇极之神理也。是故，攀升高位和聚敛财宝，既不可视之为欲，亦不可视之为无欲；弃位舍财，既不可视之为无欲，亦不可视之为欲，唯有违背天道神理者，方可视之为欲，视之为妄。即将合乎天道神理视为无欲，视为无妄。倘若合乎神理，无论登升天子之位抑或积蓄财富，无论舍弃王位抑或抛弃财富，皆为无欲也，皆为无妄也。然若违背天道神理，则不论是舍弃天子之位、抛却万贯家财，还是登上天子之位、聚敛万贯家财，皆为欲也，皆为妄也。所谓欲与无欲、妄与无妄，并非在于所行之事品，而是在于其用心之根本。因此，仅凭事情本身而判断何为"欲"与何为"无欲"，乃是身陷迷惘之凡夫之见，抑或为异端偏曲之法也。

如若释尊能悟到此心，则可将王宫当作檀特③灵山④，当作常寂光土①；将天子之位当作摩尼轮之位②，将衮袍玉殿③当作麻衣草

---

① 庞居士：庞蕴（生卒不详），字道玄，又称庞居士，唐衡阳郡（今湖南省衡阳市）人。禅门居士，被誉称为达摩东来开立禅宗之后"白衣居士第一人"，素有"东土维摩"之称。有关他的公案时见于禅家开示拈提中，以作为行者悟道的重要参考。元和（806—820）初年，庞居士与女儿灵照北游襄汉，随处而居，或凤岭鹿门，或廛肆间巷，初住东岩，后居郭西小舍，常制竹漉篱维持生计。其传世的偈颂（迄今流传近200首）以模拟佛经偈语的风格，殷殷嘱咐学佛者修行的依归，在唐朝白话诗派中以其重于说理为一特点。至于他和女儿灵照游戏自在的情节，配合其诗偈中全家习禅的描述，不仅成为后代佛门居士向往的模范，也转而成为戏曲宝卷文学着墨的题材。《碧岩录》第42则有《庞居士好雪片片》一则，讲述了庞蕴在药山禅师处之事。其他相关事件中，未见藤树此处所谓其抛却万贯家财的记载。
② 语出《论语·子罕》："子绝四：毋意，毋必，毋固，毋我。"后人将其总结为"意必固我"。
③ 檀特：又作檀德，檀陀，单多罗迦，弹多洛迦。梵语Dantaloka，山名，译曰阴山，位于北印度健驮罗国，相传位释迦牟尼入山修菩萨行之处。
④ 灵鹫山：相传为释迦牟尼说法之处。

座④,将礼乐刑政当作佛法说教,并以此而普济众生。然而其特意离弃王宫遁入山野,抛却衮衣玉殿而选择麻衣草座,不知是何用心。若艮背敌应不相与⑤,王宫帝位又能有损我何?山中静坐又能有益我何?衮衣玉殿能损我何?麻衣玉殿能净我何?

王氏⑥有诗云:"曾是巢由浅,始知尧舜深。苍生岂有物,黄屋如乔林。"

此诗非常巧妙地表现了"艮背敌应不相与"之意。尧舜之禅授,汤武之放伐,皆此心也。不论所行之事如何,但凡其心中无欲,其洁静精微之神理明澈清净,其事情亦合乎时宜顺乎天理,则皆为无欲也,皆为无妄也。然而即便其所行之事合乎义理,但若其心中有欲,亦不能谓之无欲。更何况彼等心怀私欲且行为不合义理者,实乃大欲也。所以,若心中无欲而洁静精微之神理明澈清净,其所行之事合乎时宜、顺乎天理,则尧帝将天下禅让于舜之事,舜帝受禅接管天下之事,汤王放逐桀、武王讨伐纣而解救天下之事,皆为无欲之德行也。如果尧舜汤武皆是怀有私欲之心行此等之事,则皆为贪欲妄行也。天下之授受取与者,至极至大之事也。其他万事悉皆如此。与此同理,不论是送人一文钱抑或是受人一文钱,皆须看居心如何。

儒者之心法者,因是以"艮背敌应不相与"之圣心为鉴,故而自天子至庶人,只要按照各自相应之本分经营生业、积蓄财富,则不称之为私欲,而即便一文钱,倘若是违背义理而取而蓄之,抑或者应给予人时而吝惜不与,则为私欲也。此等私欲不难舍弃,因此并不至于妨碍在此世间生活。即便不为学问之人中,亦不乏生来廉直、鄙视厌恶聚敛不义之财者,更何况有志于研修心学之人乎。利

---

① 常寂光土:即解脱后达到的至高境界,极乐世界。
② 语出《本业璎珞经》:"三贤十圣之果报,用铁轮王等之名。天台取其经意而立六轮,以配于因位之六位:一铁轮王,十信位也。二铜轮王,十住位也。三银轮王,十行位也。四金轮王,十回向位也。五琉璃轮王,十地位也。六摩尼轮王,等觉位也。"
③ 衮袍玉殿:帝王穿的华美衣服和居住的雄伟殿堂。
④ 麻衣草座:粗麻布衣和草编坐垫,均为僧侣用物。
⑤ 语出《周易·艮卦·彖传》:"上下敌应,不相与也。是以不获其身,行其庭不见其人,无咎也。"
⑥ 王氏:指唐朝诗人王维。生于701年,字摩诘,汉族,祖籍山西祁县,有"诗佛"之称。藤树此处所引出自《送韦大夫东京留守》之3—6句,原诗为:"人外遗世虑,空端结遐心。曾是巢许浅,始知尧舜深。苍生讵有物,黄屋如乔林。""巢"指巢父,"由"指许由,原诗中为"许"字。第三句中的"岂"原诗中为"讵"字。

欲之中，财欲与形气之欲之间又有些许细小差异。财欲者，是指欲想获得大量金银财宝，贪图超越身份之高额俸禄者。此欲乃容易舍弃之欲也。而形气之欲者，则是指既沉溺于酒色又过分贪图安逸者。此欲乃难以舍弃之欲也。总而言之，舍弃私欲之功夫，其关要在于省察我心一念之所发而克之[1]。此功夫即所谓慎独[2]也，当认真体察认识。

九十九、舍弃名之欲

体充问曰：仔细品味先生所教，似乎舍弃利欲较为容易，然而若抛弃对功名之欲，不在乎世间之名声，则任性而胡作非为之事岂不可乎？

师翁答曰：此问甚好。名誉之欲，与利欲相比，微显得比较清纯。原因在于，好名誉者，不贪财宝，不吝性命，毫无肮脏利欲之心，故功名之士，定为中位。无志于性命之学[3]亦不能恪守义理之人，若只有名誉之欲而无利欲之心，则不可厚非。如果无志于真儒性命之学亦不守义理之人置世间名声于不顾，则必定任性而胡作非为，即便其中偶有心地洁净者，亦会入狂者之流，若心地污浊，则会流于世俗之风。当谨慎斟酌也。然而此乃针对于无志于心学之凡夫而言，若针对于有志于心学之人，则另当别论。

所谓"夫名者，实之宾也"[4]，即"有其心所想其身所行之实则有其名"之意也，即如实为形而名为影，若思善且行善，则必有善之名也；尧、舜、孔、颜等人如是也；思恶且行恶，则必有恶之名也；

---

[1] 语出《传习录》上卷："如猫之捕鼠，一眼看着，一耳听着，才有一念萌动，即与克去……初学必须思省察克治，即是思诚，只思一个天理。"
[2] "慎独"是儒家要求的修习功夫，《大学》和《中庸》中均有强调。《大学》："所谓诚其意者，毋自欺也，如恶恶臭，如好好色，此之谓自谦。故君子必慎其独也。"《中庸》："道也者，不可须臾离也；可离，非道也。是故君子戒慎乎其所不睹，恐惧乎其所不闻。莫见乎隐，莫显乎微，故君子慎其独也。"
[3] 性命之学：圣人之学，儒学。自觉由天赋与的人间道德之本性，将顺遂天命而生存定为目标的学问。
[4] 语出《庄子·逍遥游》："许由曰，'子治天下，天下既已治也；而我犹代子，吾将为名乎？名者，实之宾也；吾将为宾乎？鹪鹩（jiāoliáo）巢于深林，不过一枝；偃鼠饮河，不过满腹。归休乎君，予无所用天下为！庖人虽不治庖，尸祝不越樽俎而代之矣！'"

桀、纣、盗跖等人如是也。好善而恶恶者，人心秉彝①之本然也。尊敬而传扬善名、憎恶恶名，乃是万古之常理也。是故生性豪爽之士，皆喜好高扬其名而广受赞誉。其心根近于好善恶恶之本然秉性，故较之利欲熏心之凡夫优胜一等。然而，若其明德不彰，真妄本末不辨，沾染世俗之不良风气，或舍本逐末，或背真取妄，则即便其心根之始近于好善恶恶之本然秉性，亦会屏蔽本心而成为损人性命之人欲祸患。利欲与名誉之欲，虽然有清浊之不同，然而在损害天性、陷于不孝之大罪之处并无不同，故名欲与利欲，当等同视之，恶之去之也。

诚然，倘若不知名誉之中亦有真妄本末之别，即便心有抛弃功名欲之志向，亦未必能于此用功夫。圣贤、君子、英雄、孝子、忠臣之名誉，无论其任何一种获誉，皆合乎义理，故谓之天理真实之名也。而异端曲学之名誉，其任何一种获誉，皆不合乎义理，故可谓之污俗妖妄之名，为君子所不齿也。好获得妖妄之名之心意容易抛弃，而好获得真实之名之心意，在未辨明本末之时则难以去除，很难达至"人不知而不愠"②之境界。圣贤、君子、英雄、孝子、忠臣之名誉，其任何一事所欲获取合乎义理之名誉，皆乃末也，影也。因为其名誉之根本和形，即是其心和形迹。自心不守圣贤之心，自身不行圣贤之行，不思致力于圣贤名誉之事，心无孝德，身不行孝，而专求孝行之名誉，则如同于无形之中而求影，又似如猴子水中捞月。不仅如此，其不知自身原本即有胜于价值连城之珍宝、王公名位亦不换之真乐，为追求世间凡夫无理俗谈之名誉而焦灼其心，苦劳其身，真可谓如同"楚女为求宠爱而饿死"③，实乃浅薄至极之为也。是故，试图舍弃名誉之欲，必须先克制虚荣之心，弃去虚夸之心。

如此仔细斟酌体认而舍弃名誉之欲，乃是追求根本天理之真乐，摒弃任性而匡正礼法之行为。因此有志于心学者，若能摒弃名誉之

---

① 语出《诗经·大雅》："天生烝民，有物有则。民之秉彝，好是懿德。"《孟子·告子上》亦有引用，其中"秉彝"写作"秉夷"。
② 语出《论语·学而》："子曰：'学而时习之，不亦说乎？有朋自远方来，不亦乐乎？人不知而不愠，不亦君子乎？'"
③ 《战国策》和《墨子》中都谈到"楚灵王好士细腰……故灵王之臣皆以一饭为节"之典故，而真正出现"楚王好细腰"句，则有《韩非子·二柄》篇的"故越王好勇，而民多轻死。楚灵王好细腰，而国中多饿人"；《晏子春秋》外篇"越王好勇，其民轻死。楚灵王好细腰，其朝多饿死人"；《尹文子·大道》篇"昔齐桓好衣紫，阖境不鬻异采。楚庄爱细腰，一国皆有饥色"；《管子·七臣七主》篇"夫楚王好细腰，而美人省食。吴王好剑，而国士轻死"；等等。灵王好的细腰是男人的细腰，后世讹传为好宫女细腰，故有"宫中多饿死"之字句。

欲，便可消却任性骄奢，改善礼法行为，不染被法佯狂之习，不入市井之流俗，而行君子中行之德风，如此则即便不苟求君子之誉亦可得也。名利之欲，习染之心，间思杂虑①等等，只要察知其一念之微发，便慎独而去除之，此为用功之第一要法也。

一〇〇、何谓"楚女饿死"

体充问曰：所谓"楚女为求宠爱而饿死"，不知究竟是何事？

师翁答曰：此乃一则寓言故事。古昔，在大唐国有个国王，极其宠爱细腰之女人，故宫中腰粗女人则因自己不为楚王所关注而伤心，以为不进食物则可身瘦腰细，于是便出现了断食以至于饿死之事。吾观世间好名求誉之人，凡是其时天子诸侯所喜好之事、世俗所流行之事，便不论是非真妄而皆用心适应之，巧言令色而不辩义与不义②，一心追求获得世人之称誉而荒废德性之修养，浑然不知"浑沌之死"③之事，其做法与"楚女为求宠爱而饿死"之事极其相似，故吾借此寓言故事而喻之。有志于心学者，当以此为耻，引以为戒。

一〇一、何谓"习染之心"

体充问曰：先生所言"习染之心"，不知是何等之心？

师翁答曰：所谓习染之心，乃是自出生以来不知不觉被习以为常的世俗事物所吸引、所熏染之心也。即如水融入朱砂则赤红，融入绿青则变蓝色一般。亦即说，原本水色非赤非蓝，是由于混染上朱砂或绿青方才变色。人亦如此，原本人心并无能品定好恶之事，但由于受其所生国度地方风俗、家人所作所为之熏染，其好恶之品

---

① "间"，日语汉字标为"間"，"闲"同。语出《传习录》上卷："澄曰：'好色、好利、好名等心，固是私欲，如闲思杂虑，如何亦谓之私欲？'先生曰：'毕竟从好色、好利、好名等根上起……'"
② 语出《论语·学而》："子曰：'巧言令色，鲜矣仁。'"
③ 指"浑沌之死"之寓言故事。语出《庄子·应帝王》："南海之帝为儵，北海之帝为忽，中央之帝为浑沌。儵与忽时相与遇于浑沌之地，浑沌待之甚善。儵与忽谋报浑沌之德，曰：'人皆有七窍，以视、听、食、息，此独无有，尝试凿之。'日凿一窍，七日而浑沌死。"藤树借此寓言故事阐述人在涵养德行时，如果只追求表面，则终会迷失本性。

定便有了各种不同变化。学问艺能界亦有习染之心，须先认真思考品定本心之真体，而后仔细斟酌去除习染之心，混入朱砂而变成赤色之水，如若细心加以澄清，朱砂则会下沉，水之本色便会显现。何况是无声无息之心之水，澄清其浑浊应当更加容易。其关键是须要认真体验。

一〇二、何谓"间思杂虑"

体充问曰：先生所言"间思杂虑"，不知是何种思虑？

师翁答曰：所谓"间思杂虑"，并非大恶之念。思之无益且无理之事却反反复复思虑而祸患天然之真者，谓之"间思"；而应事接物之际、分辨至善之所在而思量之时，不专心于功夫而掺杂其他意念，妨害感通天然之真者，谓之"杂虑"也。此二者，虽非大病，但却难以根治。须当好好省察才是。

一〇三、儒道之益神圣至诚无息

体充问曰：吾闻修习仙术者，有长生不死之益；修行佛道者，有成佛解脱之益。不知学习儒道是否亦有如此裨益身后之处？

师翁答曰：此种疑问乃是因听信异端之说所产生。如果领悟了《孝经》《易经》，则此等关于生前身后之事，便可了如用指掌，一清二楚，根本无需争论。然而，既然当今世人大多对此存有疑问，吾便暂且讲解讲解仙佛之道所致之惑。

不论是仙家之长生不死之术，抑或是佛家成佛解脱之修行，归根结底，皆是一心之功夫。仙家以修心炼性为宗旨，佛家以明心见性[1]为宗旨。其功夫之所大成者之心性，或曰长生不死，或曰成佛解脱。然而两者皆是只以元气灵觉为心性之真体，而不能悟到元神之

---

[1]《王龙溪全集·南游会纪》(《性理会通》卷三十)中，有对佛教、道教、儒家的比较。针对佛家的"明心见性"和道家的"修心炼性"，举出儒家的"存心养性"(《孟子·尽心上》)，认为"良知之教"乃是对这三者根本的兼收并蓄、扬长避短。

妙理，是故其所谓见性成道，较之于中行君子便低一等级。儒家亦是专用一心之功夫，但以元神之神通为性之真体，以"穷理尽性至于命"为宗旨。故而其工夫之所大成者之心性，称之为圣神、至诚无息。不论是其宗旨之真体，抑或明觉大悟之心性，较之于神仙佛法皆高一等级。由此可知，修习儒学之所获益，较之于所谓长生不老之益与成佛解脱之益，皆胜出一筹。

《性理会通》①曰：《易》曰，保和、大和乃利贞，愚谓大和者道体也。生物之本，天地之根，一团真理，实气充宇宙而无余，历浩劫而无改，鼓刚柔生造化，主万象摄三才，冲漠氤氲融和纯粹。若能保此气而不失，合此理而不违，身同大道，如点雨之滴海，浑沧溟而共存，心契天真犹片云之没空，揽过太虚而同久，利通而无滞碍，贞固而无变迁。故天地终而寿不竟，日月晦而明不亏，故曰至诚无息，无息则久，久则征，征则悠远。善保大和者，诚道之至妙至妙者也。闻者疑之，曰性即理也，命即气也，人之性天地之理也，人之命天地之气也。诚能以性合天地之理，以命会天地之气，即天地之理自性也，天地之气自命也。理气无终坏，此性命亦无终坏，譬以水投水，于何可竭，以火投火，于何可灭。由其体大造而超小劫，故不以天地之成毁而成毁，获大身而忘小形，故不以躯壳之存亡而存亡，谓之尽性至命，谓之体道同天，谓之至德凝道②。此中大有真乐，盎然春融，熙然宇泰，既利且贞，活泼泼地，即《易》之"黄中通理，正位居体，美在其中，畅于四肢，发于事也，美之至也"③。此乃儒教中，不死之神方，长生之正术，不可与守空寂而坐苦禅，弄精魂而希升举者同日而语也。

上述圣贤之垂范，当认真体会品味，辨明儒家之圣神、至诚无息之位阶，乃是仙佛之修行登梯难及之境界，从而扫却迷惘。保合大和之心法不可他求，唯此全孝之心法也。

---

① 这一段原著中引用了《性理会通》原文，见第十七卷。该书为明朝钟人杰撰写，是在明朝初期成书的《性理大全》基础上附加了当时人的思想，深受明朝中后期在社会上影响力巨大的阳明心学的影响。中江藤树熟读此书，深受其思想影响。
② 语出《中庸》："苟不至德，至道不凝焉。故君子尊德性而道问学，致广大而尽精微。"
③ 语出《周易·坤卦》坤卦六五爻之爻辞：黄裳，元吉。《象》曰："黄裳元吉，文在中也。"《文言》曰："君子黄中通理，正位居体，美在其中，而畅于四支，发于事业，美之至也。"

一〇四、全孝心法之受用

体充问曰：全孝之心法，当如何受用？

师翁答曰：《孝经》曰："夫孝，天之经也，地之义也，民之行也。天地之经，而民是则之。"①又曰："天地之性，惟人为贵。人之行，莫大于孝。孝莫大于严父，严父莫大于配天。"②又曰："孝悌之至，通于神明，光于四海，无所不通。"③《诗》云："自西自东，自南自北，无思不服。"④曾子曰："夫孝，置之而塞乎天地，溥之而横乎四海，施诸后世而无朝夕，推而放诸东海而准，推而放诸西海而准，推而放诸南海而准，推而放诸北海而准。《诗》云：'自西自东，自南自北，无思不服。'此之谓也。"⑤曾子又曰："众之本教曰孝，其行曰养。养，可能也，敬为难；敬，可能也，安为难；安，可能也，卒为难。父母既没，慎行其身，不遗父母恶名，可谓能终矣。仁者，仁此者也；礼者，履此者也；义者，宜此者也；信者，信此者也；强者，强此者也。乐者自顺此生，刑自反此作。"⑥孟子曰："仁之实，事亲是也；义之实，从兄是也；智之实，知斯二者弗去是也；礼之实，节文斯二者是也；乐之实，乐斯二者，乐则生矣，生则恶可已也，恶可已，则不知足之蹈之、手之舞之。"⑦《礼记》曰："仁人不过乎物，孝子不过乎物。是故，仁人之事亲也如事天，事天如事亲，是故孝子成身。"⑧仔细熟读以上贤范圣谟，便可知孝德之亲切真实、广大高明、无上无外、至尊无比，亦能够明辨孝之外无德亦无道之道理。然而即便其所行可谓之善，但若违背孝德之天真，则天威所不容也，君子所不尊也。是

---

① 语出《孝经·三才章》。
② 语出《孝经·圣治章》。
③ 语出《孝经·感应章》。
④ 语出《诗经·大雅·文王有声》："镐京辟雍，自西自东，自南自北，无思不服。皇王烝哉！"此句是诗的后篇，歌颂周武王建都镐京后，天下民众无不敬服。
⑤ 语出《礼记·祭义》。
⑥ 语出《礼记·祭义》。
⑦ 语出《孟子·离娄上》。
⑧ 语出《礼记·哀公问》："孔子蹴然辟席而对曰：'仁人不过乎物，孝子不过乎物。是故，仁人之事亲也，如事天，事天如事亲，是故孝子成身。'"

故《孝经·圣治章》训诫说："不爱其亲而爱他人者，谓之悖德；不敬其亲而敬他人者，谓之悖礼。"如此彰显孝德全体天真之功夫者，即谓之全孝之心法也。

全孝之心法，虽然广大高明，通于神明横贯宇宙，然而其所终极之根本，则在于立身行道。而立身行道之本在于明德，明明德之本在于以良知为镜而慎独。所谓良知者①，乃是以自赤子孩提时敬爱父母之最初一念为根本，而真实明辨善恶是非之德性之知也。此良知者，乃磨而不磷、涅而不缁之灵明也，不论何等愚痴不肖之凡夫，其心中皆明明白白②。故此，将此良知作为工夫之镜鉴、之种子而用于工夫，即《大学》所言"格物致知"之工夫。所谓慎独，即是稍有一念产生，便以良知为镜，仔细省察甄别，倘若此念是名利之欲、习染之心、间思杂虑等邪念，便即刻警觉到此乃魔心而谨慎对待，以免使自己成为损坏父母身体之不孝罪人，在幽冥界遭受六极刑狱之鬼神惩罚，在人间身受五刑③之极刑责罚。急速去除此心魔而谋求与神明相通之至德独乐，即谓之慎独工夫。

之所以说一念之恶心即会损坏父母身体，是因为《孝经》有曰："身体发肤，受之父母，不敢毁伤，孝之始也。"。此圣谟之核心意思，即说我身所具心、性、身体、毛发等等，皆来自于父母之心性、身体、毛发，所以身体发肤原本非自己之身体发肤，而是父母亲之身体发肤，是为其身体发肤之本主心性，亦非我等自己之心性，而是父母之心性。因此，毁伤自我之身体发肤，即是毁伤父母之身体发肤，损毁自己之德性，即是损毁父母亲之德性。身体发肤为器，卑微也；而德性为道，尊贵也。毁伤卑微之身体发肤已是大逆不道之凶德，进而损毁身体发肤主本之天之尊爵之德性，则更为甚恶无比之大凶德也。仔细辨明此道理而用心守之，"不敢毁伤"，则是《孝经》所教：受用孝德之始也。若能深刻领会此圣谟意涵，则可在不能克服名利之欲、习染之心、间思杂虑等邪念而毁伤自我

---

① 此处诠释"良知"是结合了孟子和王阳明的定义。《孟子·尽心上》："孟子曰：'人之所不学而能者，其良能也；所不虑而知者，其良知也。孩提之童无不知爱其亲者，及其长也，无不知敬其兄也。'"《大学问》中王阳明认为："良知者，孟子所谓'是非之心，人皆有之'者也。是非之心，不待虑而知，不待学而能，是故谓之良知。"
② 语出《论语·阳货》："不曰坚乎？磨而不磷。不曰白乎？涅而不缁。"
③ 先秦以前的"五刑"为墨刑、劓刑、剕刑、宫刑、大辟刑。

德性之时，即刻清楚察知自己在毁坏父母之德性。《孝经》在此节最后引用诗经"无念尔祖，聿修厥德"一句作为总结，亦是为了彰显此意，当认真体察认识。

一〇五、战场负伤、牺牲，皆不孝乎

体充问曰：既然毁伤身体发肤即为不孝，战场负伤或牺牲者岂非不孝乎？

师翁答曰：此等理解乃是极大错误。此处所言之意，是说行不义无道之事而造成身体毁伤而为不孝。《孝经》里确有说"身体发肤，受之父母，不敢毁伤，孝之始也"，但其中所言之"毁伤"，并非指对血肉之躯身体发肤之毁伤，而是指对孝德之毁坏，其意与"害仁"①里的"害"字相同。所毁伤者亦非指血肉之躯，而是指孝德之形体，是"仁者人也"中"人"字所表达之意，是"形色，天性也；惟圣人，然后可以践形"②中所述"形色"二字之意。此圣谟贤范所教之核心意义，在于明示人之身体发肤原本即是天性仁孝之凝聚物，《孝经》所言之"身体发肤"，即是此意。因此，如若心守身行此天性仁孝之道，即便血肉之躯之身体发肤有所毁伤亦并非不孝，而是孝行。之所以如此说，是因为其虽然毁伤了血肉之躯之身体发肤，但却保全了天性仁孝之身体发肤。所谓"杀身成仁"③，即是此意。

与此相对，如若不心守身行天性仁孝之道而行使恶逆无道，即便身体健全毫发无损，亦非孝行，而是不孝。这是因为，其血肉之躯之身体发肤虽未毁伤，但却毁伤了天性仁孝之身体发肤。曾子曰："战阵无勇，非孝也。"④此圣贤所教之意是，能在两军阵前英

---

① 语出《论语·卫灵公》："志士仁人，无求生以害仁，有杀身以成仁。"朱熹注解："志士，有志之士。仁人，则成德之人也。理当死而求生，则于其心有不安矣，是害其心之德也。当死而死，则心安而德全矣。"
② 语出《孟子·尽心上》："形色，天性也；惟圣人，然后可以践形。"
③ 语出《论语·卫灵公》："志士仁人，无求生以害仁，有杀身以成仁。"
④ 语出《大戴礼记·曾子大孝》："故居处不庄，非孝也；事君不忠，非孝也；莅官不敬，非孝也；朋友不信，非孝也；战阵无勇，非孝也，五者不遂，灾及乎身，敢不敬乎！"

勇作战、身先士卒建立军功，即使身负重伤、战死沙场，亦是孝行。反之，如若不能英勇作战而建立军功，即便不落得怯懦者之恶名，亦为不孝者也。

陈明卿①曰："若有曾子之心，即龙②、比③之身首分裂与启手启足一般，不然则老死牖下亦与刀锯僇辱何异。"此话在《论语》中有所记载：曾子临终时召集弟子说："启予手，启予足"④，并引用《诗经》之言说教导本门弟子"不敢毁伤"之心法。曾子之本意是想以自己不毁伤血肉之身体发肤之所为，阐明不得毁坏天性仁孝之身体发肤之道理，其用意即如《孝经》之教谕。然而由于迂腐之儒生不明白曾子之本意，只是将其解释为不毁伤血肉之身体发肤，故而才有了上述陈氏之阐释。陈氏所言之意是，如果能充分领悟全孝之心法则会明白，不论是龙逄、比干因进谏而被杀、身体发肤毁坏、身首异处，抑或是曾子临终展示自己手脚毫发无损，两者所展现者皆为孝行也。而如果是不能领悟全孝心法之人，即便能活到八九十岁，直至老死家中身体亦毫发无损，则仍然如同蒙受刀砍锯断刑罚之耻辱，是为不孝也。此道理当仔细体会，认真领悟。

一〇六、全孝心法即艮背敌应之心法

体充问曰：若能充分领悟受用全孝心法，是否即可达至艮背敌应之圣域？

师翁答曰：因为心学是从凡夫达至圣人之路径，故而全孝心法即是艮背敌应之心法，名称不同，但实际乃是同一之道理。此之谓本体工夫也。然而，心法之真体虽然一线相贯，但应知其受用之人

---

① 陈明卿（1581—1636）：名仁锡，字明卿，号芝台，长洲（今江苏苏州）人。天启二年（1622）进士，授翰林编修，因得罪权宦魏忠贤被罢职。崇祯初复官，官至国子监祭酒。陈仁锡讲求经济，性好学，喜著述，有《四书备考》《经济八编类纂》《重订古周礼》等著作。
② 龙：关龙逄，夏桀之臣，中国历史上第一位明相，因为进谏忠言而被杀，享年93岁。
③ 比：比干，商末重臣，因向纣王进谏而被剖心而死。
④ 语出《论语·泰伯》："曾子有疾，召门弟子曰：'启予足！启予手！'《诗》云战战兢兢，如临深渊，如履薄冰'，而今而后，吾知免夫！小子！""启予足！启予手"意为"看看我的脚，看看我的手"。

却有善信美大圣神①之差别。例如心法为大路，受用心法之人为路上行走之人。路上行走者之中，有贵贱、老幼、男女，有腿脚灵便者，亦有腿脚不便者，然而大路依旧是同一条路。能领悟受用全孝心法之人，则其心宽体胖，能行广大高明精微中庸之道，为人子女则止于孝，为人臣下则止于忠，为人父母则止于慈，为人君上则止于仁，为人兄则止于惠，为人弟则止于恭，为人朋友则止于信；素富贵行乎富贵，素贫贱行乎贫贱，素夷狄行乎夷狄，素患难行乎患难，不论身处何种境遇，皆能心意通达如流水，心安宁静稳如山岳，暴君污吏亦不能夺其志，天灾地妖亦不能夺其命。若能达至圣胎纯熟，脱胎神化而至圣神之位，则可与天地合其德，与日月合其明，与四时合其序，与鬼神合其吉凶，光被四表，格于上下。故此，若面南为王，则成尧帝般之君王；若面北为臣，则成舜帝之良臣，不得官位而身处庶人下位，则行玄圣素王之道也②。孔子曰："夫圣人之德，又何以加于孝乎？"③

---

① 语出《孟子·尽心下》："可欲之谓善，有诸己之谓信，充实之谓美，充实而有光辉之谓大，大而化之之谓圣，圣而不可知之之谓神。"
② 语出《庄子·天道》："夫虚静恬淡寂漠无为者，万物之本也。明此以南向，尧之为君也；明此以北面，舜之为臣也。以此处上，帝王天子之德也；以此处下，玄圣素王之道也。以此退居而闲游，江海山林之士服；以此进为而抚世，则功大名显而天下一也。"
③ 语出《孝经·圣治章》："曾子曰：'敢问圣人之德无以加于孝乎？'子曰：'天地之性，人为贵。人之行，莫大于孝。孝莫大于严父。严父莫大于配天，则周公其人也。昔者周公郊祀后稷以配天，宗祀文王于明堂以配上帝，是以四海之内各以其职来祭。夫圣人之德，又何以加于孝乎？'"

补遗①篇一②

一、儒服与儒者

体充问曰③：鲁国之君谓庄子曰："鲁国之内，多儒士也，然学先生之道者少也。"庄子曰："鲁国之内，儒者甚少，说多儒士错矣也。"鲁公曰："鲁国之人，大多穿儒服者，然而你却说儒者甚少。"庄子曰："儒服者，儒者之装束也。仁义者，儒者之德也。儒服无论何人皆可以穿，但即便身着儒服之人，若无仁义之心，则非儒者也，乃身着儒服之凡夫也。仁义乃唯君子可受用之德也，即便身着夷狄之国服装之人，倘若其拥有仁义之心，则非凡夫也，乃是身着夷狄服饰之儒者也。故此，伏羲、神农虽并未身着儒服，然而其彰显了儒德，便堪称天下第一之儒者也。鲁国之人虽然皆身着儒服，但大多未必具备儒德，故不能称之为儒者。若鲁公怀疑我之所说，何不颁一道法令试之，号令不具备儒德而身着儒服者处以死罪。"鲁公采用庄子之建议，颁布了如上内容之法令。结果不过五日，国中便再难见到身着儒服之人，唯独有一男子仍身着儒服。鲁公即刻召见此人以国事相问，无论如何千转万变发问，其皆能作答，无所不知。④此事当如何认识？

师翁答曰：鲁国之君误以为穿着儒服之人均为儒者，而现今世间之人错以为读儒书之人均是儒者。两者之错误虽然在内容上有所不同，然而在不知其真体之点却无不同。即如文学，作为文艺知识，凡是天生具有良好记性之人，无论是谁皆可习得，然而具有文学知

---

① 该部分为藤树后期修补文稿，有部分条目重复，本译注为求全面均保留。
②《翁问答》下卷，丙戌（正保〈1644—1647〉三年）冬。
③《翁问答》各版本原文中无"体充曰"，但从后文与此相对应的"师曰"来看，此段话应为体充所说，故在汉译时补加了"体充问曰"，以保持体例统一。
④ 此段话是转述《庄子·田子方》中所记之事，原文如下：庄子见鲁哀公，哀公曰："鲁多儒士，少为先生方者。"庄子曰："鲁少儒。"哀公曰："举鲁国而儒服，何谓少乎？"庄子曰："周闻之，儒者冠圜冠者知天时，履句屦者知地形，缓佩玦者事至而断。君子有其道者，未必为其服也；为其服者，未必知其道也。公固以为不然，何不号于国中曰：'无此道而为此服者，其罪死！'"于是哀公号之五日，而鲁国无敢儒服者。独有一丈夫，儒服而立乎公门。公即召而问以国事，千转万变而不穷。庄子曰："以鲁国而儒者一人耳，可谓多乎？"

识之人，如若不具备仁义之德，则非儒者，乃是徒有文艺知识之凡夫。有些人虽然目不识丁，但若知彰显仁义之德，则不是凡夫，而是不知文学知识之儒者。此理如此显而易见，不知从何时开始出现错误理解，将只读儒书视作学问，将只懂文学知识之人视作儒者。正因为世人之心被此种迷惑所浸染，才会出现将学问当作读书僧人或出家人之专长，错误认为读书非武士之为等看法。当今世上无诸如庄子之人明示穿着儒服者未必皆是儒者之道理，故而使学问之本意不明于世，此乃天下之大不幸也。

二、学问之本意不明于世

体充问曰：何为学问之本意不明于世乃天下之大不幸事？
石翁答曰：数量不少……①

三、温恭自虚乃初学之心法

体充问曰：我认为心在名利而做学问之人无何益处之说甚有道理。然而，有些不为名利贪欲而有志于道而做学问之人，不仅未见任何益处，反而见其心态与行为举止显现出特立独行之倾向，此为何故？

师翁答曰：世间不论有知识者抑或愚钝之人，大多是因人心之私而持傲慢之心者。此傲慢之心可遮蔽明德，招灾惹祸，断不可掉以轻心。万端之痛苦大多起因于此。故《易经》有曰："天道亏盈而益谦，地道变盈而流谦，鬼神害盈而福谦，人道恶盈而好谦。谦尊而光，卑而不可喻，君子之终也。"②

盈者，高傲自慢，自以为是，刚愎自用，凡事喜好过分，乃贱视轻侮他人之心也；谦者，温恭自虚③，反躬自省，克己慎独，不怨

---

① 原著《日本思想大系29：中江藤树》之《翁问答》"改定篇"此处因"与丁亥年所作修订内容大同小异，故删之"，笔者此处依照《大系》处理方式。该条内容详见"补遗篇二"之"十三、学习十三经之要"。
② 语出《周易·谦卦·彖传》。
③ 语出《管子·弟子职》："先生施教，弟子是则。温恭自虚，所受是极。见善从之，闻义则服。温柔孝悌，毋骄恃力。志毋虚邪，行必正直。"

恨、轻侮他人，乃"取诸人以为善"①之德也。盈者，天地鬼神所损弃者也，人亦恶之者也；谦者，天地鬼神所保佑者也，人亦爱之者也。此皆明真正之道理而教示后学者舍盈取谦之圣谟也。

因此，当以"温恭自虚"四字为初学心法之第一义也。若依用此四字心法去除傲慢之心，以其所学磨炼心志，则明德日日明矣。若不依用此心法，不去除傲慢之心，则其所学便皆成增长傲慢之心之助力，如此则明德日日晦矣。此等傲慢之心乃天地鬼神皆所摈弃者，故而会使其心态和行为举止日渐怪异，遭人厌恶。此之所谓"暗处来魔"②者也。倘若已经"暗处来魔"，则凡事喜好标新立异，与众不同，甚至视人如蝼蚁，认为天下之人无能出其右者，目空一切、骄傲自大，鄙视父母或长辈，轻慢朋友，无论何事皆以自己为是，以他人为非。其中，有厌弃与世人交往而好孤傲自居者，甚或有几乎成为疯人者。诸如此类之人，虽然不做学问者亦不鲜见，然而因其无大罪之过可咎，故只可作一般批评而已。然若学者中出现此等之人，则把罪责归咎于学问，而不知真正作祟者乃其傲慢之心。何其愚蠢！何其可悲可叹！

故此，虽然大禹身为圣人不可能存有丝毫傲慢之心，然而伯益③仍旧告诫大禹"满招损谦受益"之道理。更何况圣人之下之人，当时时刻刻牢记此训诫！孔子亦有云："纵然有周公之才，如若其有傲慢之心，则亦不足取矣。"④此话无疑亦是告诫我等傲慢凶德其害甚大之理。彼等有志于做学问者自不待言，即便无有学问之人，亦应当以驱除此魔障为第一紧急要务。因为，即便无有肮脏名利之心而有志于道，然若无驱除傲慢凶德之决心而致"暗处来魔"，则不仅其本身会堕入凶恶，而且会有害于无辜之学问，何等浅薄可叹！我等亦当小心警戒之。

---

① 语出《孟子·公孙丑上》："孟子曰：'子路，人告之以有过，则喜。禹闻善言，则拜。大舜有大焉，善与人同，舍己从人，乐取于人以为善。自耕稼、陶、渔以至为帝，无非取于人者。取诸人以为善，是与人为善者也，故君子莫大乎与人为善。'"
② 语出《性理会通》卷三十的《礼元剩语》。
③ 伯益：皋陶之子，虞夏之际的一位重要历史人物，辅佐大禹治水的贤人。
④ 此句意思转述自《论语·伯泰》："子曰：'如有周公之才之美，使骄且吝，其余不足观也已。'"

四、齐鲁之战与冉求之军功

体充问曰：齐国人与鲁国人战于郊①时，鲁国军队之右手大将军乃冉求②也，管周父御，樊迟为右。既开战，鲁国军队左侧兵败，而右侧军队丝毫不退，运用樊迟之计谋，冉求亲自挥枪杀入齐军并败之，斩获敌军甲胄八十③，最终鲁国军队获胜。事后季康子问冉求，此战尔所立军功无与伦比，不知子之兵法是学而所得，又或是天生所具之才④？冉求回答说，此非生而所能之事，乃是学之于孔子。季康子由是以钱币迎接孔子，孔子回到鲁国。此事先生以为如何？

师翁答曰：如若冉求未被季氏委任为鲁国大将军，冉求则不可能建立此次军功，若无冉求此军功，则孔子擅长兵法、文武兼备之才德，便不能为季康子所得知。圣人之世尚且如此，何况后世往往错将文武一分为二，不知孔子擅长兵法便也无可厚非。

五、孔子之兵法

体充问曰：孔子如此长于兵法，却为何不传授于卫灵公⑤？

师翁答曰：虽然说"兵者凶器也"⑥，然而若为君子所用之，则可平定天下之乱，凶器则成宝物；若为小人所用之，则可祸乱国家、为害天下，凶器越发凶恶。然卫灵公乃小人也，其嗜好争伐，是为增强自己强横凶暴之战争势力而问陈于孔子，故而孔子不传也。

---

① 语出《左传·哀公十一年》："孟孺子泄帅右师，颜羽御，邴泄为右。冉求帅左师，管周父御，樊迟为右。"
② 冉求：孔子门生，仕于鲁国正卿季康子。《孔子世家》有记："其明年，冉有为季氏将师，与齐战于郎，克之。"
③ 语出《左传·哀公十一年》："师获甲首八十，齐人不能师。"
④ 语出《史记·孔子世家》："季康子曰：'子之于军旅，学之乎？性之乎？'冉有曰：'学之于孔子。'季康子曰：'孔子何如人哉？'对曰：'用之有名，播之百姓，质诸鬼神而无憾。'……季康子以币迎孔子，孔子归鲁。"
⑤ 语出《论语·卫灵公》："卫灵公问陈于孔子，孔子对曰：'俎豆之事，则尝闻之矣；军旅之事，未之学也。'明日遂行。"
⑥ 语出《韩非子·存韩》："故曰：'兵者，凶器也。'不可不审用也。"

补遗篇二[1]

一、无德则非儒者

体充问曰：当今世间，对读记儒书之人，纵然其无德亦称之为儒者。而彼等之人亦欣然接受儒者之名，岂不是极大错误？

师翁答曰：然也。儒者之名，在于德而不在于艺。文学者，艺也，大凡生来记诵能力较强之人，无论是谁皆不难习得。然而即便是长于文学之人，倘若其无仁义之德，则非儒者，仅仅是长于文学之凡夫而已。相反，即便目不识丁之人，倘若其能明仁义之德，则不是凡夫，而是不晓文学之儒者。此道理原本浅显易懂，并不难理解，然而不知自何时开始出现惑解，将只读儒书视为学问，将只有文学知识者视作儒者。此惑解现已深入世间人心，皆视学问为读书僧侣或出家人等所做之事，而非武士所为之事。世间如此不明学问之真意，实乃天下之大不幸也。

二、学问之本意

体充问曰[2]：说世间不明学问之真意乃天下之大不幸，是何原因？

师翁答曰：因为学问乃是以彰显明德为主意真髓。明德者，乃我等人体之根本也，主人也。倘若此主人昏聩，则如主君昏庸而臣下混乱无序，其人所思所行均违背天理，一心追名逐利，不以亲为亲，不以君上为君，只管挖空心思将聪明才智用于如何损人利己，相互争夺，甚或做出杀父弑君等大逆不道之事。人间万苦，无不起因于明德之不明；天下战乱，无不源自于明德之晦暗。此岂非天下

---

[1]《翁问答》下卷，丁亥（正保〈1644—1647〉四年）春。
[2] 此句原文为"问曰"。下句原文为"答曰"。下文中此种情况均统一为"体充问曰""师翁答曰"。

之大不幸哉！圣人怜之，立明明德之教，劝以做人之学问。四书五经之所云，皆为此也。

三、世人对学问之非难

体充问曰：四书五经流传天下，读者甚众，然而世人却不明其真意而毁谤学问，此为何故？

师翁答曰：世人毁谤学问，并非世人之过错，乃是做学问者之过错。通观世间做学问之人，其中明晓学问之真意而立志向学者，少之又少也。今世间做学问之人，有为靠此教书谋生者，有以学问作行医之粉饰者，亦有以此作炫耀工具者。即大多数人是为此三事在做学问，对学问之第一本意"明明德"毫不关心，故而其学问对正心修身毫无益处，只能徒增其夸示文艺之傲慢病症。其中虽偶有真心志学者，但却因其未能直接受教于优秀先觉者，故而亦不知真正之"道"即在自我之心，而是将先王之法、贤人、君子之迹视为人当遵行之道，将世间风光排场风习定为善事，认世间之屈理为理，并以此为道正心修身。而越努力修习此等伎俩，原本活泼融通之心即越益萎缩，自我心中固有明德之宽容温柔则日渐暗淡，致使性格日益倔强，渐渐不能与人和睦相处，成为怪人。如此一来，学问之益处便仅局限于文艺矣。世人目睹此等现象，必然断定学问除了教书、出家、行医之外，别无益处。此等想法不得不说亦有一定道理。

如果世间学者人人皆抛弃基于凡俗风习之态度，明彰学问第一要义之明德，以孝悌忠信为目的，则父母便会忧心子息之不学，主君便会厌恶臣下之不学无术。如此则不仅世间无人再毁谤学问，而且无论武士乃至农人、商人，人人皆会认为不能没有学问。由此可知，世人不是在谩骂学问，而是在谩骂学者，且是学者自己所为而至也。尽管如此，我等身为做学问之人，听闻世间谤骂学问，只知发怒或嗤之以鼻，却不知道此错误之根本原因在于自身。以此观之，彼等无志于学问真义之学者，较之世间谤骂学问之人，对于圣门而言乃是罪加一等之罪人。

四、读书乃学问之初始

体充问曰：如果说目不识丁之人亦可以明明德，是否可说圣人以下者皆可不经学问而明明德？

师翁答曰：此疑问亦是由误以为文艺即学问之习心所产生。后学师从先觉者，且学且问性命之道，方为学问之真实意义。文学仅只其中一品也。古昔，世间尚无学问，自然亦无可读之书籍，只以圣人之言行为标本而为学问。至于世之末，学问之本意有失传之征兆，圣贤忧之，遂将其道著于书本，定为学问之镜。由此，读书便成为学问之初始入门。人生来资质各有不同，有人极其擅长文艺而领悟心法却不得要领，难入其门，大凡此类之人，皆为俗儒也；又有人虽然文艺一窍不通，然而领悟心法却极有悟性。此类人师从先觉听讲圣经、贤传，虽因不敏于文艺而不能记诵文字训诂，然而领悟心法却极有灵感，是故不仅能听懂圣经贤传之大意、主旨，而且能明其明德，成为君子。若能如此，即便其人目不识丁，亦为上上之学者也。若问为何有此之说，是因为文艺之于求道乃捕鱼之筌①也，得鱼之后而筌则无用矣。

五、对不能读书者之教导

体充问曰：吾闻大学之道乃上自天子下至庶民之教也，然愚痴不肖之卑贱男女却不能读书，该当如何认识？

师翁答曰：古昔圣人时代，即便是小小乡里亦有学校。其乡里之奉行村官作为其教师，农闲时节讲解圣经经典教民以道，故即便是愚痴不肖之卑贱男女，亦能晓得书物之本意。彼等虽不通晓文字训诂，然却能听懂圣经经典之主旨大意，领会学问之真实意义，其

---

① 筌：捕鱼的竹器。语出《庄子·外物》："筌者所以在鱼，得鱼而忘筌；蹄者所以在兔，得兔而忘蹄；言者所以在意，得意而忘言。"王阳明《五经臆说序》中有阐发："得鱼而忘筌，醪尽而糟粕弃之。鱼醪之未得，而曰是筌与糟粕也，鱼与醪终不可得矣。五经，圣人之学具焉。然自其已闻者而言之，其于道也，亦筌与糟粕耳。窃尝怪夫世之儒者求鱼于筌，而谓糟粕之为醪也。夫谓糟粕之为醪，犹近也，糟粕之中而醪存。求鱼于筌，则筌与鱼远矣。"

正心修身之事，乃末代之俗儒所远远不能及也。因只通晓文字训诂，心却不能领会其中真意，则其心其行与凡夫俗子无异，非真正之读书也。此正是世人常说的"读《论语》之不解《论语》"之意。即便是文盲，若能虔诚信仰圣经、贤传，聆听知书达理之人讲解，能领悟其中本意而明彰我教之明德，则为较之俗儒之读书，更胜一筹之读书也。以此观之，有志于心学之卑贱男女，乃不读书而懂得读书者。而时下流行之俗学，则等于虽读书而不知书矣。

六、必读之书十三经

体充问曰：从唐土传来之书不计其数，如何得以从头一本本全部听读？

师翁答曰[①]：如此理解亦是极大错误。必须听读之经书，只有十三经也。而作为理解十三经之辅助，除了名儒之书和七书等之外，其他书物均读而无益。然若勉为其难去读，只会令人眼晕心累，徒劳无益。我等当知，史书乃是考量古今事物之变迁，作为福善祸淫之印证而做，乃是行有余力为慰藉心灵而读之物。

七、"十三经"包含哪些书

体充问曰：十三经都是些什么书？

师翁答曰：十三经有《孝经》《论语》《孟子》《周易》《尚书》《周礼》《仪礼》《诗经》《礼记》《左传》《穀梁传》《公羊传》《尔雅》。以上十三部书，合称"十三经"。

[①] 岩波书店1974年版《日本思想大系29：中江藤树》自此条开始为"答云"，本译稿统一为"师翁答曰"。

八、学习十三经之要①

体充问曰：十三经数量真是不少，对于没有文才之人难以全部读完。不知其中有无读之一两卷便可学道之书？

师翁答曰：十三经原本即是由《易经》一部扩展而来，故而用心读《易经》可也。然而《易经》言简意赅，甚为玄妙，寻常之人恐难理解，故可随从先觉者学习《孝经》《大学》《中庸》，虽然说学习者因天生资质敏钝不同而接受速度有快有慢，但若专心致志不懈努力，则必能学到真知。此三书学完后若有余力，则可根据其学力与时间，学习《论语》《孟子》。倘若此外仍有余力，则可学完十三经全部。但认为只有学完十三经才可得道，是极其错误之观点。因为在十三经尚未完备之时成就品德者已为数众多，十三经完备之后得道之人反而少矣。诚然，认为《孝经》《大学》《中庸》之外无需其他经书，亦是错误之观点。之所以如此说，是因为此等经书皆是根据时代形势不得不教谕之事而作，皆为圣贤所著之书物，没有无用之物。学习经书，心不应止于数量之多少，而应为专一发心成圣而矢志不渝，辨疑解惑，追求明彰自心明德之益。听读圣经贤传，对于明明德有三大益。其一为触发，其二为栽培②，其三为印证。此三益者，皆为自己发愤③所得也。若平素不用体察之功，不发愤，即便整天整夜书不离手，亦不可有其所得之益也。若无此三益，则读书尚不如不读。

---

① 此部分是前文"下卷之本·第六十条"的补充，内容略有重复之处。
② 语出《中庸》："天之生物，必因其材而笃焉，故栽者培之，倾者覆之。"
③ 语出《论语·述而》："子曰：'女奚不曰，其为人也，发愤忘食，乐以忘忧，不知老之将至云尔。'"

补遗篇三①

一、心之安乐与痛苦

体充问曰：人世间第一追求目标当为何物？

师翁答曰：心之安乐最为重要。

二、世间最应厌弃事

体充问曰：人世间最应厌弃者是何事？

师翁答曰：最应厌弃者唯心之痛苦莫属。

三、去苦求乐之道

体充问曰：何为去苦求乐之道？

师翁答曰：学问也。

四、以学问去苦得乐

体充问曰：如何用学问去除痛苦而求得安乐？

师翁答曰：吾等人心原本即是安乐之本体。若说其证据，可以观察人在婴儿至五六岁期间之心。世人若皆可见幼童之无忧无虑，则可称之为佛。如此看来，人心之本体乃安乐而无痛苦者也。痛苦只是人者由迷惑而自造之病。心即如眼睛，眼睛之本体若能睁闭自由，则可清清楚楚辨明眼见之物而心情爽朗。而若沙尘等物进入眼内，则会使眼睛不能自由睁闭，其视物亦不再清晰，必会痛苦难忍。

---

① 《翁问答》上卷，丁亥（正保〈1644—1647〉四年）冬。

虽说一时之间疼痛难忍，然而一旦除去沙尘使眼睛回归本体，得以睁闭自由，则又可视物清晰，心情爽朗。与此同理，心之本体原本安乐，却因迷惑之沙尘而引起难以忍受之痛苦。学问乃是清洗此等迷惑之沙尘、回归本体安乐之道，故当好好做学问、致力于功夫之受用，如此则可回归心之原本之安乐。

五、苦乐在心

体充问曰：大凡世间之人，皆以贫贱勤劳为痛苦，以富贵安逸为安乐。然而却有苦乐不在于境界而在于人心之说。不知为何有此之说？

师翁答曰：前者之认识，可称之为凡夫之见，乃浅薄之惑也。凡夫之见只知求诸身外之物，深深受其迷惑而不辨真理，仅凭表面所见便下定论。殊不知若明德暗则为陋习所沾染，止于人欲，沉迷于酒色财气，由此则得天下而忧天下，得国而忧国，有家则忧家，有妻子则忧妻子，有牛马则忧牛马，有金银财宝则金银财宝成为忧患，其所见所闻，无不成为其痛苦。倘若如此，不论上为天子还是下为庶民，虽然外形不同，但其心中之苦则无差别。因此古歌有云："所忧事品虽不同，世间无人心安生。"君子者，能明明德，不染习，毫无私欲，当然亦不受酒色财气之迷惑，故虽得天下而不与，虽得国而不忧，虽得家而不烦，有妻子而乐之，有牛马而不受其限，有金银财宝而不耽溺其中，所见所闻皆能乐享之。由此则可虽上为天子其乐无所增，下为庶民其乐无所减。故而帝王之位，虽为富贵安乐之至极，然不论在日本抑或中国，历代君王中明德晦暗者无不是为酒色财气所苦恼。而箪瓢陋巷[①]、饭疏食饮水[②]者，虽可谓贫贱之至极，但却能其乐无比。尽管是普通凡人之身，亦不会受后宫宫女般情欲无法宣泄之苦；即便农夫耕耘乃劳苦之至极，但其心则未必痛苦；大禹治水虽是劳苦之至极，然却是令人欢乐快活之事也。如能真切体会察知此实理，则苦乐在心而不在其外相之说，便非难知也。

[①] 语出《论语·雍也》："子曰：'贤哉，回也！一箪食，一瓢饮，在陋巷。人不堪其忧，回也不改其乐。贤哉，回也！'"
[②] 语出《论语·述而》："子曰：'饭疏食饮水，曲肱而枕之，乐亦在其中矣。不义而富且贵，于我如浮云。'"

跋文

《翁问答》者，乃吾师藤树先生所著。先师藤树曾任职于予州，后归于江阳。予州同道之士慨叹由此远离先觉[①]失去模范，且又不擅文学，无法通过经书悟道。遂期望获得以假名书写、释疑解惑、传授正德之法之著作。是故先师终著此《翁问答》上下两卷。时值宽永十八年辛巳[②]。然而，随着吾师于学问上不断更新认知，渐感此篇问答之内容已不足以表现其心境。遂生修改之意，不再将此文广泛传授于门人弟子之间。后来癸未[③]年，此文稿落入梓家[④]之手，被大量印刷出版，所幸较早知觉，命其毁弃。

或曰，《翁问答》一书，其行文正直明了，论理果断明快，愚笨如吾辈，读之已获益良多，何故定要秘而藏之不广授天下哉？

先师答曰，吾著此问答之时，与如今相比，学问尚未精到。当时忧虑圣道无法施行，有心拯救末学之弊。因此行文说理时昂扬激烈，终不免有太过锋芒毕露之累。读者若不能解吾本意，或许反倒助长其好胜之心。此恐怕于世人不仅无益反倒有害，因此吾欲对《翁问答》进行修改，故并不愿此书在当下就广传出去。

丙戌年[⑤]，先生修改了下卷一二篇。丁亥年[⑥]，又计划再次修改。由于身体抱恙，进展缓慢，终未完成。同年，又欲修改上卷，最终只进展少许而无果。

先师尝曰，《翁问答》一书中，如谈论儒佛之处，如今读来，觉其说理并不精当。

又曰，《翁问答》之上卷乃吾阅读《孝经》受到启发而书写因此文章在"孝"之一字上大展篇幅。虽说于《孝经》主旨理解方面并无谬误，然而如今若再写此篇则不会选择此种方式了。

先生又曰，此书若满怀志气、愤世嫉俗，忧心末学之弊者读之，

[①] 指中江藤树。
[②] 宽永十八年（1641），藤树三十四岁。
[③] 宽永二十年（1643），藤树三十六岁。
[④] 出版商人。此处指京都的出版商风月宗知。
[⑤] 正保三年（1646），藤树三十九岁。
[⑥] 正保四年（1647），藤树四十岁。

或许能触发其感悟，而如心术精微、用功下手之实际方法，则未及详论。

　　此乃先师心意挂念之事。因此出版《翁问答》实非先师本意。是故先师逝去后，《翁问答》被隐藏更深。然而今年①春天文稿再一次泄漏到梓家②之手，最终被印刷出版。震惊之余取来阅读，却是当初之草稿，竟非上一版之再版。此版概为偷偷抄写之物，错字漏字情况颇多。故吾今日不得已将其详加考订，且编入前后之改正篇，并详述其事聊以明先师之志，再重新出版。读者得到新版书籍，当思学问上日日新，而不以读完此书为终点。若有希求精微中庸者，则此书将成为其入德通道之阶梯。倘若草率阅读而没有得到骨血相承③之实效，怠惰于致知之功者，反而陷入先师所忧末学之弊。吾辈定当谨慎也。

　　庆安三年庚寅④夏六月既望门人⑤记。

---

① 庆安二年（1649）。
② 指出版商丁字屋仁兵卫。
③ 钱德洪：《年谱二》，王守仁：《王阳明全集》卷三十四，吴光等编校，第1412页。
④ 庆安三年（1650）。
⑤ 藤树弟子，中川氏。

第三部分 中江藤树《翁问答》思想评述

要想深入地把握中江藤树思想的内涵和价值意义，有必要对其思想的形成过程、著述内容和思想特色以及与中国阳明心学的关系等，进行尽可能详细而深入的考察和分析。日本近代哲学家井上哲次郎在构建日本哲学体系时，把中江藤树的思想作为一个独立的派别纳入体系，并将其明显地区别于"日本朱子学之哲学"和"日本古学派之哲学"，编写了《日本阳明学之哲学》。诚然，因中江藤树的思想极具个性化，亦被称为"藤树学"。这虽然是后世研究者的称谓，但也说明中江藤树的思想具有独立性，有着自成体系的特质。日本基督教思想家内村鉴三（1861—1930）认为"藤树在内心世界里建立了以自己为绝对君主的一大王国"[1]，而这个王国的核心即是"良知"。就中江藤树思想构成的基础而言，可以说其中包含有佛、儒、道等诸多思想元素。他在《翁问答·序言》中就指出："吾自志学之年始，即下定决心求得心守身行之正道，为此长年致力于研习禅门、佛门多种教派之教义。然而此类教义皆论议偏颇模糊，道理偏执委曲，且其教法于人伦日用毫无裨益，故入于儒教之门，求真教于四书五经。"由此可见，中江藤树早年修习的是佛学、禅学，后来才接触到儒学的。而从其著作中常常提及"黄太帝王""太虚神化"等语句，以及多处引用《庄子》出典，可知其还深受中国道家思想之影响。

就其儒学思想形成的过程而言，中江藤树最先学习的是朱子学。这一点，从其著述中大量应用《朱子类语》出典便可察知。后来接触到阳明心学的书籍后，才倾倒于王阳明的心学，并称之为"真儒"，认为阳明心学才是唯一的"真学问"。

就其思想体系而言，中江藤树的思想是一种以"孝"为内核的含有宗教神秘主义的儒学思想体系。藤树认为，"孝"即是"明德""良知"等儒学内核的别称，而且"良知"内在于人心之中，是修为工夫之种，"立身行道之本在于明德，而明德之本则在于以良知为镜而慎独"。同时，中江藤树又是一个矢志躬行之人，提倡"畏天命、尊德性"，注重践履，一边研修阳明心学，一边开办书院，教书育人，身体力行实践"知行合一"。其学问由其弟子和思想认同者继

---

[1] 内村鉴三：《代表性的日本人》，第131页。

承和发展光大，成为既有对中国阳明心学的传承，又进行明显发展的日本本土化的"日本阳明学"。

概括来讲，中江藤树的思想其实是以"孝"为内核的儒学思想，始于对朱子学的学习，形成于将儒学与佛学相对比、将朱子学与阳明学相比较而进行扬弃的过程当中。因此，要想考察中江藤树的思想内容，就要考察其生平思想发展的不同阶段的思想变化轨迹，分析各阶段的思想特征。唯有如此，才能尽量准确地解析其思想的真正内涵和意义，也唯有在此基础上，才能对其代表性著作《翁问答》的内容、特征及思想价值意义进行相对深入的探析。

一、中江藤树思想形成轨迹

（一）信奉朱子学时期

探究中江藤树思想的形成，须从其十一岁读《大学》而产生感悟谈起。因其早期研习的学问为朱子学，一直到三十二岁接触王阳明心学并受到触动。所以从藤树十一岁至三十二岁（1618—1639）之间这个阶段，可以称为中江藤树信奉朱子学时期。

由于江户时代阶级划分和家族继承制度等原因，中江藤树九岁时成为其祖父的养子，由农民身份改为武士身份，开始在武士家庭生活并接受相应的教育。同年，祖父为藤树寻访良师，开始让其学习读书写字。藤树的祖父并无学识，并常常引以为憾，因此便极为重视对藤树的教育。根据《藤树先生年谱》记载，藤树少年时就聪敏勤奋，学习进步很快，还能把用来给儿童习字使用的《庭训往来》《贞永式目》等书籍也当作学习内容，"先生记诵甚速，且能不差一字。祖父大悦，以为'如此之能，虽壮年之人，亦不可及'，逢人便大赞先生之聪颖"[1]。在祖父的大力支持下，少年藤树很快便具备了研习学问的基础知识和能力。藤树从小善于思考，于十一岁开始阅读《大学》，产生感悟，内心受到极大触动，懂得了《大学》所讲"自天子以至庶人，皆以修身为本"，修身之本在于圣人之学，而圣人之学必须努力去学，不学则不会的道理。藤树十六岁开始研读

---

[1]《藤树先生年谱》之"元和三年（1617）十岁"条。

十三经，后得到《四书大全》而专注于学习朱子学。这些经历为他后来发展心学起了很大的作用，特别是在劝导武士当如何做学问、该读何种书籍的时候，中江藤树根据自己的这些经历给出了建议。

中江藤树十七岁时，有一位京都的禅僧来到他的家乡。这位禅僧能讲授《论语》。此前藤树阅读《大学》时，虽接触过儒家所讲的"正心""修身""齐家"等词语，但并不能很好地理解这些词语的含义。当时的社会风习是尚武，藤树自知无法向身边之人请教，便独自前往禅僧处听其讲学。后来禅僧离去，藤树便开始独自研习《四书大全》。然而当时武士阶层重武轻文习气太重，对读书学习的人并不友好。甚至在藤树二十二岁、已经以博学闻名的时候，还有相熟的武士看到他会戏谑道"孔子阁下尊驾光临了"。藤树对于这种来自同僚的戏谑之语感到很生气，毫不客气地斥怼对方，弄得同僚十分尴尬，表示歉意。然而这种口舌之争给藤树的心里留下的冲击是很大的。他一方面为武士们不重习文而感到遗憾，另一方面也对自己以愤怒的情绪来处理这样的事情而感到懊悔，痛感自己性格过于棱角分明。

就是在这种压抑的氛围下，藤树一方面"忌惮他人的诽谤"而"只能白天同武士同僚应酬，每天深夜尚要完成读二十页书的任务后方才入睡……先读《大学大全》近百遍后，终于通晓其义。通读《大学大全》之后，再读《语》《孟》，其意皆通"[1]。这一段时间中江藤树的学习重点毫无疑问是在朱子学上。《藤树先生年谱》二十岁时的条目中记载："先生独尊朱子学，以朱子学格套为立学之基。"二十一岁时的条目中提到藤树在学习《四书大全》思想的基础上，撰写了面向初学者的《大学启蒙》一书，但写完后对书中的几处内容有所不满，便毫不犹豫地将书作撕毁了。这段时间的记载显示，中江藤树还尝试着用儒家的仪式祭奠其去世的祖父，可见其对朱子学格法主义的痴迷。

用格法主义的价值观看世界的青年藤树，曾经在二十四岁作《林氏剃发受位弁》，对儒学者林罗山遵从幕府的要求剃发为僧侍奉幕府的事情颇有非议。他写道：

---

[1]《藤树先生年谱》之"元和七年至宽永二年（1621—1625）十四到十八岁"条。

林道春记性颖敏，而博物洽闻也，而说儒者之道，徒饰其口，效佛氏之法，妄剃其发，旷安宅而弗居，舍正路而不由，朱子所谓能言鹦鹉也，而自称真儒也。倭国圣人不作，而异端之教，日新月盛，邪诞妖妄之说竞起，涂生民之耳目，溺天下于污浊，是以知德者鲜矣，故推之以为倭国之儒宗，而信其言效其行者多，彼居之不疑，施骄其门人，出而仕于江户，以其形类沙门也。己巳之除夕赐之以天沙门之位，林氏兄弟者，受之以为荣幸也，而虑世之毁笑也，作文以饰其非而成其恶，听者懵然不察，同然从之，故举世以为儒者之道，惟如彼而已，而不知有明德亲民之实学。噫！后之人虽欲闻实学，其孰从而听之，实正路之蓁芜，圣门之蔽塞也，其害有甚于异端者！[①]

这篇文章里明显表现出年轻的中江藤树激进的排佛主义思想和尊崇朱子学格法主义的思想，是研究其早期思想的重要文献。

藤树二十七岁时，为了恪尽孝道，毅然决然地脱离藩籍，回到故乡近江与独居的母亲一起生活。在回乡之前，中江藤树作为下级武士生活了数年，期间阅读的书籍虽然范围十分广泛，但在思想层面上，基本上是集中在对朱子学相关书籍的研读，因此这一时期被学界认为是藤树的"前期朱子学时代"。自二十七岁回到故乡，便开塾讲学，其思想也发生了微妙变化。

宽永十三年（1636），中江藤树二十九岁，在其《送信古诗序》中有云：

　　灯前一夜话，或辨致知之疑，或讲克己之功，或论一心之妙，或明万物之理，而惟口不足。[①]

宽永十五年（1638），中江藤树三十一岁，根据《年谱》记载，《持敬图说》和《原人》著于此年夏天。

　　夏，先生著《持敬图说》与《原人》两书。此前，先生一

[①] 山下龙二校注：《林氏剃发受位弁》，《日本思想大系29：中江藤树》，第13页。
[②] 中江藤树：《藤树先生全集》（第1册）卷二，加藤盛一、高桥俊乘等编，第3—4页。

心攻读四书，严守格法。先生所想，乃是逐一受用圣人所定之规矩格式。然因种种规矩格式已不合时宜，乃至滞碍难行，由此心生质疑，想道："如此圣人之道，于当今之世，非我辈所能及。"于是又取五经熟读之，大受触动，深有感悟。是故作《持敬图说》与《原人》二书以示门人。然而笃行此道数年，无法施行之处甚多，甚至有时违背事物礼法而重归人心私欲者。因此，先生心中仍然对此抱有疑问。①

对"四书"产生疑问，取"五经"熟读而颇有感发，著《持敬图说》和《原人》而探寻为人之教。

中江藤树在《持敬图说》中写道：

> 敬者，畏天命尊德性之谓也，所以形状本心钦明之德也。尧之钦明，文王之敬止，其本然也；圣人之心，清明纯粹自然而然也，学知以下之资，则操则存，舍则亡，故以学者之工夫言，则此之谓持敬。……盖不知畏天命、尊德性，而徒欲此心之一，则无工夫之准的，而又恐或有他歧之惑。程门弟子淫于老佛者多，盖从此处差去，而入于彼门！②

藤树把"畏天命尊德性"看作"敬"之本体，而且认为"学知以下之资，则操则存，舍则亡，故以学者之工夫言，则此之谓持敬"，明确指出了资质在"学而知之"以下的人，一定要在"持敬"上下功夫，否则便会走上歧途，并列举了程门弟子为反面教材，可见藤树此时已经开始对程朱之学的持敬工夫产生了怀疑，从而开辟了另外一种独具特色的持敬方法。

其宽永十六年（1639）建立学舍的时候模仿朱熹《白鹿洞学规》制成《藤树规》，可以说是他对朱子学产生怀疑，开始向阳明心学过渡的标志。

那么，中江藤树为什么要制订自己的学规，他的《藤树规》与

---

①《藤树先生年谱》之"宽永十五年（1638）三十一岁"条。
② 中江藤树：《藤树先生全集》（第1册）卷十一，藤树书院编，第52—53页。

《白鹿洞学规》相比有何差异呢？纵观中江藤树学习儒学的过程，这一时期其学习的途径主要是通过《四书大全》来学习朱子学的内容，尽力恪守格法，以圣人的教诲和名言为准则来要求自己，坚信圣人的教诲无错，他认为自己之所以心中产生疑问，皆是自己学问不精所致。然而在参照《白鹿洞学规》而制订的《藤树规》中，则能看出他对朱熹格法主义产生的怀疑。因此，《藤树规》的制定可以看作是中江藤树从朱子学向阳明学转变的重要标志。关于这一点下一节中将展开论述。

（二）从朱子学转向阳明心学的过渡期

中江藤树思想发展轨迹当中，第二阶段可以说是从朱子学转向阳明心学的过渡时期，这个转变发生在藤树三十三岁至三十七岁（1639—1644）之间。

中江藤树为自己的私塾制订了《藤树规》，其原文为：

> 畏天命①，尊德性②。
> 右持敬之要，进修之本也。
> 博学之，审问之，慎思之，明辨之，笃行之。
> 右进修之序。学、问、思、辨四者所以致知也，若夫笃行之事，则自修身以至于处事接物，亦各有要，其别如左：言忠信，行笃敬、惩忿窒欲，迁善改过。
> 右修身之要。
> 正其义不谋其利，明其道不计其功。
> 右处事之要。
> 己所不欲，勿施于人；行有不得，反求诸己。
> 右接物之要。③

为更直观解读藤树的学规与朱熹的学规之间的差异，我们可以进行一下对比。据说朱熹的"白鹿洞学规"最初没有明文规定，直

---

① 语出《论语·季氏》："孔子曰：'君子有三畏：畏天命，畏大人，畏圣人之言。小人不知天命而不畏也，狎大人，侮圣人之言。'"
② 语出《中庸》："故君子尊德性而道问学，致广大而尽精微，极高明而道中庸。"
③ 中江藤树：《藤树先生全集》（第3册），藤树书院编，第18—19页。

至朱熹订立《白鹿洞书院揭示》，条文也比较抽象概括。朱熹明确表示自己立此"揭示"只是为了告诫学生们"诸君其相与讲明遵守而责之于身焉……其有不然，而或出于此言之所弃，则彼所谓规者，必将取之，固不得而略也。诸君其亦念之哉"。学规原文如下：

> 父子有亲，君臣有义，夫妇有别，长幼有序，朋友有信。
> 右五教之目。尧舜使契为司徒，敬敷五教，即此是也。学者学此而已，而其所以学之之序，亦有五焉，其别如左：
> 博学之，审问之，慎思之，明辨之，笃行之。
> 右为学之序。学、问、思、辨，四者所以穷理也。若夫笃行之事，则自修身以至于处事接物，亦各有要，其别如左：
> 言忠信，行笃敬，惩忿窒欲，迁善改过。
> 右修身之要。
> 正其义不谋其利，明其道不计其功。
> 右处事之要。
> 己所不欲，勿施于人。行有不得，反求诸己。
> 右接物之要。

学规下面有朱熹对制定"揭示"的解释，表明了其讲学或教人为学的目的不在于学到杂乱的知识，写得出华丽的文章，借以沽名钓誉，谋取利禄，而是为了要人们按儒家经典，读书穷理，修己治人，成为对社会有用的人才。该学规堪称书院学规的楷模，成为元明清几个时代官学的办学准则。就连王阳明也给予这个学规"夫为学之方，白鹿之规尽矣"[1]的评价。

与朱熹的《白鹿洞学规》对照来看，《藤树规》有明显几处更改。首先是把朱熹在学规开篇首要规定的"父子有亲，君臣有义，夫妇有别，长幼有序，朋友有信"之五教条目改为"畏天命，尊德性"的"持敬"之要。"畏天命"是孔子要求世间君子要具备的三大敬畏之首，"尊德性"，则是《中庸》里阐释的世间君子做学问的用功方式。而对"尊德性"与"道学问"之间的先后、主次关系的定

---

[1] 王守仁：《紫阳书院集序》，《王阳明全集》卷七，吴光等编校，上海古籍出版社2011年版，第266页。

位，正是宋儒朱熹和陆九渊在教人为学功夫方面如何处理道德涵养与经典研究之间关系上的最大分歧之一。朱熹认为："圣人之教学者，不过博文约礼两事尔。博文，是'道问学'之事，于天下事物之理，皆欲知之；约礼，是'尊德性'之事，于吾心固有之理，无一息而不存。"[1]这里朱熹所谓的"博文"和"约礼"，也是陆九渊批评他有"支离之病"的地方。陆九渊认为"学"的目的只是实现道德的境界，经典的学习或外物的研究都不能直接有助于这个目的的实现。应该以"尊德性"为本，"道问学"为末，因为"先立乎其大，而后天之所以与我者，不为小者所夺。夫苟本体不明，而徒致功于外索，是无源之水也"[2]。他认为心才是道德的根源，即便目不识丁的人，不会读书但注重修炼良知德行，也可作一个道德高尚的人。

中江藤树在《翁问答》中反复批评那些死读书的"俗儒"，以及那些搬弄词章的学问家，赞扬那些不读《论语》而懂实践《论语》精神的普通百姓，与陆九渊的主张如出一辙。他把"尊德性"认定为"持敬"主体，在《持敬图说》中明确批评程门弟子的"功夫不准"，表明了在"用功"方面与朱子学的明显分歧。

两部学规的另一处不同，是关于"为学之序"和要达到的目的。这也是藤树对朱熹学规最明显的更改。朱熹在《揭示》中所规定的"博学之，审问之，慎思之，明辨之，笃行之。右为学之序。学、问、思、辨，四者所以穷理也"，在《藤树规》中则改为"博学之，审问之，慎思之，明辨之，笃行之。右进修之序。学、问、思、辨四者所以致知也"。特意把"为学"改为"进修"，以"致知"代替"穷理"，可见藤树对朱子学的"为学"和"穷理"已经不再疑惑，而是明确否定了。

藤树的教育思想在其后来的著作《翁问答》中有进一步展开的论述。这一时期其在道德方面倡导的"全孝说"格外引人注目。在修行工夫方面，他创立了颇有宗教神秘色彩的"太乙神信仰"。根据《藤树先生年谱》记载，藤树三十三岁时，相继阅读了《孝经》和《性理会通》两本书籍，对书中所讲颇有感悟，开始祭拜太乙神，

---

[1] 黎靖德编：《朱子语类》卷二十四，王星贤点校，中华书局1986年版，第569页。
[2] 黄宗羲原撰，全祖望补修：《象山学案》，《宋元学案》卷五十八，陈金生、梁运华点校，中华书局1986年版，第1885页。

虽意欲撰写《太乙神经》一书，但因病痛折磨只完成了半部的内容，最终未能成书。

> 先生三十三岁那年夏天，读《孝经》，觉其意味深长。从此每早诵读不辍。其年，又读《性理会通》，深有体悟，由此每月初一，必斋戒后祭拜太乙神。盖古时，有天子祭天，士庶无祭天之礼。先生以此作士庶人祭天之礼，长行此祭不息……先生欲著《太乙神经》一书，完成大半书稿，但最终也因患病而未能成书。①

《性理会通》成书于明代崇祯甲戌年，共七十卷，《续编》四十二卷。是在《性理大全》基础上增添了明代学者诸学说编撰而成的。编者钟人杰，字瑞先，钱塘（今浙江杭州）人，生卒年不详。《性理会通》中收录有《心学录》等明确记录王阳明心学思想的部分，表明其受阳明心学影响之深。中江藤树熟读此书，受其影响颇深。

中江藤树于宽永十七年三十三岁的冬天"获《王龙溪语录》读之"，一直以来困扰自己的问题似乎迎刃而解，欣喜之余赋诗一首："致知格物学虽新，十有八年意未真；天佑复阳令至泰，今朝心地似回春。"从此以后中江藤树对朱子学的反省非常明显，《藤树先生年谱》三十四岁条中有如下记载：

> 其年，先生始觉专守格法之非。先前，先生唯独尊信朱子所注经典，每日为学生讲解朱子学说，并示门人弟子以《小学》之法。是故，门人弟子治学囿于格法之间，日益受缚，心性也愈发狭隘。或是先生性格仍有棱角，因此更难融入同志者之间。某日，先生对门人言曰："我，受用朱子格法日久。近来渐觉其非。虽说受用格法之心与求名取利之志不可同日而语，然则均失了人真性活泼之体。我等为人，当脱离束缚，笃信本心、不拘于形。"

也就是说，藤树开始意识到以往让学生专注于《小学》的学习，

---

① 《藤树先生年谱》"宽永十六至十七年（1639—1640）三十二岁三十三岁"条。

恪守格法，而忽略了学生们活泼真性的一面，这表明他开始注意到格套的不足之处，重视人之本性，其思想已经向前迈出了一大步，可以察知中江藤树是由此时开始挣脱朱子学的束缚、解放思想的。

这个时期中江藤树不仅认为朱子学的格法主义有问题，他还开始认为宋儒以来对佛教的排斥，特别是对灵像的排斥是错误的，自己应该对其加以纠正，并倡导崇尚灵像信仰。藤树对自己这种观点产生的原因进行了如下阐述：

> 上帝鬼神本无形色之可言，以无形色，而神妙不测通万变，主万化，昭昭灵灵，是以圣贤畏敬而不违。《书》曰："顾諟天之明命"，此乃以明德昭视无形之神者也。昧者不能视无形之神，犹瞽者不能视有形之尊者，既不能视之，则虽教之使畏敬，而不笃信，而不能敬，是以圣人不得已而作为灵像，了然于心目之间，而使有所畏敬，常常奉行，工夫熟则见其倚于衡也，见其参于前也，而无间断；一旦豁然开悟，则以明德视无形之神，犹瞽者之昭明，而见有形之尊者，依有形之假象，而见得无形之真体，则真假一致，不见其别，是乃为中人以下昧者而有所制作也。[①]

从这个时期开始，中江藤树的思想在形式上带上了宗教主义的神秘色彩。同年秋天，藤树开始撰写《翁问答》，假借"师翁"与"体充"的问答来阐述自己的思想观点。《翁问答》全书在涉及命运、命数等思想时，无不带有这种中江藤树特有的宗教性诠释色彩。

概括来讲，这个时期的中江藤树撰著了《孝经启蒙》《翁问答》等代表作。在《孝经启蒙》一书中对"孝"的思想进行了精辟的论述，而在接触到《王龙溪语录》等阳明心学著作时，有明悟和释然，在阅读完《阳明全集》后，则豁然开朗，为阳明心学的内容所倾倒，开始挣脱朱子学的束缚，探索王阳明的心学思想，成为在日本明确倡导阳明心学的第一人。

通过以上的分析可知，中江藤树摆脱朱子学的学风，转而从

---

① 中江藤树：《藤树先生全集》（第3册），加藤盛一、高桥俊乘等编，第30页。

王阳明的心学中探寻解决心中疑问之方法，直至最后继承阳明心学的学说，并非突然转变，而是有一个怀疑、试探到明悟的过程。从时间节点上划分的话，则可以上溯到从他当初接触到《性理会通》开始，到"脱藩"回到故乡后内心疑惑加深，偶然读到《王龙溪语录》而明确接触阳明心学，到读完《阳明全集》而倾倒于阳明心学，可以说中江藤树经历了一个漫长的思想过程。

（三）专研阳明心学时期

中江藤树通过阅读《性理会通》接触到阳明心学思想，读到《王龙溪语录》明确感觉到阳明心学与朱子学的不同，直到购读了《阳明全集》之后，明确了对阳明心学的认可，开始研习和传授阳明心学，直到去世。这一段时间可以概括为中江藤树专研阳明心学、初创日本阳明学时期。时为中江藤树三十七岁到四十一岁（1644—1648）之间。

如前所述，中江藤树在向阳明心学过渡时期已明悟以前拘泥之非，反省之余，告诫诸弟子读书的时候，一定要注意跳出格法主义，重视本心。其本人也时时反省，注意扬弃自己一直以来拘泥的格法主义思想。根据记载，中江藤树于宽永十七年（1640）三十三岁时，开始撰写《翁问答》，而此年夏天，才开始读《性理会通》，该书收录有阳明心学相关著作，推测藤树最早是通过此书接触到阳明学思想的。至于始购得《阳明全集》，已经是正保元年（1644）三十七岁时候的事情了。据《藤树先生年谱》记载，"其年，先生求得《阳明全集》。读之，此前种种感悟皆得印证，甚为喜悦。先生学问也日愈进益。"[1]而关于其三十七岁时接触《阳明全集》，读后大有感悟的情形，《藤树先生行状》中记述得更为详细：

> 先生年三十七，购得《阳明全书》[2]读之，沉潜反复，大

---

[1]《藤树先生年谱》之"正保元年（1644）三十七岁"条。
[2] 关于藤树购得的阳明著书的名称暂无定论。《藤树先生年谱》中记录为"《阳明全集》"，《藤树先生行状》则记录为"《阳明全书》"。《日本思想大系29》在《藤树先生年谱》部分考证，"一说乃崇祯年间（1628—1644）刊行，施邦曜所编的《阳明先生集要》十五卷、年谱一卷十二册。另有乃是《王文成公全书》三十八卷一说。亦有其他说法流传。"本书中除引文外，一律暂采用《日本思想大系》中所载《藤树先生年谱》所记载的"《阳明全集》"说法。

有所得。先是先生以为《大学》者初学入德之门，尤不可以不致思，因自作之解者，前后凡三，而未得格知之要，心深忧之，普探诸儒之所说，而未得适当者。至是见其解致知为良知，乃默座澄心，验之人情，考之事理，质之《诗》《书》《语》《孟》之旨，莫一而不吻合，于是豁然开悟，多年之疑始释矣，乃颇悔其尝所著《原人》及《持敬图说》等之未莹。①

从以上记载可知，中江藤树三十七岁时阅读了《阳明全集》，这部著作解答了他学习朱子学时产生的诸多疑问，从而开始"解致知为良知，乃默座澄心，验之人情，考之事理"，豁然开悟，开启了他作为阳明心学学者的时代。

然而我们今天解读《翁问答》等中江藤树的著作的时候，并未能看到其书中频繁使用很多王阳明思想特色的词语。这是因为中江藤树在撰写《翁问答》时，虽然已经接触并通读过王阳明的心学著作，但是因时日尚浅，而其中并没有多用"良知"等文句，唯恐对阳明心学的理解和阐释不够深刻。考证《翁问答》的成书过程，有记载表明，宽永二十年（1643）的时候，就已经有出版商擅自刻印了《翁问答》，并公之于世。中江藤树知道这件事后，感到很震惊，命人告诉书商"尽速毁之"，原因是他认为"吾著此问答之时，与如今相比，学问还未精到。当时忧虑圣道无法施行，有心拯救末学之弊。因此行文说理时昂扬激烈，终不免有太过锋芒毕露之扰。读者若不能解吾本意，或许反倒会助长其好胜之心。这恐怕于世人不仅无益反倒有害"②，因此坚持要修改后再公之于众。然而因为身体健康原因，中江藤树未能对《翁问答》进行彻底修改，仅仅"修改数条"，抱憾而逝。然而根据藤树研究者统计，《翁问答》中并不乏表明心学立场的地方。

日本研究者伊东多三郎先生在综述《藤树·蕃山之学问与思想》一文当中，曾经有比较详细的梳理，简单归纳如下：第一，因王阳明主张圣人之教即心学，而《翁问答》上卷之末中多次提到真正的学问是"心学"，而且宽永十九年（1642）岁旦诗序中表达过"立志

---

① 中江藤树：《藤树先生行状》，《藤树先生全集》卷一，加藤盛一、高桥俊乘等编，第16—17页。
② 《藤树先生年谱》之"正保元年（1644）三十七岁"。

于心学之同志之间数年以来相互切磋琢磨"等意思。第二，藤树对王阳明的"致良知说"加深了认识。在《翁问答》上卷中使用的是孟子语"良知良能"，而在下卷中则改为"良知"，并与"明德"混同使用，甚至把"良知"规定为其"全孝说"的根基。第三，关于"致良知"，虽然在《翁问答》中未有明确体现，但中江藤树写给门人的信件中则有明确提及自己购读《阳明全集》是一生之大幸，百年以前世间有王阳明先生，指点朱子之非，明觉到孔门嫡派之学术，信《大学》之古本，把"致知"之"知"解释为"良知"。藤树感觉自己凭此明觉仿佛开悟了……①

上述第三点所提及的信件是庆安元年（1648）中江藤树四十一岁三月十九日时写的，信中藤树向自己的门人表达了对遇到阳明心学的喜悦和感悟，然而不幸的是，中江藤树于五个月后的八月十五日病故。

概括来讲，可以说中江藤树的思想即便在向阳明心学过渡的时期，业已达到信奉阳明心法之成熟境界。而在这个所谓的藤树思想发展的"阳明学时期"，其学日益精进，弟子日益增多，相继撰著了《大学考》《大学解》《中庸解》《论语解》《古本大学全解》等书。这些书籍，皆是藤树基于王阳明的儒学心法而重新诠释《大学》《中庸》《论语》等经典的成果。

二、《翁问答》主要思想

（一）《翁问答》思想背景

德川家康（1542—1616）通过战国时代长年戎马征伐和与丰臣秀吉（1536—1598）等人斗智斗勇，最终统一日本建立了幕府。要说战国时期武士阶层的主君与臣下之间的关系，可以说是典型的"尽忠义"后"领恩赏"的主从关系。这种关系很不稳定，一旦"恩"断则马上"义"绝。以丰臣秀吉的旧臣立花茂宗（1569—1642）为例，在德川家康攻打大阪城的"冬之役"时，丰臣家要求他出兵救援，他却说自己在"关原之战"的时候已经为

---

① 伊东多三郎校注：《藤树・蕃山之学问与思想》，《日本的名著11：中江藤树 熊泽蕃山》，（日本）中央公论社1974年版，第23—25页。

秀赖公（1693—1615，丰臣秀吉次子）舍身弃家，报答过了太阁丰臣秀吉的恩情，而后来承蒙德川家赐予领地方得维持生计，自当为德川家效命，从而拒绝了丰臣家的要求。德川家康在建立幕府之后发布的公文中对武士之间的主从关系做了明显的规定："虽为父子兄弟，如有不利于两公（家康和秀忠）者或违法乱纪之辈，应如实上报。"可见其对于"忠"的要求越发绝对。为建立绝对的忠义伦理，德川家康找到了儒家的朱子学思想。因为朱子学力倡的"修身齐家治国平天下"伦理教义，正是家康需要用来培养武士阶层于公共层面责任感的伦理依据。当时由研究佛教转入研究儒教的五山学者藤原惺窝（1561—1619），虽然拒绝了幕府的招揽，但推荐其弟子林罗山（1583—1657）应招从仕，开始以德川幕府为靠山发展朱子学。在林家的努力下，朱子学最终成为幕府的官学，所以从那以后江户时代人们的儒学启蒙也均由朱子学开始。

然而由于林家倡导的朱子学在追求"道"之外在化的路上越走越远，把追求尧舜的"礼乐制度"和孔子的"威仪文词"当作求道的绝对手段，学界对儒学的理解渐渐产生分歧，特别是古学派对朱子学的批判越来越明显，阳明学的影响也日渐显露。中江藤树在《翁问答》中就对林家朱子学注重记诵词章的做法予以了批判。

随着儒学在日本的发展，不同学派通过对儒家经典的理解和阐释，各自推出了不同的核心理念。林家主导的朱子学在民众教化方面，注重推崇"忠"和"敬"，认为"敬乃一心之主宰，万事之根本也"[1]，并将"持敬"放大为一切修身做学问的根本。这个理念直接影响到朱子学派其他人，最典型的是山崎暗斋（1618—1682），一直把"敬"奉为其思想的根本，认为："夫敬之一字，作为成就儒学始终之功夫，其来矣也久远也。自天地开始以来，传承代代圣人道统心法者，此'敬'之一字而已。"[2]然而古学派的代表性人物伊藤仁斋（1627—1705）则认为"爱"才是道德的基础和核心，他指出：

---

[1] 源了圆：《德川思想小史》，（日本）中公新书1973年版，第31页。
[2] 子安宣邦：《江户思想史讲义》，第50页。

> 仁之德大也。然一言以蔽之，曰，爱。于君臣谓之义，于父子谓之亲，于夫妇谓之别，于兄弟谓之叙，于朋友谓之信。故此五者，出于爱之时，则为真实；非出于爱之时，则为伪矣。孔门以仁为德之长者，概此缘由也。此之所以仁为圣门第一字者也。①

即伊藤仁斋认为，仁即爱，爱即仁，而且爱是五伦五常的基础，缺乏了慈爱之心的纲常伦理，容易让人沦为伪善。

相对于朱子学派把"忠"和"敬"、古学派把"爱"和"仁"认定为思想核心，中江藤树认为"孝"才是根本。

中江藤树通过撰写《翁问答》，构建了自己以"孝"为核心概念的儒学思想框架，肯定了"孝"的广大无边的囊括性，同时吸纳了阳明心学的知行合一理念，特别强调其百姓日用的庶民性和可实践性。他说：

> 全孝之心法，虽然广大高明，通于神明横贯宇宙，然而其所终极之根本，则在于立身行道。而立身行道之本在于明德，明明德之本在于以良知为镜而慎独。所谓良知者，乃是以自赤子孩提时敬爱父母之最初一念为根本，而真实明辨善恶是非之德性之知也。此良知者，乃磨而不磷、涅而不缁之灵明也，不论何等愚痴不肖之凡夫，其心中皆明明白白。②

上至天子下至庶民各个阶层都有自己要遵守的"孝德"，都有各自可以践行的"全孝心法"。

《翁问答》的诞生，就中江藤树本人的思想发展过程而言，标志着其思想由朱子学向阳明心学的明显倾斜。就日本思想史发展而言，则标志着一个新的儒学思想派别的萌芽，标志着日本阳明学在日本生根发芽，具有里程碑意义。其所强调的"孝德"思想、以"时·处·位"论为主的"权道思想"以及区分真学问—伪学问、真儒—俗儒的学问观，无不显示出阳明心学在日本发展的本土化

---

① 源了圆：《德川思想小史》，第62—63页。
② 《翁问答·下卷之末·一〇四》。

特色。

如果把《翁问答》通篇讲述的主旨思想加以凝练的话，那就是"孝之一事"。藤树把"孝"上升到宇宙间至高至大的地位。从孝的本质、孝的形式到全孝心法的实践，藤树通过《翁问答》讲透了孝的本质就是明德，就是良知，就是儒学真学问。实现孝的形式就是明明德，就是致良知，就是修习真儒学做真学问。其过程中要辅以"时·处·位"的权变思想，处理好"经"与"权"的灵动关系。

在开篇序言中，老师天君（"师翁"）之门生"体充"就提出问题："人之一生，该当以何道为受用之业？"然后由师翁进行了循序渐进的回答。师翁答曰：

> 吾等身体之内，有曰至德要道之天下无双之灵宝者，此宝当为吾等心之所守、身之所行之要领。此宝上通天道，下照四海。故若以此宝物汇交于五伦，则五伦之间均和睦无怨。若以此宝物侍奉神明，神明当欣然受纳。以此治天下则天下平，以此治国则国治，以此齐家则家齐，以此修身则身正，以此守心则心明。扩展之则可达于天地之外，内敛之则可退藏于密洗涤吾等心灵。诚可谓神妙之极灵宝也。①

藤树为了进一步阐述其所谓"灵宝"的巨大能量，假设了一下社会各阶层若拥有并善守此"灵宝"的情况：

> 天子可久拥四海之财富，诸侯可久享一国之荣华，卿大夫可兴盛其家，士人可扬名立万，庶民则可钱粮富足，安居乐业。反之，如果丢失了此"灵宝"，则会失却人间之大道。不仅失却人间之大道，亦将失却天地之道。不仅失却天地之道，太虚神化之功亦将不复运行，因为太虚、三才、宇宙、鬼神、造化、生死等等，悉皆囊括于此灵宝之内也。②

至此，藤树将"灵宝"的功能以极其夸张的手法进行了描绘，

---

① 《翁问答·上卷之本·一》。
② 《翁问答·上卷之本·一》。

至于其本质是什么，则根据追求的途径不同而所得殊异：

> 追求并研修此灵宝，即谓儒者之学问。生而拥有此宝者，称之为圣人；通过学问而拥有此宝并心守之身行之者，称之为贤人。孔子将此灵宝归纳为《孝经》，以求以此为明镜照亮万世之黑暗。①

可见，此"灵宝"就是学问，即始于孔子的"儒学"。然而为了避免人们一看到"儒学"就误以为是指当时流行于世的真假莫辨的"学问"，从而导致对此"灵宝"的亵渎，于是进而指出其所指的并非纸上的学问，因为：

> 秦代以来一千八百余年之间，鲜见有十分好学而获得此灵宝者。如今时至大明朝，遵信推崇此经者为数众多。大舜因获拥此灵宝，出于庶民而贵升为天子。文王获拥此灵宝，乃至于侍奉天地左右。董永谨遵此宝，娶得天上织女为妻，吴二遵奉此宝，免受宿恶天罚之刑。②

中江藤树所列以上人物当中，除文王以仁礼著称外，大舜、董永、吴二等，无不因大孝而被后世传颂。因此，藤树自然而然就指出"灵宝"的本质，"此宝原本无名，古之圣人，为教化众人，观其光景，名之为孝"，从而引出了"孝德"即为此"灵宝"的主题。

综上所述，《翁问答》是通过阐述充塞于天地之间，甚至超脱于天地之外，却又可以凝缩于我等心中的"灵宝"，来点明"孝"和"学问"是两个相通相连的问题。也就是藤树在《翁问答》中要辩明的两个核心问题：至德要道的"孝"思想和"真伪学问"的儒学观。在明辨真伪学问、如何做真学问等等问题的过程中，中江藤树还反复论述了要根据"时·处·位"甄别权变的"权道"思想，提出了自己对"经权"关系的见解，构建了"经权一体"的经权观。

所谓"孝"思想，主要是阐述"孝"的思想重要性、构成以及

---

① 《翁问答·上卷之本·一》。
② 《翁问答·上卷之本·一》。

社会各阶层的"孝"之真义等等，在论述到上层阶级的"孝"的时候，与"忠"思想结合进行了考虑，并最终归纳出全孝心法。而藤树的"经权"观则是根据阳明心学的"经权论"进行的阐发，并试图回归到孟子"明德"思想的创新。而"真伪学问"问题，则是藤树对儒学的诠释。针对当时社会上流行的"俗儒"以学者的身份做着偏离儒学规范的事情，藤树斥之为"伪学问"。下文将对《翁问答》中着重阐述的以上三大问题进行分析。

（二）"孝德"思想

1. "孝德"为"至德要道"

针对体充提出的"世俗之人均以为孝乃浅近道理，仅为侍亲一事"的看法，中江藤树借师翁之口纠正说：针对这种看法"孔子深以为憾"，且孔子"为扫万世心盲，将孝德释为神妙不可测、弘大深远、无始无终之神妙大道，并以《孝经》记之"，并且指出"孝德真意，可以"敬爱"二字简明纳之。爱者，真心诚意亲近之心也。敬者，乃是恭敬长者，不轻慢欺侮晚辈之意。

的确，《孝经·天子章》有云：

> 爱亲者，不敢恶于人；敬亲者，不敢慢于人。爱敬尽于事亲，而德教加于百姓，刑于四海。盖天子之孝也。

可见藤树在此对天子之孝进行规定的时候，把"孝"之内涵扩大到"爱敬"，并辅之以"德教"。然后，藤树又以"明镜"比喻：

> 孝譬如明镜，映入镜中之物，根据各自形状颜色不同而成像各异，然而镜子本身并无不同。如此，反映于父子君臣之人伦，即便关系错综复杂，然则无不与爱敬之至德相通之处。[①]

用明镜譬喻心之本体，最早见于庄子，后世多见于禅宗。王阳

[①]《翁问答·上卷之本·二》。

明也说过：

> 其良知之体，皦若明镜，略无纤翳，妍媸之来，随物见形，而明镜曾无留染。①

此处中江藤树把孔子的解释和王阳明的比喻结合在一起，颇具深意。

然后，藤树又指出"孝之纲领"和条目以及所分等级，即"离身而孝不存，离孝而身不在。故立身行道乃孝道之纲领也"。至于"孝之条目"，无外乎"君臣亲子朋友兄弟夫妻"之五伦之间，"对父母尽爱敬之诚心，对君尽忠，对兄行悌，对弟施惠，对朋友止于信，对妻施义，对夫守顺，时时不言丝毫虚妄，小处琐事亦不行不义之举，视听言动皆合乎于道，此谓孝行之条目也"。而与五伦一一对应，"孝"也是分等级的。

与体充代表的常人将"孝"理解为是单方面下对上的关系不同，中江藤树所理解的"孝"，乃是双向的，甚至是立体的。比如所谓天子之孝，他说：

> 将爱敬之孝德彰显于天下者，天子之孝行也。先自明其德，立定万化之大本，爱敬贤人并拜之为宰相，爱敬善人，并酌其器量分别授予其不同官职，即便是小国之臣亦不轻侮、遗忘之，正确实施礼乐刑政和学校教育，让天下人人皆兴起本心之孝德，各人利其利，乐其乐，如此爱敬万民，四海均为其德教所化，感受其德泽，家家出孝子，诸侯为忠良，天下一统而治，得万国喜乐之心，以之侍奉先王，此天子孝行之大概也。②

而诸侯之孝、卿大夫之孝、士之孝等，其在意义诠释时，均带有全方位发散性的关联性。唯有庶人之孝，考虑到社会经济地位，方才拘泥于赡养父母的单向关系。

在探讨"孝之根本"的时候，中江藤树认为：

---

① 《传习录·答陆原静书二》。
② 《翁问答·上卷之本·六》。

孝行之本义在于明明德，故而心中生不应有之念均为不孝。如不应愤怒时生气，不应欢喜时欢喜，不应希冀时希冀，不应悔恨时悔恨，不应畏惧时畏惧等，皆乃不孝也。甚至一句谎言亦为不孝，更何况行不义无道之事。当死时不死，不应死时白白送死；贪取不该索取之物，不去索取当得之物以至于饥寒而死，如此等等，皆乃大不孝之行为也，当谨记于心。明了此等道理，并心守之身行之，即所谓儒者之学问也。世间做学问者虽多，然悟得此真意者鲜有也。①

《翁问答》中所叙述的"孝"并非单纯的对于父母的孝，而是作为宇宙的原理，人所固有的本性的"孝"。真正要全方位地了解中江藤树的"孝"思想，必须结合其《孝经启蒙》《鉴草》等代表性著作进行考证。本稿仅限于对《翁问答》思想的解读，故不展开论述。

2. 全孝心法

"孝"作为中江藤树思想的内核，在《翁问答》中反复提及，并在"下卷之末"中借助于体充的提问，全面地阐述了自己所归纳的全孝心法。

首先，藤树从《孝经》多个章节中抽出概念性的语句，为自己的"孝"思想奠定理论基础。他引用《孝经·三才章》对"孝"的定义："夫孝，天之经也，地之义也，民之行也。天地之经，而民是则之。"又引用《孝经·圣治章》对"孝"在人伦中的至高地位加以强调："天地之性，惟人为贵。人之行，莫大于孝。孝莫大于严父，严父莫大于配天。"再引用《孝经·感应章》中对"孝"的神妙作用的描述："孝悌之至，通于神明，光于四海，无所不通。《诗》云：'自西自东，自南自北，无思不服。'"藤树借助于"感应章"结尾处对《诗经·大雅·文王有声》篇的引用，指出"孝悌"达到极致境界时，能够发挥无所不通的教化作用，成为"民是则之"的"孝道"，从而为进一步阐释"全孝心法"的实践性和适用性做好铺垫。

然后，他引用中国儒教史上以"孝"著称的曾子的话，反复论证了"孝"之无所不在、无所不适用的普适性。曾子曰：

---

① 《翁问答·上卷之本·十二》。

夫孝，置之而塞乎天地，溥之而横乎四海，施诸后世而无朝夕，推而放诸东海而准，推而放诸西海而准，推而放诸南海而准，推而放诸北海而准。《诗》云："自西自东，自南自北，无思不服。"此之谓也……众之本教曰孝，其行曰养。养，可能也，敬为难；敬，可能也，安为难；安，可能也，卒为难。父母既没，慎行其身，不遗父母恶名，可谓能终矣。仁者，仁此者也；礼者，履此者也；义者，宜此者也；信者，信此者也；强者，强此者也。乐者自顺此生，刑自反此作。①

另外，引用孔、孟等儒家言论，说明"孝"与"仁"等道德条目互为表里的关系。

孟子曰："仁之实，事亲是也……"②

又引《礼记·哀公问》曰：

仁人不过乎物，孝子不过乎物。是故，仁人之事亲也如事天，事天如事亲，是故孝子成身。

最后，借助于说教体充而告诫天下：

仔细熟读以上贤范圣谟，便可知孝德之亲切真实、广大高明、无上无外、至尊无比，亦能够明辨孝之外无德亦无道之道理。然而即便其所行可谓之善，但若违背孝德之天真，则天威所不容也，君子所不尊也。是故《孝经》训诫说："不爱其亲而爱他人者，谓之悖德；不敬其亲而敬他人者，谓之悖礼。"如此彰显孝德全体天真之功夫者，即谓之全孝之心法也。③

---

① 《礼记·祭义》。
② 《孟子·离娄上》。
③ 《翁问答·下卷之末·一〇四》。

3. 全孝心法之实践

在反复引用《孝经》《诗》以及曾子、孟子等圣谟，说明何为全孝心法之后，藤树又提出全孝心法重在实践的道理。他说：

> 全孝之心法，虽然广大高明，通于神明横贯宇宙，然而其所终极之根本，则在于立身行道。而立身行道之本在于明德，明明德之本在于以良知为镜而慎独。①

藤树把"明德"看作"全孝心法"具体到个体身上的德行，而"良知"是"明明德"工夫、心法"慎独"的前提条件。他认为：

> 良知者，乃是以赤子孩提时代敬爱父母之最初一念为根本，而分辨善恶是非真实德行之知也。……所谓慎独，即是微一念产生，便以良知为镜，仔细省察甄别，倘若此念头是名利之欲、习染之心、间思杂虑等等邪念，便即刻警觉到此乃魔心而谨慎对待，将免使自己成为损害父母身体之不孝罪人，在幽冥界遭受六极刑狱之鬼神责罚，在幽冥界遭受六极刑狱之鬼神惩罚，在人间身受五刑六极刑责罚。急速去除此心魔而谋求与神明想通之至德独乐，即谓之慎独工夫。②

藤树为了说明"孝之心法"的至尊性，重新诠释了《孝经》核心语句的含义。他说：

> 是因为《孝经》有曰："身体发肤，受之父母，不敢毁伤，孝之始也。"此圣谟之核心意思，即说我身所具心、性、身体、毛发等等，皆来自父母之心性、身体、毛发，所以身体发肤原本非自己之身体发肤，而是父母亲之身体发肤，是为其身体发肤之本主心性，亦非我等自己之心性，而是父母之心性。因此，毁伤自我之身体发肤，即是毁伤父母之身体发肤，损毁自己之德性，即是损毁父母亲之德性。身体发肤为器，卑微也；而德性为道，尊

---

① 《翁问答・下卷之末・一〇四》。
② 《翁问答・下卷之末・一〇四》。

贵也。毁伤卑微之身体发肤已是大逆不道之凶德，进而损毁身体发肤主本之天之尊爵之德性，则更为甚恶无比之大凶德也。①

藤树在这里已经完全脱离了"身体发肤"的范畴，而是把意义引申到"承载身体发肤的心性"，此心性亦是父母的心性，它比"身体发肤"要尊贵许多，所以一旦我们损毁了这个心性，那就是大逆不道、犯了不孝之大凶德。他强调说：

若能深刻领会此圣谟意涵，则可在不能克服名利之欲、习染之心、间思杂虑等邪念而毁伤自我德性之时，即刻清楚察知自己在毁坏父母之德性。《孝经》在此节最后引用诗经"无念尔祖，聿修厥德"一句作为总结，亦是为了彰显此意。当认真体察认识。②

由此，藤树把孝德的实践从外化的不损伤"身体发肤"，扩展到内化的不能有"名利之欲、习染之心、间思杂虑等等邪念"，对于如何实践全孝心法给出了细致的指导。

藤树还指出："心学是从凡夫到圣人的路径，所以全孝心法就是艮背敌应心法，名称不同，但实际是相同的道理。此之谓本体工夫也。"并举例说：

心法为大路，受用心法之人为路上行走之人。路上行走者之中，有贵贱、老幼、男女，有腿脚灵便者，亦有腿脚不便者，然而大路依旧是同一条路。能领悟受用全孝心法之人，则其心宽体胖，能行广大高明精微中庸之道，为人子女则止于孝，为人臣下则止于忠，为人父母则止于慈，为人君上则止于仁，为人兄则止于惠，为人弟则止于恭，为人朋友则止于信；素富贵行乎富贵，素贫贱行乎贫贱，素夷狄行乎夷狄，素患难行乎患难，不论身处何种境遇，皆能心意通达如流水，心安宁静稳如山岳，暴君污吏亦不能夺其志，天灾地妖亦不能夺其命。若能达至圣胎纯熟，脱

---

① 《翁问答·下卷之末·一〇四》
② 《翁问答·下卷之末·一〇四》

胎神化而至圣神之位，则可与天地合其德，与日月合其明，与四时合其序，与鬼神合其吉凶，光被四表，格于上下。①

把孝与明明德、致良知结合起来考虑，并以"孔子曰：夫圣人之德，又何以加于孝乎"②来强调了圣人之德再无比孝更大的德性，从而确定了"孝"在其构建的思想框架中至尊无上的地位。

（三）"经权"观

对"经"与"权"的关系的认识，是儒学家们必须解决的问题，也是研究各儒学家思想的重要参照点。中江藤树在这个问题上虽然表现出明显的"重权"而"轻经"倾向，但最终展示的是一种把"经"和"权"统一为"道"的"经权一体"论。

"经"即儒家经典，其所涵盖的范围内容虽有一定的弹性，但其概念无可争议。而"权"作为概念范畴始出于早期的儒学思想，是为了说明既定根本原则与因具体条件而时常不断变化的形势之间的关系，是儒家思想中有核心意义的实践概念。"权道"即变通之道。最早表现出对"权"的重视的是孔子，他在《论语·子罕》中说"可与立，未可与权"，把"权"当作一种能力或境界，强调了行动主体在具体实践中灵活机变。孟子关于"权"也有明确的态度，当淳于髡③质问孟子"嫂溺，则援之以手乎"，孟子回答说，"嫂溺不援，是豺狼也。男女授受不亲，礼也；嫂溺，援之以手者，权也"。这说明孔孟时代的儒学其实很注重权变。然而在儒学两千多年的传承中，越是在儒学发展鼎盛时代，关于"经"与"权"的关系的解释就呈现出越加明显的分歧。

首先是两汉时期，汉儒把《诗》《书》《礼》《易》《春秋》等具有权威性、典范性的儒家经典通称为"经"，认为这些儒典所写的都是天地之间的常理、常道，因此具有超越其他著作的崇高价值，是道德行为准则，后来甚至发展到凌驾于法之上，以"《春秋》决

---

① 《翁问答·下卷之末·一〇六》
② 语出《孝经·圣治章》："曾子曰：'敢问圣人之德无以加于孝乎？'子曰：'天地之性，人为贵。人之行，莫大于孝。孝莫大于严父。严父莫大于配天，则周公其人也。昔者周公郊祀后稷以配天，宗祀文王于明堂以配上帝，是以四海之内各以其职来祭。夫圣人之德，又何以加于孝乎？'"
③ 关于淳于髡的注解见本书《翁问答·下卷之末·九十三》。

狱"①为极端形态。"权"则是实行道德行为过程中遇到特殊情况时的应对方法，即以"反经合道"为基本方针。到了宋代，程颐担心汉儒主张的"反经合道"会导致民众是非不分、玩弄权术，引起社会不良风气，在批评汉儒主张的基础上提出"权即是经"的观点。朱熹对程颐的观点进行阐发，解释为"经是已定之权，权是未定之经"。程朱虽然看似从形而上消解了汉儒强烈的伦理与政治相结合可能导致的风险，但仍然留下了"已定"和"未定"的权衡空间。王阳明则在吸取了程朱对"经权"关系理解的基础之上，直接把"经"与"权"的实践合理地统一到"良知本体"之中，彻底解决了这一问题。

程朱代表的宋儒对"经""权"的解释，直接影响到江户时代盛行的日本儒学。后来随着古学派的出现和发展，对朱子学的怀疑日盛，到了中江藤树及其弟子熊泽蕃山（1619—1691）为代表的阳明学者那里，几乎完成了挣脱朱子学的格法主义束缚，更加注重根据情况灵活应变的"权变"意识。这种权变意识发展成"权道"思想，被日本的阳明学者们继承和发扬，在江户时代末期，更是被吉田松阴（1830—1859）等人灵活运用，甚至起到了促进知识分子思想解放，加速了"幕藩体制"瓦解的革命性作用。

中江藤树早期一心专奉朱子学，以格法为准则，动辄以礼法自居，因而拘泥于形式。后来对朱子学的格法主义产生疑问，并多方寻求答案，直到阅读了王阳明弟子王畿的《王龙溪语录》后才获得明悟，茅塞顿开，开始由朱子学转向阳明心学。中江藤树继承和发展了王阳明的"经权观"，提出了"权即道"论、"时·处·位"论相结合的独特的"权道"思想理论，并在《翁问答》中详细阐述了"权之真正含义"。

中江藤树提出：

> 权者，圣人之精妙用法，神道之总名也。大而言之有尧舜之禅让、汤武之放伐，小而言之有周公之吐哺握发和孔子之恂

---

① 又称"引经决狱""经义决狱"，是指两汉时期儒家学者在审理案件时，不适用国家法律，而引用《春秋》等儒家经典作为审理案件的依据的司法活动。

恂便便，其一言一行之至微，皆为权之道也。……权，秤之锤也。以权来命名神道之名义，乃是因为圣人与天同体，至诚无息，不停滞于事物，不拘泥于形迹，独来独往生动活泼，其所行之处皆正好符合天道之神理，恰如秤砣不固定于一处，而是在秤杆上来回移动而称量物之轻重，停留在恰好适当之处。所谓"权"，即犹如此般称量物之轻重之光景。①

"权"本意即指"秤砣"，使用的时候需要精准衡量的智慧，所以并非任何人都能轻易把控。故而藤树强调"大贤以下之人，因为气质所累，明德不显，不能够行权变，是故圣人便为天下人制定了礼法。此礼法亦即权道，然而既被定为礼法，则有了形迹，失去了变通之灵活，故便不再称之为权，而称之为礼法也"②。一旦恪守礼法，就不能灵活行使权道了。因为"礼法"是圣人为帮助众人学会"权道"而制定的"节文"，而众人却往往舍本逐末，只比照"节文"看圣人之形迹是否与"礼"相符，而不懂得圣人"权道"之精妙。藤树进一步指出"礼法"与"权道"的关系：

　　礼法，乃是为天下万民日用通行所制定，用于平常时之急务，而面临非常变故之时则无礼法。道者，乃充满太虚须臾不离身者也，故平生日用之礼法者，亦为道也。……而权者，则是此类道之总称也。礼法之本虽然亦是权之一种……权为道之总称，权即为道，道即为权。③

中江藤树把"权道"上升到"天经地义"的高度，并指出"权之实体自始至终皆乃中庸精微之神理，而不着礼法和不拘于形迹"④。

中江藤树进一步指出不懂"权道"的危害，认为有两种人最容易在"权"的道上走偏：

---

① 《翁问答·下卷之末·八十九》。
② 《翁问答·下卷之末·八十九》。
③ 《翁问答·下卷之末·九十三》。
③ 《翁问答·下卷之末·九十二》。

一种是陷入狂见之人，其只见权道之不着礼法和不拘形迹之表象，不懂中庸精微之基准，无限放任无欲之心，将不拘泥于形迹、不着礼法视为至极之道，而与神道之权背道而驰。学禅之人即多迷执于此等心境。……另一种人则是俗儒，其只知将博学而不拘礼法视为"权"，而不知明辨时中之适当，无限放纵欲心而违背礼法，虽然其内心亦略知自己有所不义，但由于其过于心高气傲，故而往往借助"权"之名为自己巧辩脱罪，欺瞒门人蛊惑世人，从而妨害世间之大道。①

藤树认为，修禅者执迷于此等心境，犹如"视影为形"陷于虚妄，而俗儒们的危害更大，特别是在修习心学的道路上，"倘若不知此'权'字之精义，即便有志于研修心学，努力去'致知力行'，亦终必陷入'欣真落法'之迷茫境地"②。至此，藤树仿佛明悟了自己原本心中的疑惑，他明确解释说：

《大学》中所说之"能虑"，即是指能详细辨别此"权"之功夫；而"能得"，则是指能理解受用此"权"之事。即有法而不拘泥于法，无所在而无所不在，无定处而无不定处，乃此"权"字之真意也。③

在中江藤树看来，理解了"权"的精义妙理，一应疑惑迎刃而解。比如对"真儒""真学问"等的理解，也要不拘于形迹，应考虑时、处、位——天时（时代）、地利（场所）、人位（身份地位），这就是藤树倡导的"时·处·位"论。

所谓的"时·处·位"论，可以说是以中江藤树为首的日本阳明学学者所提倡的"权道观"的重要构成部分。中江藤树在《翁问答》中反复阐述了对"时、处、位"的理解，甚至借此表明了自己的"施政"主张。他认为：

---

① 《翁问答·下卷之末·九十二》。
② 《翁问答·下卷之末·八十九》。
③ 《翁问答·下卷之末·八十九》。

施政之学问者，儒学也……夫施政法度者，当以彰显主君之明德而确立根本，认真考量《周礼》等书中所记圣人之成法，领悟其本意，以之为施政之镜鉴，充分斟酌时、处、位与三才相应之至善，以行万古不易之中庸为关要。①

为了说明自己主张的施政与学问都必须斟酌顺应"时·处·位"论，中江藤树仿照《礼记》中借农耕之事论议说明施政方法的论述方式，以农耕为喻，阐述做学问和为政的道理。藤树在这里运用了层层推进的逻辑推理方法，先论述"时·处·位"是基本条件，在此基础上，又论述了恪尽人事的必要性，最后还有天命运数因素。他首先提出："时者，天时也，春夏秋冬之四季，或可谓命运否泰之时也。譬如冬季翻土、播种，即便按照耕种之序精心耕耘，仍为无用之功。此并非耕作方法有误而导致无所收获，而是时之有误导致劳而无功……第一重要者则是清楚此时宜。"②

藤树先说明"时"的重要性，然后接连用"把旱地种水稻而水田种豆"的比喻，讲解"处"出问题的严重性，用"播种于他人之田，非但于自己无所用，而且会被当作贼人受到非难"，讲解"位"出错的严重性。最后又提出一种时、处、位具备情况下比较离谱的错误："所播之种为残坏之种……此因其即便占尽天时地利人位之优势，然苗与种却无生命力者也。"藤树用这种看似"离谱"的犯错比喻，其实是要引出一个非常重要的问题，即本体问题。"由此当知，不论学问或政治，均需要成为苗与种之明德之生命力，倘若明德不能得以彰显，即便时、处、位均适宜，甚至拥有圣人之法，亦无任何益处。"③

那么，时处位具备、种与苗都健康的情况下，就能坐等收获了吗？藤树在此提出了"人力"的重要性："倘若施肥、除草等耕耘方法不当，秋天亦不会有收获。此乃因其虽时、处、位苗种均良好，但却未尽人事之故也。由此当清楚知道，不论学问或政治，恪尽人事，才是根本。"④

---

① 《翁问答·上卷之末·四十》。
② 《翁问答·上卷之末·四十》。
③ 《翁问答·上卷之末·四十》。
④ 《翁问答·上卷之末·四十》。

道理讲到这里，再讲"天命"论就是水到渠成了。前面所说的选好"时·处·位"，意味着"合乎时宜"，正确地浇灌、除草、施肥则是"恪尽人事"。藤树接下来设定"遭遇大旱，或遭遇雨涝，或遭暴风摧残，或遭遇虫害"等天灾情况，则前功尽弃是必然的。

中江藤树把"时·处·位""人事""天命"三个要素并列起来，认为前两者"均人力可为之者，故可统称为人事"，后者是"天灾"，非人力之所及也。那么在"政事"中应该如何对待这三个因素呢？他认为"未尽人事而遭不测者，非天灾也。此谓之自作孽，即自招之祸也。犹如耕耘不善而必无所获。怠于尽人事而怪罪'天道使然'者，更是无稽之谬论也。由此可充分明白兴家立国或败家亡国命运之根本。如此论来，似乎种类繁多，复杂难懂，然归根结底可集约为明明德之一事而已。倘若明德得以彰显，则时处位之明辨、人事之恪尽、命运之定数，将皆如映镜之影而现也。"①

中江藤树借助于农耕的比喻，详尽论述了"时·处·位"和"人事"都没问题的情况下，如果遭遇天灾，则是"天命使然"。人只需要明辨自己是否按照"时·处·位"的要求尽了人事，就当无愧于心，至于天命运数，则是一种于"明德"无损的情况。

上述"时·处·位""人事""天命"等的明辨和判断，构成了中江藤树的"权道"思想整体。还有一点值得指出的是，中江藤树的"权道"思想是建立在平等思想基础上的，他认为中国的儒家经典大都产生于周朝前后，是当时的圣贤按照自己的行动标准制定的"常理"，而普通万民在"明明德"时很难照搬适用。这里的"所有人心中都有明德"的认知，与王阳明主张的任何人心中都有"良知"，都可以成为圣人的主张一样。源了圆在《德川思想小史》中指出过中江藤树"权道"思想主旨与当时其他思想家的不同：

> 根据时、处、位（时间、地点、地位）的不同，随时进行道德判断的一种主体作用。关于这种活跃的心（精神、心理）的作用，山崎暗斋等人认为它并非能被常人认可，而藤树却要求万人以这种权为目标去努力。②

---

① 《翁问答·上卷之末·四十》。
② 源了圆：《德川思想小史》，第49页。

这种主张不仅体现了藤树"权道"思想的实践性，而且是其思想重要特征——平等性。《翁问答》的撰写，正值藤树思想从朱子学向阳明学转变，其对王阳明心学的吸收尚未至于精深境界。但不难看出，其对"经"与"权"之关系的阐述，借鉴了王阳明阐释的"经"与"权"统一于"良知本体"的认知特征，试图构建"经权一体"的论点。这一点将在下文阐述藤树对阳明心学的继承和发展的部分展开详述。

（四）"学问"观
1. 学问之真伪

中江藤树认为，"学问"是"人生第一要务"，所以要认真对待。然而从当世社会情况看来，所谓"学问"良莠不齐，目之所及有很多"伪学问"。在《翁问答》一书中，中江藤树是在批驳充塞当世的"伪学问"的过程中，且破且立，论证了什么是"学问"、什么是"伪学问"、什么是"真学问"、学问为什么会有真伪之分以及如何甄辨学问之真伪等等。

首先，藤树点出"学问"对于哪些人是必要的。他认为世间人无非圣人、贤人、知者、愚者、不肖者等五类人。这五类人中，唯有圣人能生知安行，为不经"学问"即可知德行道者也。圣人之下，皆为不经学问则不能知德行道者也。那么"学问"到底有多重要呢？藤树指出：

> 生而为人，若不能知德行道，则谓之人面兽心，虽其身形为人而其心中则与鸟兽无异，失却至诚无息之神性，犹如世间俗谚所云之"衣冠禽兽"，何其粗鄙！因而学问作为人之第一急务，不可不认真对待。①

在指出"学问"对于人的重要性之后，紧接着强调了做"真学问"之"难"：

---
① 《翁问答·上卷之本·十六》。

真正之学问，能熟之且教之与人者鲜有，学之者亦少也，相反世间流行之学问，大多为伪学问。做伪学问不仅毫无裨益，反而会使人气质恶劣、举止怪异。①

指出"学问"的重要性、做真"学问"的难度之后，藤树还指出与之相对的"伪学问"并非完全都是坏的，只是在内容上、形式上、出发点等方面，多多少少存在着问题，但由于"毫厘千里"，所以最终导致出现"偏向"，成为"伪学问"。中江藤树认为，人因为先天条件不聪慧，或者因为后天条件，比如没有遇到良师，在做"学问"的道路上就会慢慢偏向自己所擅长的方向，并渐行渐远，偏离"真学问"，差之毫厘谬以千里，最终出现大问题，甚至成为误导世人视听之人。

那么，所谓"偏向"是指什么呢？主要指"学问"的内容、目的和形式等。"学问"的本意是为了明明德，但是很多人背离了这一点，改为为了追求名利、地位、财富，"做学问"的内容也流于记诵词章、追求文艺等浮夸形式。这就把做学问的形式提到了一个重要地位。在做学问的形式上，从明师、读经书当然是最佳途径，然而如果没从师条件本身又目不识丁的话，也是可以做"真学问"的，即"仅以圣人言行为标准而做"。听圣人故事，心中揣摩圣人心意，并将其当作修身持心之明镜，"此之谓以心读书，乃真正意义之读书也"②。

强调学问有"真伪"的同时，放低"真学问"之门槛，主张有条件读书者必读圣贤经典，无条件读书者"以心读心"，即为真正意义上的读书做学问。这一点充分说明了中江藤树"学问观"的庶民性。

阐述了"学问"的庶民性，藤树又不厌其烦地反复说明了"真伪学问"的区别，并对做真学问和做伪学问的人也进行了详细的区分。

2. 真学问之主旨

藤树对真伪学问的论述，贯穿在《翁问答》的上下卷，看似反复论述，其实是从不同角度对学问的真伪进行了界定和判断。比如其对"真正之学问"的阐释，就从教义、宗旨、践行等侧面进行了论述。中江藤树首先指出做学问之前要做的第一件事情是：

---

① 《翁问答·上卷之本·十六》。
② 《翁问答·下卷之本·四十九》。

须要准确理解教义和学问之本意，辨明真与伪之区别。教义与学问皆以天道为根本标准，不论在唐土中国还是夷狄之国，世界所教所学之道，皆以合乎天道神理者为真正之教义及真正之学问，名为"儒教"，又称为"儒学"。而违背天道神理者，即伪学问也。①

这里明明白白地宣称：真学问即"儒教"，又名"儒学"。那些曾经被世人尊崇为学问的佛教、道教、法家等思想，都是伪学问。
其次要做的事情是：

以明明德为心志之根本，以四书五经为师，以应事接物之境界为砺石磨砺明德之宝珠，躬行五等之孝、五伦之道中之至善，保太和之常而全利贞之道，若逢时而被启用，则匡正四海、安定天下，成就诸如伊尹、姜太公之事业；若时运不济而穷困，则独善其身，尽性以至于命，行孔孟之教化。如此做学问，方为真正之学问。②

这里明确了即便同为"儒学"之学问，如果不以"明明德为心志根本"，不以"四书五经"为正宗师从，则均为"俗儒"之流的行为，属于"伪学问"之一种，不能称为"真学问"。
藤树又补充说：

真正之学问，乃舍弃自我，专修义理，以修炼抑制自傲心之工夫为关要，对父母倾尽孝行，对主君至尽忠节，兄弟之间极尽孝悌，与朋友交则诚信相待。因是以实行五典为第一要务，故越是多实行而认真汲取，则修养品行即愈益优秀。仅学表面少许东西而不吸收实行，则难以致用。③

这里把"学问"与践行相结合，指出对父母倾尽孝行，对主君

---

① 《翁问答·上卷之本·十九》。
② 《翁问答·上卷之本·二十一》。
③ 《翁问答·下卷之本·五十三》。

至尽忠节，兄弟之间极尽孝悌，与朋友交则诚信相待等等，都是做学问的工夫。而当体充问到"真儒之营生，是何种作为"的时候，他更是强调说：

> 躬行儒道之人，天子、诸侯、卿大夫、士、庶人也。此五等人中，善行保和至德要道者为真儒也。故，天子、诸侯、卿大夫、士、庶人各自所作为者，即为真儒之营生也。此五等营生外之所作为者，不在天命本然生命之理。故保有至德要道之真儒者，于五等之内不分贵贱贫富，顺从命运安排，劝勉无逸之勤，杜绝分外奢望，富贵不骄，贫贱不谄，惟以享受天理之真乐为事矣。①

有"真学问"的人，主张人人平等，不分贵贱贫富，均以享受天理之真为乐。藤树在这里描述的是一种以"真"为理想的世界观。

"真学问"与"伪学问"是一对命题，中江藤树在论述"真学问"的同时，也对何为"伪学问"进行了反复论述。

3. 伪学问之弊

在回答体充的问题"究竟何为伪学问"时，中江藤树先说"真学问"，再与之对比，引导出"伪学问"，并论述了"何为伪学问"。

首先，是从分清教义和学问之本意来看真伪。藤树强调：

> 合乎天道神理者为真正之教义及真正之学问，名之为"儒教"，又称为"儒学"。而违背天道神理者，即伪学问也。②

这里明明白白地把非儒教之外的学问都斥为"伪学问"，而视儒家之外的百家为做伪学问之人。

其次，需要看到做真伪学问者的行为目的和方式不同。藤树认为：

> 伪学问者，一味追求博学之名誉，嫉贤妒能，唯彰显自己之名是图，一切为满足自傲之心，置孝行忠节于不顾，一心专

---

① 《翁问答·上卷之本·二十五》。
② 《翁问答·上卷之本·十九》。

注于记诵词章之艺。诸如此类之事越多，其修养品行即越加不端。生于圣贤之下者，鲜有不怀高傲之邪心者。诸如彼等行天下之大逆不道者，抑或疯狂者，抑或相貌怪异者，皆由此傲慢之心所引发。此傲慢之邪心，乃引人堕入魔境、畜生道之路径也，须当谨戒之。然而伪学问之中，多存有膨胀此种傲慢邪心之机，因此若不注意修养消除此邪心之工夫，则必不知不觉中误入歧途，此事不言自明也。①

做伪学问的人的目的，要么是沽名钓誉，要么是哗众取宠，他们为此所下的工夫都流于表面，目的粗俗而工夫粗浅，因此中江藤树毫不客气地指出，"做伪学问不仅毫无裨益，反而会使人气质恶劣、举止怪异。不能分辨学问之真伪之人，难免觉得莫名其妙"②。

然而，中江藤树因为曾经研究过禅佛之学之后才转向儒学，著述中多有"独尊儒学"倾向，有把世间儒学以外的所有学问都归为"伪学问"的倾向。然而他也明白这样一概而论是不客观的，因此当体充问到"所谓伪学问者，是否如制作大小道具，假借正牌道具之名，模仿其形状，制作出诓骗人的东西"的时候，师翁的回答是：

其实并无此等居心不良。从根本上讲，皆为信仰真正学问而加以修习，丝毫未有借其名仿其形而谋私利之心，只因人有天生资质以及求学志向等各种差异，不由自主偏向自己所擅长之方向，并真心以为自己所学乃真正之学问。然而以习得真正学问之人观之，此等之所学均似是而非，故谓之为"伪"。即便修习真正之学问者，若志向稍有差错，亦会不知不觉间步入歧途而流于伪学问。可想而知，那些修习伪学问之人，其最终差异何止千万里。③

为了说明真伪学问之间这种"差之毫厘，谬以千里"的关系，中江藤树指出，那些违背天道神理的伪学问中，最富于伪装性的，

---

① 《翁问答·下卷之本·五十三》。
② 《翁问答·上卷之本·十六》。
③ 《翁问答·上卷之本·十八》。

就是"俗儒",其他如墨家、杨朱思想,甚至道家、佛教等。他说:

> 与学问最为相似之伪者,可数俗儒、墨家、杨氏、老氏、佛氏等。俗儒者,读儒道之书籍,专注于训诂之学与记诵词章,耳闻之而口说之,并非知德行道者也。墨家,未学到儒道之至公、博爱之仁,颠倒本末先后之序者也。杨氏,未学到儒道之为己、慎独之奥义,失却一贯之真者也。老子、释迦二者,得儒道无方无体之《易经》之皮毛,而失却中和之骨髓者也。其中,传诸日本而广流传者,俗儒及释氏二者也。两者之中,世俗间皆称为学问者,俗儒之记诵词章之学也。俗儒之学问者,虽与真正之学问极其相近,然立志于治学之方法却有千万里之差距。当慎加甄选。①

不否定他们的初心,但可能是方法方式上,或者中途心意走偏,最终虽然能够自成一家,但终究只能算是"伪学问"。所以,藤树在告诫人们警惕"伪学问"的时候,判断标准有二,首先要看其出发点是否"明明德",其次还要看做学问的人心是否已经沾染了恶俗,然而两者相比较的话,后者的重要性要更重一筹。所以说到底,真学问的根基还是人的赤子之心。所以当体充问到"俗儒授人学问且以此为营生者,岂不误乎"的时候,藤树的回答是:"以教书为营生者,司徒、教官之类也,乃士之所当行之事,非误也,只是其心性行为及教授方法有误。若其教授方法无误,则可成难得之真儒也。因其不但心性及行为不合于道,教授方法亦谬,故有俗儒之毁谤。其以之为生计可也,然当知其教授方法有误。"②再次强调了这些教书谋生的人行为本身是没有错误的,之所以会被斥为"俗儒","伪学问者",仅仅是因为方法有误。然而如果担心方法有误而不去追求真学问,也是谬误。所以中江藤树建议那些立志要正心修身、文武兼备的武士,即便不读书籍,倘若跟随儒门之先觉圣贤,明辨了自身本心之实体,洗去恶俗之习性,亦可开工夫之眼,成为有真学问者。而中江藤树在《翁问答》中要说明的一个重要问题就是,武士

---

① 《翁问答·上卷之本·十九》。
② 《翁问答·上卷之本·二六》。

不仅要做学问，而且要做真学问。

4. 武士当做真学问

中江藤树把日本江户时代的武士阶层分为两个部分，上层部分相当于儒家伦理中的卿大夫，下层武士则相当于"士"阶层，他们的作用是"支持卿大夫的工作，承担各种政治上的职务"。然而他们当中也有上中下之分。具体分别是：

> 能充分明明德而无名利私欲，有仁义之大勇而文武兼备者，上等也；虽不能充分明明德，但能不为财宝私欲所迷惑，能为全功名义节而舍身者，中等也；表面上能够遵守义理，然而内心中却贪慕财宝而一味追求私利和出人头地者，下等也。此等下品者数量繁多，充斥世间，故作为主君者当谨慎选用。①

把能够"明明德""文武兼备"者奉为上等，虽不能"明明德"却能够"舍生取义"者为中等，"内心贪财""追名逐利"者为下等，而且指出这类下等者最多，劝主君们选用人才的时候，一定要注意"德、才、功"三个要素。中江藤树认为：

> 若说甄选武士之要领，不过有三：德、才、功之三者也。三者当中亦各有上中下三等。德者，文武合一之明德也。才者，处理天下国家万事之文武才智艺能也。功者，或为管理天下国家而立功，或为奉公而尽效力之功，或为天下国家解难，或为天下国家创造新事物，或消灭强敌建立功勋，如此等等，皆功也。将德、才、功三者定为甄选士之三大主轴，依据上中下三等品位而定，授予其与之品位相应的俸禄与官职，此乃自古以来甄选武士之成规也。如今，虽然才与功之事已有考量，然重视考察其德者，却似鲜见。②

这样看来，藤树心目中理想的武士，应该是"上等"者中"德才功"三者俱备的人物，而特意提到"才与功之事已有考量，然重

---

① 《翁问答·上卷之末·三十五》。
② 《翁问答·上卷之末·三十五》。

视考察其德者,却似鲜见",显然是要"劝学"了。

根据当时尚武的社会风气,武士学文被看作是在武德方面无能的表现,用体充的话说,"世俗认为,所谓学问,不过是以僧侣模样示人的素读之文人或者出家人等所为之事,而非武士当为之事。热心于学问之人,大多文弱,于武艺精进毫无益处,因而在武士中若有人做学问,反倒会遭到非难"。

中江藤树批驳了这样的社会认知。

首先他认为这都是被"伪学问"所害:"此皆因为世间伪学问盛行,风气恶浊,污染了众生之心,使人们以为只要死读书籍就是做学问,从而产生此等误判。"并举例说,如果你对着那些口称"不做学问为好"的人说"尔等简直是如猪狗畜生一般之恶人",对方必会怒不可遏,与你拔刀相向。然而若褒扬其为"心地纯良行为端正之君子",则其必会满脸微笑,喜不自禁。此等情况,说明其口称"不做学问才为好"并非此人之本意,而只是因为不解学问之本然真意,错误地将死读书理解为做学问了。

其次,藤树认为说这种话的人还可能是出于"嫉贤妒能",真正勇武的武士,必然是文武双全的人才。他认为那些说"做学问者大多文弱、于武艺精进毫无益处"之人,"不仅仅因未理解学问本意而迷惘,更是文盲诸士嫉妒他人身兼文艺,为掩盖自身为文盲之耻的混淆视听之伎俩。诚乃无理取闹之事也。即便无志于做真正之学问而只研习文艺,亦不至于成为其提升武力之障碍"[1]。中江藤树不仅举出历史上著名的武士如源义经和弁庆两人,都文武双全且流芳百世,还引经据典说明了"文武一德"的可贵。他认为武士如果能够悟得真正之学问,则必然能够彰显仁义之勇,武功亦必然精进。他引用《论语》中"仁者必有勇,勇者不必有仁"这句话,并解释其意义为"精学儒道达至仁者之位者,可清除人欲而端行天理……圣谟教谕之义是,与生俱来之有勇者,应努力习得真正之儒学而使其勇成为仁义之勇;而生性无勇者,亦应努力习得真正之儒学而将其本心所具有之仁义之勇彰显出来。欲认真体会此等圣谟而精修武艺之诸士,当立志也。因为原本兵法、军礼、武艺之爱好、诸士之礼法规矩等,均属于儒道内容之一,皆为圣人所定之天理也。故身为

---

[1]《翁问答·上卷之末·四十九》。

武士者，如若毁谤儒道，谬说研习儒学非武士当为之事，则实属愚昧无知，当以之为耻也"①。

由此可见，藤树在诠释武士阶层要修习的"真学问"时，还加进了"勇"的要素。此"勇"乃"仁义之勇"，不同于与生俱来的"血勇"，武士们应该通过彰显仁义而使自己的"血气之勇"成为"仁义之勇"，从而具备"文武一德"的真正的学问。

然后，为了给自幼习武、不通文字的武士寻觅学习"真学问"的方式方法，藤树提出了不读书亦可"清心正行"之方法，他说：

> 真正之学问，乃是以清洁心之污和修正身之行为实也。古昔尚无文字之时，并无可供诵读之书籍，人们仅以圣人之言行为楷模，视之为学问。时至末世，圣人恐学问之本真将失，记之为书，将之规定为学问之镜鉴。直至今日，阅读书物仍是做学问之第一道门。故此，若原本即具清心正行之思量工夫之人，则即便其不阅读书物、目不识丁，亦为做学问者也。若无能使自己心底清明、行为端正之思量工夫之人，则即便其昼夜手不释卷通读五经四书，亦非做学问者也。②

通过以上三点，中江藤树说明了武士"应该做真学问、可以做真学问、如何做真学问"的问题。他还强调一点，那就是"武士必须做真学"——因为"政治"就是"真学问"，作为统治阶级的武士，要想做好统治阶层的一员，修习真学问，责无旁贷。他指出：

> 治天下国家之政者，皆以明德为神通妙用之要领也。故而所谓政治者，即彰显明德之学问也；而学问者，即治理天下国家之政治也。当知两者原本即为一而二、二而一之关系。且应知仅法度之条目者不可谓政治。天子诸侯之身之一行、口之一言，皆政治之根本，故心中当明白政治与学问原本即为同理之道理。③

---

① 《翁问答・上卷之末・四十九》。
② 《翁问答・下卷之本・四十九》。
③ 《翁问答・上卷之末・四十一》。

最后，中江藤树为真正要"做真学问"的人进行了读书学习规划。他认为一个人要想修习真学问，要有下列几个步骤构成：首先，用心来读"三书"——《孝经》《大学》《中庸》。好好学习这三本书，则易领会十三经之大纲。学完此三部书之后仍有余力者，根据其学力和时间，可以学习《论语》《孟子》。倘若此外仍有余力者，则可以学习十三经（其所指十三经是《孝经》《论语》《孟子》《周易》《书经》《周礼》《仪礼》《诗经》《礼记》《左传》《穀梁传》《公羊传》《尔雅》）全部。

中江藤树强调真正做学问读书时，须将"三书"定为纲要，其余各书，则根据个人学力而循序渐进，立下坚定之志向，把心学当作自己应该研习之事，以忠信为主，行止坐卧之间勤加学习，不急于追求效果，将心态放宽。如此坚持不懈，必当开悟。至于开悟时间之早晚，恐怕要由天生之明暗和用功之深浅来决定。

中江藤树诞生的1608年，江户幕府刚刚建立不久，丰臣家与德川家的争斗尚未结束，世间尚未迎来真正的太平。武士阶层作为统治者需要尽快适应新的角色，适合武士的伦理思想，应时代要求呼之欲出。经过战国时期战争杀伐最终取得胜利的武士们，对儒家"文武一德"的统治阶级形象容易产生认同感。同时，儒家倡导的"修身齐家治国平天下"的理想人格理念，在武士阶层中也很容易引起共鸣。从这个意义上来讲，中江藤树构建了自己以儒家之"孝"为核心的思想体系，提倡建设文武兼备的武士理想人格的思路，无疑也适合统治阶级的伦理需求。

中江藤树学问的基础是儒家经典，因此他在构筑自己的理论框架的时候，都是以儒家思想为基础的。《翁问答》中将儒家对中国社会的等级划分——天子、诸侯、卿大夫、士、庶民五个级别，与日本当时的社会阶层一一对应，这里边虽然涉及了如何定位天皇、将军的身份地位问题，但其在《翁问答》中主要是为了解决士庶阶层的问题，所以对武士以上阶层者的学问修养并未做具体论述，然而可想而知，在藤树看来，哪个阶层的人都应该奉儒家思想特别是阳明心学为真学问。

三、中江藤树思想的价值和意义

在儒学思想史上，中江藤树为儒学在日本的发展开辟了新的篇章，其人物和思想在日本社会和德育发展史上也具有重要意义，他被誉为"近江圣人""日本阳明学第一人"。他不论在德川时代还是明治时代，甚至大正以及昭和时期，都在某种程度上成为日本民众道德教育的教科书般的人物。一般来说，一个人物因其人格魅力或品行杰出而在某个历史阶段被当作教化典范的并不鲜见，但像中江藤树这样，从在世时就被树立为典型，死后也持续影响后世的人物则不多。中江藤树一生在思想上不停地追求真理，更新自己对世界的认知和见解，其治学态度之严谨，践履笃行之执着，都是其成为后世楷模之缘由。如前所述，藤树早时信奉朱子学，后对朱子学的格法主义产生怀疑，开始认真研究阳明心学并终生坚持实践"知行合一"思想，成为日本阳明学的奠基人。然而，中江藤树思想的价值体现方式却是多种多样的。在江户时代，人们对藤树思想的认识和定位，并没有以其对阳明学的思想传承贡献为重点，而是多在阳明学领域内对藤树所力倡的"孝道"进行了研究。此时代的著作有藤井懒斋（1628—1709）的《本朝孝子传》（1684）、伴蒿蹊（1733—1806）编的《近世畸人传》（1790）。发展到明治时代，藤树则被当作劝善教化的典范，主要用于国民思想教育。随着《教育敕语》把"忠孝节义"定为道德教育的宗旨，中江藤树被树为典型，由村井弦斋（1863—1927）改写成面向少年儿童的文学著作《近江圣人》（1892）出版，之后中江藤树的影响迅速扩大，其著作也随之被如数搜集起来，编辑整理成《藤树全书》（志村巳之助编）于明治二十六年（1893）出版发行。同一年，简述中江藤树的学术思想及其生平事迹的文章在《近世大儒列传》中刊出。两年后内村鉴三参考这些文献，把中江藤树写进面向西方宣传日本的著作《代表性的日本人》。相对于藤树人物塑造，真正从哲学史角度给藤树思想定位的，是井上哲次郎的《日本阳明学派之哲学》。这部著作为日本阳明学派的研究奠定了基础，后代的日本阳明学研究，无不受该著作的影响。比如现在日本影响较大的研究者吉田公平、荻生茂博、小岛毅等，研究焦点大都集中在中江藤树对日本阳明学的传播和发展上。

综上可知，中江藤树最初是作为"孝子""圣人"的形象受到关注并引起人们对其思想进行探究的。然而人物的思想史定位一旦确定，对其思想的把握就容易出现排他性和固定化。后世的藤树思想研究，大都是在将其认定为日本阳明学派鼻祖的前提下展开的。这里从思想史人物形象的角度，对中江藤树的"孝子""畸人""大儒"和"圣人"形象的形成过程进行考察，解读藤树在各个时期是如何被诠释、塑像的。同时，为更准确地把握和究明其思想内涵和特色，笔者将结合时代背景、社会运动等，论析中江藤树及其阳明学思想在藤树生活时代和其后各时代对日本民众道德教育所发挥的作用，阐析藤树思想继承、转化中国阳明心学的内容，并尝试浅析两者之间的差异。

（一）藤树思想在江户时代民众道德教育中的意义和作用
1."孝子藤树"的"孝"思想大放异彩

中江藤树最早作为"孝子"出现是在德川第五代将军纲吉（1680—1709）时代。德川纲吉力倡"孝道"，爱好学问，热心政治。他热衷于布施善政，曾多次颁布《生类怜悯令》，力图建设以"善和孝"为道德基调的社会。他任将军期间，重视文治，开创"天和之治"，尤其推崇儒家《孝经》，在全国范围内彰显孝道。藤井懒斋（1628—1709）活跃于纲吉时代，应时而动，创作了一系列儒学思想影响下的劝善作品，如《本朝孝子传》《本朝谏诤录》《大和为善录》等，为纲吉将军建设的"善与孝"道德社会提供了文教支持。

根据子安宣邦的介绍，《本朝孝子传》采取"例、赞、论"的体例，每一篇先举出一个孝行范例，然后加上作者的"赞"和"论"。中江藤树列于该书"今世"部的第四例，现选其中"例"和"赞"的部分如下：

中江氏，姓藤，讳原，字惟命，号与右卫门。江州高岛郡小川人也。少读书，颇有所发明，其学，宗王伯安。凡本朝诸州之王学，惟命倡之也。有母，事之以孝。曾仕加州某侯于予州大洲城。欲迎母就近养之，母曰：吾闻妇人不越疆，岂有不愿守之者。惟命不逆。随请还职以归乡里。主吝其才，竟不许。惟命勃然曰：我虽不孝，岂能忍受一日因心系俸禄而旷于定省也。乃为一书，具陈不忍其母索居之意，留之，潜逃，随归隐小川，获其母之悦。

时年二十又八，宽永某年月之事也。

……

赞：淡海吹起，陆王儒风，岂能只独善其身吁。诲人有忠，为母颤禄，还乡色悦。吁嗟笃孝！性乎？学乎？①

《本朝孝子传》给中江藤树"孝行"的这个定位，是塑造藤树孝子形象的开端，也为藤树定下了"阳明学者"之基调。首先，其中"凡本朝诸州之王学，惟命倡之也"，给了藤树在日本传播阳明心学第一人的定位；其次，其中"我虽不孝，岂能忍受一日因心系俸禄而旷于定省也"的慷慨陈词，打造了藤树为"孝"而冒天下之大不韪的孝子形象。在江户时代初期，农民尚不能擅离所属土地，身为武士官僚的中江藤树竟然"脱藩"逃走，按照幕府对武士的管制条例纠察的话，"脱藩"行为可定死罪。然而藤树的逃脱行为不仅没被追究，时隔不久竟然被塑造成为引领当时主流孝道的典范予以激赞，堪称罕见。关于潜逃的原因，藤树自己的解释是纯粹因为老家独居的寡母无依无靠，自己身为其唯一的亲人实在别无选择。他在逃走前留下的信件中对此的解释是：

今吾向君上上禀辞官回乡之意。传左卫门阁下与助右卫门阁下见我所请，心中哀悯，予我种种忠告，吾不胜感激，乃至惶恐。辞官之因由如前所奏，其一乃如君上所知，吾于两三年前便染上恶疾，如此病躯哪怕是普通的官职也难以承担，因此颇感为难。其二乃是老母在故乡独居十余年。因除我外无可赡养老母之兄弟，又无可托付老母之亲戚。……于吾而言，虽有养父母与生身父母四个亲人，然则于吾年少时，三人已故，今唯余老母一人。而今吾家唯一母一子而已。加之老母如今或仅有八九年之余命，因此如今吾欲告假辞官，返回乡间，于老母在世时尽心奉养。②

---

① 子安宣邦：《江户思想史讲义》，第17—18页。
②《藤树先生年谱》之"宽永十一年（1634）二十七岁"条。

藤树本人对其"脱藩"行为进行的这番解释，经后世研究者推断并非真正的原因。如《藤树先生全集》的编纂者高桥俊乘氏就认为有"更大的原因"——对朱子学的怀疑和对武家社会感到失望等。[①]不管原因如何，都是后世人在梳理其思想发展轨迹时做出的揣测，而采信其本人留下的书信言辞无疑是最简单，也是最接近真实的。于是这一例看起来近于极端的"孝行"，便一直被用来塑造清白无垢的"孝子"形象。

2. "畸人藤树"的"知行合一"成为美谈

藤树死后，其弟子们分别继承了其思想的某些部分，尤其是熊泽蕃山等人对其心学思想进行了很好的继承和发展。而世间人称其为传奇畸人，始自京都歌人、国学家伴蒿蹊（1733—1806）于宽政二年（1790）撰写的《近世畸人传》，中江藤树位列其中第一人。

所谓"畸人"，语出《庄子·内篇·大宗师》："畸人者，畸于人而侔于天。"原指言行不同于世俗普通人的奇特之人。蒿蹊的朋友僧六如用汉文为此书作《畸人传序》，就"畸人"进行了解释："非所谓狷介者也。或才艺绝人，而不求售于世，土木形骸，扑野如愚。或经术吏才，取仕于封君，而行藏不拘以规矩。夫谓之独行乎？曰非也。称之卓行乎？曰非也。其人固非四科之属，其行不可以一端指名，不得已，而题之曰畸人。畸者何？曰，畸者奇也。其间有儒而奇者，有禅而奇者，有武弁而医流而诗歌书画杂技家而奇者，要皆为一奇所掩，人不知本分为何人，故概以畸人目之云。"[②]

伴蒿蹊本人在《近世畸人传》的"题言"中，对本书中选录这些人为"畸人"的原因进行了简要说明。其中特别提到之所以将中江藤树和贝原益轩两位先生收录在卷首，是自己认为其人虽不像庄子原意所指有"一家之畸"，然在仁义和忠孝方面，与世人相比确有"奇"之处。[③]

《近世畸人传》简述了藤树青少年时期跟随祖父的成长经历，介绍了藤树"三十有余"接触到《阳明全集》而豁然开朗，以心学之教教喻其门人的过程，重点谈论了其如何与人讨论"至善"要领、

---

① 子安宣邦：《江户思想史讲义》，第355—356页。
② 伴蒿蹊：《近世畸人传序》，《近世畸人传》，岩波书店1790年版，第13页。
③ 伴蒿蹊：《近世畸人传题言》，《近世畸人传》，第16页。

如何教授大野了佐等人学习医术，以及熊泽蕃山对其思想的继承。其中对大野了佐的教育是藤树"知行合一"的典型。了佐是个低能儿，生在武士之家却没有资质成为武士，为了让他能够独自生活，其父大野庄助把他托付给了藤树，希望能够学点医学知识将来赖以为生。藤树为他找来中国的医书《医方大成论》一句一句地教，每一句教读200回，一天记一句，第二天还是全都忘记。藤树就为他量身打造制作一部医学速成手册类的教材《捷径医筌》，写一点教一点，再写再教，日积月累最终竟然写成六部巨著，涉及医学各个领域，据说连中国人也拿来当参考了。大野了佐后来回到大洲，能够开办诊所养家糊口。这样的事迹看似平凡却非常人所能做到，也并非教育者所谓"因材施教"所能涵盖的范畴。正如藤树本人所言，"我于了佐身上几乎倾尽了全部精力"①。以为儒学家为教会一个智力低下的孩子学会医术而编著巨部医书并最终成功，仅此一举便堪称"畸人"了。

伴蒿蹊本人是京都著名的歌人和文章家，请他撰写此书的是画家三熊花癫。花癫不仅为其提供素材，还亲笔画下40副插图配在书里，增加了趣味性。该书出版后，大阪江户的文人纷纷模仿，出现了许多种《××畸人传》的书，致使本书广泛流行，大大地提高了藤树的知名度。六如僧人在序言中称此书中人："流风余韵，犹足以使夫贪婪燥进之士一披其卷，赧然自省，幡然易掺矣。谓之范世矫俗之书，亦不为过也。"②由此可见其对当时民众道德教育所具有的不可忽视的作用。

3."先哲藤树"位列教化大儒

《先哲丛谈》出版于文化十三年（1816），又名《近世先哲丛谈》，前后编各八卷，作者为原善（念斋）。该书序言中说"文运之盛衰，关乎世道之污隆"，认为镰仓以来日本废于礼乐文治，直到德川家康统一天下后，方才整饬秩序，善待贤哲，"由既延惺窝先生而礼待之，又擢罗山先生以备顾问。自此之后，崇文之风复兴，不睹干戈者，二百余年于今矣"。此书按照年代顺序编写，藤原惺窝和林罗山放在前篇卷之一，藤树在前篇卷之二，位列朱舜水之后。该书

---

① 伴蒿蹊：《中江藤树附蕃山氏》，《近世畸人传》，第26页。
② 伴蒿蹊：《畸人传序》，《近世畸人传》，第14页。

序言中说道:"名曰史氏备考,以俟他日修史者采掇焉。别撮其要,成若干卷,名之曰先哲丛谈。"据此判断,该书是由可用以修史的历史事实写成的,也即由此书开始,中江藤树位列"先哲"之列。相比于较早期的"孝子"和"畸人","先哲藤树"的形象更加清晰且高大。子安宣邦认为这部《先哲丛谈》中描述的藤树传说更加洗练完整,并引用原文加以明证:

> 藤树在大洲,思慕母之独居乡里,梦寐无已时。尝乞归省,即欲伴来。然母不欲逾波涛如他乡,则无复如之何。乃独返大洲。遂陈情,乞归养老送终。不允。于是鬻家什,得数十金,以偿债。又以其余易谷,积之家中,意在还是岁之俸给也。而仰天而誓不事二姓,后出逃。藤井懒斋之本朝孝子传,录此事,作赞曰:"淡海吹起,陆王儒风,岂能只独善其身吁。诲人有忠,为母颤禄,还乡色悦。吁嗟笃孝!性乎?学乎!"[1]

从《先哲丛谈》引用《本朝孝子传》中的赞语之点,可察知其所用资料的来源。也就是说,德川时代的藤树先是被树立为"孝子"的典型,重在弘扬其人格魅力,然后将其列入贤哲群像,对其作为学者为国家的"礼乐文治"和建设优良社会秩序所做的贡献给予了充分的肯定。

4. 江户时代肯定中江藤树及其思想的原因

中江藤树的"孝德本位"思想的诞生,与德川时代儒学发展的大环境是分不开的。当时,林家主导的朱子学在民众教化方面,注重推崇"忠"和"敬",认为"敬乃一心之主宰,万事之根本也"[2],而古学派则把"爱"和"仁"认定为思想核心。中江藤树在民众教化方面,认为"孝"才是根本。他并不空谈,而是身体力行,把其"孝德本位"落实在他身为教师、平民的日常。这种既有理论影响又有实践事迹的人物,在任何时代都有可能应时代需求而成为后人提倡自己理念或政见的支撑。

藤树主张的"孝德本位"思想非常契合德川幕府的统治理念,

---

[1] 子安宣邦:《江户思想史讲义》,第23页。
[2] 源了圆:《德川思想小史》,第31页。

特别是延保八年（1680）继位的第五代将军德川纲吉大昌孝道，在全国范围内奖励忠孝，表彰孝子典型，搜罗古往今来的孝子典型，大孝子藤树被列为《本朝孝子传》之首位也与此相关。但中江藤树的孝行不像"二十四孝"故事那样带有传说性和虚构性，而是具体实在的孝行和影响乡里的善行。例如藤树倾尽心血教育低能儿大野了佐并为其量身打造教材《捷径医筌》，对另外两位志在学医的弟子因材施教为其编写《小医指南》和《神方奇术》教材[①]等事迹；再如熊泽蕃山投身其门下，乃是因为藤树的人格影响所致等事例，都是真实的存在，理所当然地被选为"本朝"孝子典型，并成为影响附近乡里民风的佳话。

百余年后中江藤树被列入《近世畸人传》和《近世先哲丛谈》，也与幕府思想政治改革需要有关。众所周知，在中国儒家伦理中"孝"一直都优先于"忠"，而日本自家康秀忠时代开始强调"忠"大于"孝"，致使有的家臣将"忠"绝对化、极端化。比如元禄十四年（1701）发生的赤穗义士事件，浅野长矩的家臣们复仇的理由是："重于亲之敌者，主之敌……主之所需，虽亲之首级亦当取而献之。"[②]不仅如此，当时的武士们理解的"忠"也都是对自己主君的忠诚，与幕府和将军（大君）则没有关系。因此，这件事的处置在当时的思想界引起了"忠"与"孝"、"法"与"理"、"公"与"私"的层层论争，体现了对"忠"的绝对化和认知偏激化而导致的武家伦理危机。

其实早在幕府政治进入稳定化的时候，就有一些有着儒家修养的藩士开始探索"无事之世之忠"来代替"乱世之忠"，将武士的形象从战国时期的"战士"转变为和平时期的"役人"（政府官员），以解决必将到来的伦理危机。如冈山藩主池田光政（1609—1682），任用阳明学派的儒学者、中江藤树的弟子熊泽蕃山，成功地在冈山藩树立了新时期的武士形象，并试图重新解释将军、各藩国大名和武士之间的关系："日本全国人民乃是为上者（将军）受上天之委托管理。藩国人民乃是藩主受上（将军）之委托。家老和武士，乃

[①] 渡部武：《中江藤树》，清水书院2001年版，第74页。藤树36岁时为另两位弟子专门编写了《小医指南》，第二年又为他们编写了《神方奇术》处方书，其中多引用中国医书。
[②] 三宅正彦：《日本儒学思想史》，陈化北泽，山东大学出版社1997年版，第99页。

是考虑如何帮助其君主安民者也。"[1]所以这个时期，鼓励以新型的"无事之世之忠"取代旧式"乱世之忠"的思想伦理倾向兴盛起来，随之对"孝"的鼓励也占据了幕府思想统治的重要地位。老中松平定信主持的宽正改革（1787—1793）中，有一项是收集"善行者八千六百余人事迹编辑成《孝义录》"[2]，在社会上大昌孝道。

每当幕府需要梳理"孝"之典型对民众进行思想教育时，大孝子藤树的事迹和形象就会被再度提起并加以优化，使之更加符合时代需求。

（二）藤树思想在明治时代民众道德教育中的意义和作用
1."孝子藤树"形象的近代重塑

在二战前度过少年时代的日本人的印象里，有几幅"孝子藤树"画面。其中最典型的是在天寒地冻的水井边，藤树向母亲奉上治疗皮肤皲裂药的画面。这个画面通过小说读物插图或者小学教室中的挂轴，深深地刻印在少年们的心里。子安宣邦认为，村井弦斋（1863—1927）的《近江圣人》一书对于刻画藤树孝子形象功不可没。哲学家和辻哲郎（1889—1960）回忆其少年时代对这本书的印象时说："我上小学之前已经把这本书读了好几遍，确实被它深深打动，等到上小学的时候，我更是对这本书爱不释手，奉为至宝近身携带，时不时玩赏一番。"[3]

由博文馆出版的少年文学第十四编《近江圣人》（1892）一书，用前三分之二的篇幅虚构了一个故事：12岁的少年藤太郎，听说母亲因劳作之苦被皮肤皲裂的伤病困扰，带着历经曲折买到的药膏，排除重重困难，冒着生命危险星夜赶回母亲家里送药。而后半部分则主要叙述藤树脱藩之后回到家乡，开办私塾，每天勤勉孝敬母亲，熊泽蕃山慕名而来请求入门，静坐三日最终经藤树的母亲说情方得拜师。这本书重视故事情节和语言描写，生动刻画了执着谦恭的学子熊泽蕃山和严谨孝顺的孝子中江藤树，深受青少年欢迎。内村鉴三在写到藤树、蕃山见面的时候，采信了村井弦斋设想的情节，并

---

[1] 深谷克己：《江户时代》，（日本）岩波书店2001年版，第66页。
[2] 深谷克己：《江户时代》，第109页。
[3] 子安宣邦：《江户思想史讲义》，第15页。

加以心理分析说："这两个倔人心里较劲了，比比谁态度更谦虚，谁心意更坚决，谁脾气更倔……"当藤树的母亲斟酌再三劝其收徒时，藤树说："母亲说收下他是正确的，就应该是正确的。我让步，收该武士入门为徒。"①这些描述深入人心，是否为历史真相已经分不清楚，然而有一点是肯定的，即通过这本书，中江藤树的孝子兼严师的形象留在了世人的心中。

如果说德川时期藤井懒斋的传记文学《本朝孝子传》是从"本朝"的维度给藤树设定了孝子形象的话，明治时期村井弦斋的少年文学《近江圣人》则堪称其升级版，把中江藤树的孝子形象打造得更加完美。书中描述熊泽蕃山慕名而来拜师，谨慎谦虚的藤树坚持不接受他，直到藤树母亲发话，才被接纳。这个故事把"孝子"与"老师"的形象巧妙融合在一起，把中江藤树既是孝子又是严师的形象树立起来。

2."国民老师"地位的确立

明治时代，几乎与"孝子"形象塑造运动同步，藤树的先哲大儒形象塑造工程也开启了。1893年内藤聚灿编撰的《近世大儒列传》（博文馆，1893），藤树名列其中，并成为后世人研究藤树的重要资料。内村鉴三在写《日本与日本人》时，也重点参考了该书。《日本与日本人》一书写成时，正是1895年前后，内村鉴三因对日本侵略朝鲜战争性质质疑，遂改书名为《代表性的日本人》。《代表性的日本人》是日本人向西方介绍自己的历史文化以及代表性的人和事的代表作之一，被翻译成多国文字，影响深广。内村鉴三对自己选择介绍这些人的原因进行了概述："藤树乃是我等之师……日莲是教导我等宗教精髓者，上杉鹰山是我等之封建领主，二宫尊德是我等之农业指导者，西乡隆盛则是我们理想的政治家。"②本书第一部分主要在讲日本近世的儿童教育，老师都知道循序渐进，不求速成。科目设有"历史""诗""礼仪作法"，但主要教授"道德"，而且是实践性的道德。老师们根据每个孩子不同的个性而因材施教，且都拥有像苏格拉底和柏拉图一样的教学理念。鉴三认为中江藤树是日本自古以来所有老师当中的典范。

---

① 内村鉴三：《代表性的日本人》，第127页。
② 内村鉴三：《代表性的日本人》，第199页。

藤树在大洲藩时，因热衷于学问，被不知学问为何物的同僚戏称为"孔子阁下"。可见当时的人一提到学问大概都会想到孔子。德川幕府提倡朱子学，人们认为朱熹对孔孟思想的注解、阐释就是学问。藤树也对朱子学进行了深入地研究，把朱子的注疏与儒学古典一一对照，发现了朱子的解释有不通之处，生活和教学实践陷入无限苦恼。《藤树先生年谱》有记：

> 其年，先生始觉专守格法之非。先前，先生唯独尊信朱子所注经典，每日为学生讲解朱子学说，并示人弟子以《小学》之法。是故，门人弟子治学囿于格法之间，日益受缚，心性也愈发狭隘。或是先生性格仍有棱角，因此更难融入同志者之间。某日，先生对门人言曰：我，受用朱子格法日久，近来渐觉其非，虽说受用格法之心与求名取利之志不可同日而语，然则均失了人真性活泼之体。①

这是中江藤树三十四岁时的敬神状态。迷茫中的中江藤树接触到王阳明弟子王畿的著作，读后深以为然，再读《阳明全集》后，以前的疑惑豁然开朗，从而倾心于王阳明的儒学认识。内村鉴三在书中如此描述藤树对儒学的认识过程：

> 我认为，我们是多亏有了以阳明学为表现形式的中国文化，才没有沦为内向、胆小、保守、退步的国民。可以说，这一点在迄今为止的日本历史上是公认的事实。圣人孔子本人就是个优秀的进步的人，这一点今天的孔子研究者都已经达成共识。然而这样的孔子却被一个思想退步的同胞加以曲解，以他自己的意思把孔子解释给世人。然而王阳明却挖掘到了孔子思想中的进步性，给那些差点就曲解孔子的人们带来了希望之光。是这个王阳明，帮助我们藤树重新认识了那位圣人孔子。近江圣人从此成为重实践的人。②

---

① 《藤树先生年谱》之"宽永十八年（1641）三十四岁"条。
② 内村鉴三：《代表性的日本人》，第132页。

内村鉴三首先高度肯定了阳明学的价值，代表着高度进步的中国文化。其次是彻底否认了朱熹的思想，认为朱熹的思想是"退步的"，对儒学的理解是"曲解"，但幸好有王阳明正确地认识了孔子的思想，带给人们"希望之光"。而藤树捕捉到了这一束"希望之光"，在日本弘扬、实践了真正的儒学思想。内村鉴三巧妙地把孔子思想、王阳明心学和重实践的中江藤树思想联系在一起，树立起"国民之师第一人"的形象。

3. 被拥戴为"近江圣人"

在从德川时代到明治时代由政府主导的民众教化运动中，藤树逐步被塑造成日本具有代表性的孝子、贤哲、大儒、国民老师，而最终确定其"近江圣人"称号的，则是后世有影响人士的祭文等文献，如明治时代国粹学家杉浦重刚的《祭藤树先生文》中有如下感叹：

> （藤树）是近江圣人呢，还是日本圣人呢，还是东洋圣人呢，抑或是宇宙圣人呢？圣之所以成为圣，古今东西，盖一揆之。既成其为近江圣人者，亦成其为宇宙圣人也。①

祭文本身就是要盛赞人的生平，杉浦重刚对中江藤树的激烈称赞虽有夸大的地方，但也是源于其对藤树其人的敬仰。孔子曾经被后世君王奉为"圣王"，也是出于对其生平成就的赞誉。

有关中江藤树的祭文中，也有"止善书院明伦堂告文成王藤树先生文"等。祭文给藤树冠以"文成王"的名号，仿佛中江藤树也如孔子一样被封为"文成王"了，然而查证史料并没有发现藤树被哪位天皇追封为王的记录。中江藤树最终以"近江圣人"为最高赞誉，获得了其他日本儒学家所不能企及的崇高位置。而这个赞誉则意味着中江藤树在明治时代国民道德教育当中，发挥了"圣人"才有的重要作用。

4. 明治时代重视中江藤树思想的原因

明治维新大力提倡吸收西方文化，使全社会出现了全盘西化风

---

① 子安宣邦：《江户思想史讲义》，第11页。

潮，带来了拜金主义泛滥、道德滑坡等社会道德危机。为匡正时弊，思想界出现了从传统文化中汲取营养进行国民道德建设的强烈呼声，阳明学复兴运动应运而生。1890年明治天皇发布的《教育敕语》，把"忠""孝"等条目列为道德教育核心，开始以历史上典型的人物为楷模进行儿童道德教育。

明治二十三年（1890）文部省发行的小学教材《小学读本》，第一课讲"职业不分贵贱"，宣扬四民平等的思想。读本的另一个核心内容是宣扬忠于天皇和孝敬父母。教材中讲："……在变老过程中，许多年来为了养育子孙，苦其心志，劳其体肤……其子孙者，当常尊敬父祖，慰其老，厚报其养育之恩。此乃孝行也。"而中江藤树在《翁问答》中对父母养育孩子的辛苦有着更加生动的描述："怀胎十月之间，母亲承受怀孕之苦，身陷十病九死之境，父亲为思虑如何保全胎儿、安稳发育，心中可谓愁苦万千。及至临产，母亲身体承受粉身碎骨之苦楚，父亲亦心急如焚、如坐针毡。……父母之辛苦数不胜数。"[1]藤树从孕育、生产、哺乳，到培养孩子上学、成家立业的整个过程中父母经受的身心痛苦说起，得出"父母之恩德，比天高，比海深"的结论。可以看出，明治政府发行的小学教材，几乎照搬了藤树对"孝德"的阐释。

小学教材中还举出的名为"阿孝"的女孩子，以实际行动实践了"孝"的规范。其故事情节与"二十四孝"中郭巨埋子的故事有异曲同工之妙。而中江藤树在其著作《孝经启蒙》和《鉴草》甚至《翁问答》中，均涉及了对"二十四孝"的阐发和引用。中江藤树所阐释的"孝德"思想在明治时期的民众思想教育中起到了潜移默化的作用。

教材中吸收藤树"孝德"思想是为弘扬其教育理念，编著以藤树为主人公的青少年读物则是对其本人形象的重新塑造。出版于1891年的"少年文学丛书"之《近江圣人》，强力打造了藤树的"孝子"形象。该书一大半篇幅讲藤太郎为"孝"而历尽艰辛，另外一半则是写藤树作为一方"圣人"的传奇影响。这样的"孝"之典范和国民良师形象正是当时民众教育所需求的典型。

---

[1]《翁问答·上卷之本·十三》。

明治政府对中江藤树进行浓墨重彩的宣扬，有两个原因。第一个原因是，中江藤树继承和开拓的"日本阳明学"，适宜被选作对抗西方思想的学说，它对当时思想界西化趋势至少是一个缓冲。被中江藤树改造之后的阳明学思想，以忠孝等儒家条目为核心，贴近百姓日用，普通人均可身体力行，是凡夫凡妇亦可用来立身修心的思想。另一个原因，应该是藤树本人的成长经历，符合政府树立"孝"道的典型。藤树少年时心忧母亲而历尽艰险返乡探母的事迹，以及成年后冒着生命危险脱藩回乡赡养老母的壮举，均为不可多得的"孝"的事例，是用来教化国民的榜样。

（三）藤树思想对中国阳明心学的继承和发展

中江藤树的阳明学，萌芽于对朱熹注解的《大学》《中庸》《论语》等圣谟之书产生疑惑，而这些疑惑在接触到阳明心学之后，其心中茅塞顿开，于是便专心致志于阳明心学，以致良知为主，笃志修学，开门授徒，开创了日本阳明学一脉。这里主要考察、分析藤树接受并消化阳明学的过程中对中国阳明学的几个重要概念的继承和阐发情况，以揭示其与中国阳明学的异同。

首先，关于"心学"一词的含义，王阳明主张"圣人之教即心学"，而中江藤树亦在自己的著作里反复强调"儒门心学"的重要性。宽永十九年（1642）藤树三十五岁时的诗文序中有"立志心学数年间，与同志相互切磋琢磨"等字句；三十七岁时，因读了《阳明全集》而"学问也日愈进益"：

> 先生对门人道："我曾赠予山田氏三纲领之解。其中'至善'之解乃曰：'为事能尽善然无善心者，非至善也。有善心然不能为善事者，亦非至善矣。'当时我仍未脱支离之病矣。是故误作此解。"门人闻此言问曰："我觉此解颇为恳切妥当。为何以之为支离之说？"先生曰："心与事，原为一物也。是故，行善事而无善心者未之有也。有善心而不为善事者亦未之有也。"[①]

所谓"支离之病"，是从陆象山开始的心学一派对朱熹的格法

[①]《藤树先生年谱》之"正保元年（1644）三十七岁"条。

主义的批判用语，此处中江藤树认可了王阳明主张的"心即理"之后，深深反省自己之前对"《大学》三纲领"的理解的谬误，从此认为"心学"才是"真儒"，是"真的学问"。

其次，关于对王阳明的"致良知"的理解和认同。王阳明的儒学思想的基础是朱子学，就是在笃信朱熹对经典的注解的前提下，才有了"格竹子"的行为，才有了对朱子学"格物致知"上的分歧。朱熹认为"格物致知"就是"推广我们已有的知识，使自己所知达到无限。穷究事物存在和发展的至理，以达到极致"①。

王阳明与朱熹的主要分歧之一就是对"格物致知"的理解。他提出："所谓致知并不是后世儒者所说的扩充知识的意思，而是指推致自己的良知。这里的'良知'就是孟子所说的'是非之心，人皆有之'，它不用思考就能知道，不用学习就能具有，所以称为'良知'。它是天命之性，心之本体。……致知必在于格物。'物'即事，'格'即正。'格物'即正其不正以归于正，也就是去恶为善，使良知没有亏缺蒙蔽，这样方能达到至善。"②

中江藤树对"格物致知"的认知历程与王阳明如出一辙。阳明针对朱熹的"知先行后"提出"知行合一"学说时是三十七岁时，而藤树三十七岁时购得《阳明全集》，读后茅塞顿开，心中种种疑惑都得以证悟，并担心自己此前所著的书籍有谬误之处。在藤树晚年著作的《经解大学》中，其对"格物致知"和"良知"的解释，已经采用的是王阳明的诠释。

> 物者事也，《洪范》所谓"貌、言、视、听、思"五事是也；格者正也，正其不正而复其正之义也。五事中节之谓正，不中节之谓不正，节者自然天则所谓知也，知者下愚而不息之天机，孟子所谓良知此也。致者至也，五事不离良知之谓致知，致知之功在格物，格物之主宰，良知是也。……此是千古不易之学脉，入圣之正路，善得其窍可也。

---

① 唐品编：《大学全集·经篇》，天地出版社2017年版，第5—6页。
② 唐品编：《大学全集·经篇》，第6页。

第三，关于"致良知"和"慎独"。王阳明心学思想可以用其著名的"四句教"高度概括："无善无恶心之体，有善有恶意之动，知善知恶是良知，为善去恶是格物。"首句"无善无恶心之体"，说的是"心之本体"是无善无恶的，也就是"心即理"。王阳明认为，"无心外之理，无心外之物"。这是阳明心学的本体论，是心学的最高法则，是宇宙万物之本源，属于形而上的层次。"有善有恶意之动"一句，讲的是人的善恶观念源于人的起心动念，是人对事物的认知所产生的主观意识。而"知善知恶是良知"一句，则强调"良知"即为"心之本体"。王阳明将"良知"比喻为澄明的镜子，有辨别善恶的能力，知善知恶就是人之"良知"。最后一句"为善去恶是格物"，包含两层意思：一是格除私欲，恢复良知之本体；二是择善而从之，并践行于事事物物上。这就是王阳明提倡的"致良知"，也是知行合一的过程。

中江藤树在《翁问答》上卷之末中提道："凡夫愚人亦有良知良能，故不失之则善人也。"在下卷中又提道"致力于彰显明德之修业的话，即便生来愚钝迷惘之人，亦可明其本心之良知"。藤树进而将自己的"全孝心法"融会贯通到"致良知"心法中去，将"良知"与"全孝"等同，他认为：

> 立身行道之本在于明德，明明德之本在于以良知为镜而慎独。所谓良知者，乃是以自赤子孩提时敬爱父母之最初一念为根本，而真实明辨善恶是非之德性之知也。此良知者，乃磨而不磷、涅而不缁之灵明也，不论何等愚痴不肖之凡夫，其心中皆明明白白。①

这里藤树还提出自己"明明德""致良知"的方法——"慎独"。他指出：

> 所谓慎独，即是稍有一念产生，便以良知为镜，仔细省察甄别，倘若此念是名利之欲、习染之心、闲思杂虑等邪念，便

---

① 《翁问答·下卷之末·一〇四》。

即刻警觉到此乃魔心而谨慎对待，以免使自己成为损坏父母身体之不孝罪人，在幽冥界遭受六极刑狱之鬼神惩罚，在人间身受五刑之极刑责罚。急速去除此心魔而谋求与神明相通之至德独乐，即谓之慎独工夫。①

关于"慎独"，《大学》和《中庸》中均有出处。《大学·诚意》："所谓诚其意者，毋自欺也。如恶恶臭，如好好色，此之谓自慊。故君子必慎其独也。"《中庸》："天命之谓性，率性之谓道，修道之谓教。道也者不可须臾离也，可离非道也。是故君子戒慎乎其所不睹，恐惧乎其所不闻。莫见乎隐，莫显乎微，故君子必慎其独也。"从《大学》《中庸》明确提出"慎独"的思想，这一概念贯穿整个儒学。王阳明在向学生解释"慎独"时说："除了人情事变，则无事矣。喜怒哀乐非人情乎？自视、听、言、动以至富贵、贫贱、患难、死生，皆事变也。事变亦只在人情里，其要只在'致中和'，'致中和'只在'谨独'。"②王阳明所谓"谨独"即是慎独。他还用"独知无有不良"的说法指出"独知"即是良知。

那么，中江藤树所谓的"慎独"又是怎样的心法呢？《经解·慎独》条：

> 心之良知，斯之谓圣，当下自在，圣凡一性，微有动亦气，依慎独名，提撕警觉。太阳已出，昏昧自明，云行雨施，天日自若。③

在《送国领子序》中，说得最为明白：

> 盖独者良知之殊称，千圣之学脉也。独字之义有多端焉：万物之一原，故谓之独；其尊无对，故谓之独；大虚寥廓更无别物，而三才一贯，故谓之独；在我自己一人之所知而人所不知，故谓之独；貌、言、视、听、思，接物应事一于此而无别

---

① 《翁问答·下卷之末·一〇四》。
② 《传习录》上卷。
③ 中江藤树：《藤树先生全集》卷一，加藤盛一、高桥俊乘等编，第21页。

路、无别事，故谓之独；卓然独立而无所倚，故谓之独；由己而不由人故谓之独；自然而无所学习，故谓之独；纯粹而无所杂，故谓之独；真实而不二不三故谓之独；以万物为一体，故谓之独；不问物我而无二心，故谓之独；动静语默喜怒哀乐一样景象而无以异，故谓之独；圣凡一体生死不息，故谓之独；贫富贵贱祸福利害毁誉得丧处之一，故谓之独也。①

即在藤树看来，"慎独"就是"致良知"，"独"即为"良知"。这可说是对王阳明的"谨独"和"独知"之说的最好注解。

第四，对王阳明"经权"观的借鉴。众所周知，对"经"与"权"的本质和两者相互关系的阐释是王阳明思想异于朱熹的重要标志之一。以朱熹为代表的宋儒认为"经"即"常理""常道"，是具有普遍性和权威性的道德准则；"权"是实施道德准则时根据实际情况的权变；而关于两者关系，"经是已定之权，权是未定之经"。王阳明对"经"的理解是既认可汉儒阐释的《易》《书》《诗》《礼》《春秋》等儒家典籍，也同意宋儒主张"经"是"常道"的解释。他说：

经，常道也。其在于天谓之命，其赋于人谓之性，其主于身谓之心。……是常道也，以言其阴阳消息之行焉，则谓之《易》；以言其纪纲政事之施焉，则谓之《书》；以言其歌咏性情之发焉，则谓之《诗》；以言其条理节文之著焉，则谓之《礼》；以言其欣喜和平之生焉，则谓之《乐》；以言其诚伪邪正之辨焉，则谓之《春秋》。②

可见，王阳明理解的"经"是汉儒和宋儒所认为的"经"的含义融合。不同的是，他认为古之圣人为扶人极、忧后世而著"六经"，为的就是让后代人知道自己心中这些"常道"，而"常道"无外乎我心中的"良知"。只要依照"良知"这个"规矩尺度"，再复

---

① 中江藤树：《藤树先生全集》卷四，加藤盛一、高桥俊乘编，第27—28页。
② 王守仁：《稽山书院尊经阁记》，《王阳明全集》卷七，吴光等编校，第283—284页。

杂的情形也能取善者而为之，也能够做到妥善应对，此即为"权"。他给弟子解释《孟子》中"执中无权犹执一"语句时强调，"中只有天理，只是易。随时变易，如何执得？须是因时制宜。难预先定一个规矩在。如后世儒者将道理一一说得无罅漏，立定个格式，此正是执一"①，他借此批评朱熹等人拘泥于格法，不懂真正的权变，根本做不到"执中"。

王阳明主张的"经"是现实的道德行为中应当遵循的规矩或准则，其形而上的依据只能从"良知"中寻求，而"权"则是通过"良知"对具体情境中的行为的正当性进行判断取舍的过程。而且，要做到"经权统一"，就需要"知行合一"，而实现"经权统一"的路径，就是"致良知"。

而中江藤树对"经"的理解，并非拘泥于汉儒所归纳的"六经"。他把所有儒家经典都统称为"经"，特别指出"十三经"是"不可不读之书物"②。他建议普通人先学习《孝经》《大学》《中庸》，然后是《论语》《孟子》，之后还有余力的话，再学其他经书。在论及"权道"思想时，藤树更多的是把"权"与"礼"当作一对对立概念来考虑的。其所谓的"礼"，即古圣先贤为帮助普通人理解"经"之至理而制定的"礼法""节文"。他对"孔门四教"的"文、行、忠、信"四者关系的理解是"文者，六经之文也……忠信与行之鉴也"，即采用的是朱熹的注解。而关于"经"与"权"的关系问题，藤树在《翁问答》中特意设定一组问答，进行了详尽的阐释。体充说自己在阅读孟子与淳于髡关于"嫂溺"是否应该援手之章时，感觉"经与权当有区别"，问先生以为如何。藤树就借助于"师翁"之口断然指出，这是汉儒的"反经合道为权"之说对孟子此章之误读。藤树抓取这个章节中的核心词"礼""道""权"的关系进行了分析。他认为这里孟子说的"礼"是"礼法"，是天下万民日常通用的规定，而没有指明要用于面临非常变故的时候。而"道"，本身就充满宇宙，是围绕万民周身须臾不离的东西，所以上述"礼法"也是一种"道"，同样，应对突发事件采取的行为乃是一种称为"义"

---

① 《传习录》上卷。
② 《翁问答·下卷之本·五十八》。

的举动，也包含在"道"中。而"权"，乃是这些无所不在、时时发生的"道"的总称。厘清了三者的关系，藤树就得出一种结论：

> 嫂溺者，突发变故也，因并无救嫂之礼法，故不言"嫂溺援之以手者，礼也"，而说是"权也"。权为道之总称，权即为道，道即为权，故可以不说"道也"而说"权也"。倘若此章之中所记为"男女授受不亲，礼也。嫂溺，援之以手者，道也"，则"反经合道"之说即不为谬误。但因其将之称为"权也"，便使其只拘于一个"权"字，故令人生惑也。①

即是说，藤树虽然指出了汉儒对经权关系的规定之误，但没有提及宋儒"权即为经"的观点，只是直接回答孟子所说的"礼"与"权"的关系。可以看出，藤树虽然没有明确主张宋儒的"经权"关系论，但他认为"礼法"是圣人为天下万民日用通行所制定的格法，处理非常变故之时没有礼法但有"义"。"礼法"和"义"都是无所不在的"道"之一种，而"权"是这些"道"的总称，即"权道"。至于"经"，藤树引用《孝经》里的"夫孝，天之经也，地之义也，民之行也。天地之经，而民是则之"一句，来说明"经"与"权"的等同性。

藤树的结论是：

> 因经与权同为道之总称，故不可有"经与权之辨"之说，而说礼法与权则可说略有区别。然而，由于礼法者原本乃权道之"节文"，若合于时宜而用，则礼法即权道也。若不合时宜而用，则违背权道，成为非礼之礼，毕竟，礼外无权。权与礼，虽然名称略有不同，但实则一理也。②

中江藤树的"经权"思想萌芽于朱子学，所以在"经"的阐释上未能脱离"经"即"礼""道"的框架，而在"经"与"权"关系的理解上，则已经有了尝试把"经权"统一为"明明德"的尝试。这一

---

① 《翁问答·下卷之末·九十三》。
② 《翁问答·下卷之末·九十三》。

点可以说是对王阳明"经权观"的继承和发展。中江藤树在对王阳明的"良知"和"知行合一"尚未充分认知的情况下,保守地把"经"与"权"归拢到"明德"上来,认为"经权之道"和"时·处·位"论两者,"归根结底可集约为明明德之一事而已。倘若明德得以彰显,则时处位之明辨、人事之恪尽、命运之定数,将皆如映镜之影而现也"①。这种理解虽然保守一些,但已经是对阳明心学的继承和发展,就处于创始阶段的日本阳明学而言,可说是难能可贵的突破。

四、结语

中江藤树在世时间仅短短四十一年,期间还经历了两次跨阶级的身份变更,可谓命运多舛。少年时从农民之子被收为武士养子,成年时继承武士家业,后脱藩归农,但并未事农,而是做些小生意糊口,然后以学者身份开办私塾教授儒学和汉方医学知识,故无法将其定位为德川幕府时期"士农工商"阶级制度的任何一个阶层。然而也正因如此,他与每一阶层都比较亲近,他的著述言说无不体现出超越身份等级差别的"四民"平等思想,其思想不仅对武士阶层产生了影响,还广泛地渗透到农民、商人、匠人等阶层中,被其后各个时代和各个阶层所认可。这就是以中江藤树为首的日本阳明学的第一大特征:跨阶级性。跨阶级就意味着拥有较强的兼容并蓄的能力,就意味着旺盛的生命力和知识分子们强烈的社会责任感,这些都是江户后期特别是幕末日本阳明学者的思想特征。明治时代哲学家井上哲次郎(1855—1944)在整理日本哲学派别时指出:

> 算来德川时代的儒教哲学派别,有朱子学派、古学派、阳明学派、折衷学派之四种。其中阳明学派人虽然不多,却皆非腐儒之徒……阳明学派可谓四种学派当中最具实用性……即便在中国,阳明学派也比朱子学派更实用。而我国之阳明学派与中国之阳明学派相比,则不仅富于活泼泼之精神,且其在实践方面之已有事迹,也足以使中国之阳明后学震惊。如熊泽蕃山,

---

① 《翁问答·上卷之末·四十》。

如大盐中斋，再如维新前后以事功著称诸名士，皆有强大之意志力，以及敢作敢为、排除万难之气概。彼等所为，虽有峻厉激越僭越法度之处，然不应因此而非议阳明学。若能防遏其短处，只培养其长处，于今日之教育必有意味深远之处。①

学贯中西的中国近现代学者张君劢（1887—1969）先生所著《比较中日阳明学》②一书中写道：

> 藤树虽未直接师事阳明，但对阳明之良知却有深刻的理解。其门下有渊冈山和熊泽蕃山。冈山属内省派，蕃山属事功派。若把藤树之说与阳明之《传习录》及黄宗羲之《明儒学案》的有关论述作一比较，便可看出中国的阳明学末流因误入歧途而成狂禅。因此，阳明的真正知己，不是现成派的王龙溪、王心斋，更不是周海门、李卓吾，也不是标榜朱子学的东林学派，倒是日本的中江藤树才是其后继者……呜呼！阳明学之在吾国，人目之为招致亡国之祸，而在日本则杀身成仁之志行，建国济民之经纶，无不直接间接受王学之赐。……在吾国则为性心之空谈，在日本则实现近代国家建设之大业。③

张君劢先生作为新儒学代表者，此番感叹极具分量。他对比了中日阳明学在国家危难时期的截然相反的表现，认为日本的中江藤树才是王阳明心学的真正后继者，这个评价虽然有对中国阳明后学走偏现象的哀怒情绪，但也与事实相去不远。参与整理张君劢先生的书稿，写下"校后记"的牟宗三先生也忍不住慨叹：

> 一种学术，流于他国，常有新面目，新作用，亦可为新表现。或"橘逾淮而为枳"，此其坏者也。或"天地变化草木蕃"，此其善者也。在日人，得善果而不得恶果，则益足增加吾人之反省矣。④

---

① 井上哲次郎：《日本之阳明学叙》，高瀬武次郎：《日本之阳明学》，（日本）铁华书院1898年版。
② 该书为张君劢先生遗稿，张先生逝后翌年由台湾商务印书馆整理出版。
③ 冈田武彦：《日本人与阳明学》，钱明译，台海出版社2017年版，第18页。
④ 张君劢：《比较中日阳明学》，中华文化事业出版委员会，1995.

张君劢先生提到的阳明后学中李卓吾（李贽，1527—1602）、周海门（周汝登，1547—1629）等人，皆为举世闻名的阳明学者，他们虽然博学多才，却救世无门，只能另辟蹊径，或行为佯狂自称异端，或以笔为剑与弊政搏斗，均未能起到扭转乾坤挽救明朝灭亡的效果。相反，发端于中江藤树的日本阳明学则通过代代传承，在倒幕维新的近代革命活动中，起到了先锋旗手的作用。阳明学中的"致良知""知行合一"等精髓被赋予活泼泼的精神，真正地起到了经世济民的作用。

前文提及的日本基督教思想家内村鉴三也认为：日本"多亏有了以阳明学为表现形式的中国文化，才没有沦为内向、胆小、保守、退步的国民"，还认定是王阳明纠正了朱熹对儒学的误解，是王阳明"挖掘到了孔子思想中的进步性，给那些差点就曲解孔子的人们带来了希望之光。是这个王阳明，帮助我们藤树重新认识了那位圣人孔子"[1]。内村这里只想说明中江藤树通过王阳明的学说达到了对孔子儒学的真正理解，殊不知，他却提出了一个非常耐人寻味的问题：中江藤树扬弃了王龙溪等人思想中偏向狂禅的部分，挖掘到了阳明心学的真髓，并将之传播开来，让阳明学在日本开枝散叶，惠及后世。其实，藤树在最初接触阳明学的时候，是非常审慎的，根据《藤树先生年谱》记载：

> ……冬，先生得《王龙溪语录》。初读此书时，所得所感颇多，甚为喜悦。然而其书间杂颇多佛语，乃近于禅学，不由担心。后，得《阳明全集》，读此书后方知龙溪之学与禅学所差远矣。且知其佛语混杂，乃阳明深悯世人故。[2]

可见，中江藤树最早接触到的阳明学书籍是王龙溪的《王龙溪语录》，虽然很有启发，感觉到喜悦，但看到语录中使用了大量的禅佛用语，也曾怀疑王龙溪传播的阳明学偏于禅佛因不敢尽信。直到几年后接触到王阳明的著作，才放下心来，把王龙溪著作中的禅

---

[1] 内村鉴三：《代表性的日本人》，第132页。
[2] 《藤树先生年谱》之"宽永十七年（1640）三十三岁"条。

佛用语理解为其佛教的悲悯思想。然而王阳明自己也觉察到王龙溪这一缺陷，于是有了1527年著名的"天泉证道"，毫不犹豫地指出："二君（王龙溪与钱德洪）之见，正好相取，不可相病。汝中须用德洪功夫，德洪须透汝中本体，二君相取为益，吾学更无遗念矣。"①并叮嘱他们"以后与朋友讲学，切不可失了我的宗旨"②。

由此正如内村鉴三所见，"王阳明纠正了被朱熹曲解的孔子思想"，而"中江藤树纠正了被阳明后学曲解的阳明思想"。钱德洪和王龙溪各自执着的"体"与"用"两种思想在中江藤树身上统一起来，客观上做到了让王阳明觉得"无遗念"。这点正是后世中日阳明学部分研究者认为中江藤树才是阳明思想真正传人之原因。中江藤树凭借自己对"真学问""真儒"的探求之心，谨慎而认真地对待和研习自己接触到的阳明学思想，不仅汲取到了阳明心学的精髓，而且为阳明学在日本的传承发展和本土化做出了开拓性贡献，不愧为日本阳明学的第一人。

---

① 钱德洪：《年谱三》，王守仁：《王阳明全集》卷三十五，吴光等编校，第1442页。
②《传习录》下卷。

参考文献

专著

[1]伴蒿蹊.近世畸人传[M].东京：岩波书店，1790.

[2]村井弦斋.近江圣人[M].东京：博文馆，1893.

[3]渡部武.中江藤树[M].东京：清水书院，2001.

[4]高濑武次郎.日本之阳明学[M].东京：铁华书院，1898.

[5]冈田武彦.日本人与阳明学[M].钱明，译.北京：台海出版社，2017.

[6]井上哲次郎.日本阳明学派之哲学[M].东京：富山房，1990.

[7]吉田公平.日本における陽明学[M].东京：鹈鹕社，1999.

[8]久保田晓一.中江藤树[M].东京：致知出版社，2006.

[9]内村鉴三.代表性的日本人[M].东京：岩波书店，2000.

[10]深谷克己.江户时代[M].东京：岩波书店，2001.

[11]王守仁.王阳明全集[M].吴光，等，编校.上海：上海古籍出版社，2011.

[12]三宅正彦.日本儒学思想史[M].陈化北，译.济南：山东大学出版社，1997.

[13]王阳明.传习录[M].郑州：中州古籍出版社，2009年

[14]小岛毅.近代日本的阳明学[M].东京：讲谈社，2006.

[15]中江藤树.中江藤树文集[M].东京：有朋堂，1930.

[16]中江藤树.藤树先生全集[M].加藤盛一，高桥俊乘，等，编.东京：岩波书店，1940.

[17]源了圆.德川思想小史[M].东京：中央公论社，1973.

[18]中江藤树.翁问答[M]//山下龙二，校注.日本思想大系29：中江藤树.东京：岩波书店，1974.

[19]中江藤树门人，编.藤树先生年谱[M].尾藤正英，校注.//山下龙二，校注.日本思想大系29：中江藤树.东京：岩波书店，1974.

[20]中江藤树.翁问答[M]//伊东多三郎，校注.日本的名著11：中江藤树　熊泽蕃山.东京：中央公论社，1976.

[21]朱谦之.日本的古学及阳明学[M].北京：人民出版社，2000.

[22]子安宣邦.江户思想史讲义[M].东京：岩波书店，2013.

论文

[1]小島毅.明治後半期の陽明学発掘作業[J].日本儒教学会第2回大会シンポジウム発表，早稲田大学戸山キャンパス，2017

[2]赵清文."良知"与"经权"——王阳明的经权观及其启蒙意义[J].浙江社会科学，2018（2）：110—116

[3]左汉卿.论考中江藤树人物形象变迁及其思想对民众道德教育的影响[J].日本学研究，2020（30）：223—234

附录：中江藤树年谱[①]

先生，名原，字惟命，通称与右卫门，江西高岛郡小川村[②]生人。先考，名某，字吉次，娶同郡北川氏[③]之女，诞先生于藤树下。先生年少时即出仕予州[④]，而后辞官致仕，于藤树下开坛讲学。故门人弟子皆称先生为藤树先生。

庆长十三至元和元年（1608—1615），藤树八岁之前一直生活在小川，"虽生于乡间僻壤，却未染乡间粗鄙之习。虽偶有同邻家幼童玩乐之举，但却常能守静，其性终不为乡间野童所同化"。

元和二年（1616）九岁

此年春，先生祖父吉长公[⑤]来到小川村，欲收养先生。先生之父因其为家中独子而不允。然而在祖父吉长公的坚决要求下，不得已同意将先生过继给伯州的祖父。先生天性聪颖、性格豪迈，自幼年起就表现出了不拘于物的特点。因而虽离开父母远行也未有丝毫自哀之感，而是努力对祖父母尽心尽孝。同年，先生开始学文习字。仅仅一年期间，便几乎全部掌握。此后，祖父将远近乡邻之书信全委于先生之手书写。众人对先生虽年幼却已精擅文字之道之事惊异赞叹不已。

元和三年（1617）十岁

其年，伯州大守左近公[⑥]调任至予州大洲，因此先生随祖父迁往大洲。该年冬，祖父任风早郡[⑦]之宰，先生再次跟随前往风早。祖父

[①] 日文原稿选用岩波书店1974年刊行的《日本思想大系29：中江藤树》卷中的《藤树先生年谱》。此附录编译原则：本书正文有引用的相关条目及藤树人生重要节点、发生较多较重要事件的条目，全文翻译；其他条目省略或简译。
[②] 江西：近江国西部。小川村：现滋贺县高岛市安昙川町上小川。
[③] 藤树母亲姓北川，名市，生卒年为1578—1665年。
[④] 伊予国大洲藩，今爱媛县大洲市附近区域。
[⑤] 中江藤树祖父名松，字吉长，通称德左卫门，幼名德松。
[⑥] 大守左近公：指幕府大名加藤左近大夫贞泰。庆长十五年（1610）贞泰任米子藩主，俸禄六万石，元和三年（1617）调封到大洲，同年五月去世。其子出羽守泰兴十三岁继承藩主职位。
[⑦] 风早郡：大洲藩在伊予国领内，跨"喜多""浮穴""风早""桑村"等四郡。

为先生求师，勉励先生勤奋于习文练字。先生于习字之余，亦学习庭训①、式目②等。先生记诵甚速，且能不差一字。祖父大悦，以为"如此之能，虽壮年之人，亦不可及"，逢人便大赞先生之聪颖。

元和六年（1620）十三岁

是年夏五月，天降大雨，五谷不登，百姓饥馑。故风早百姓，欲逃荒者甚众。吉长公听闻此事，想要强行阻止此事。风早郡内有一名为须户③的浪人，此人乃大海盗来岛氏一员，隐匿行踪来此地居住良久，此时因灾情想要先行逃离。倘若他成功离开，将会有大批人随之离开，因而吉长公派遣家仆三人前去阻拦。然而家仆久去未返。吉长公颇感奇怪，便亲自前往阻止并斥责其违反藩法的行为。须户假装谢罪靠近吉长公。但由于其行止可疑，吉长公想要下马仔细查看。当其时也，须户拔刀猛扑向吉长公并击中了吉长公的帽笠。吉长公家臣见此情形，从须户身后出刀砍向须户，须户虽然受了伤，但他勇武有力不以为意，反而是转身向家臣追去。此时，吉长公手持长枪直向须户而去。须户又回转过身直迎向吉长公。吉长公持长枪刺透须户腹部，而须户虽是疲惫难当，却还是一手扯住吉长公的长枪，一手把住吉长公太刀刀柄。吉长公也紧紧握住自己的刀柄，两人成角力争斗之势。然而须户终是因为身负重伤，难以抗争，倒地而死。须户之妻扯住吉长公的腿，想要拉倒他。吉长公大怒之下也直接将其砍死，然而事后却为此而悔恨不已。在此之后，须户之子因为双亲血仇，对吉长公怀恨在心，时刻想要报仇。他屡屡冲吉长公家射出火箭，其意在惊扰吉长公出而杀之。吉长公深知其意，因而暗中已做好应对火箭的准备，且谋划诱敌深入而一举杀之。因此吉长公反而将家中门户大开，并对先生说："而今天下太平，已无战事。汝建功扬名之道已绝。今幸甚有贼人侵袭。我等若是斩杀，你便去取其首级，且需你巡视家宅，观察贼子入侵之情形。"于是，

---

① 庭训：《庭训往来》，编纂于室町时代书简文的范例集，罗列日常用语，广泛用于儿童习文练字教育。
② 式目：《贞永御成败式目》，镰仓幕府的法令集，近世以来常被用作教科书。
③ 须户：原著中标记为"须卜"，"卜"为日文假名。译文取其音，借"户"字。"来岛氏"，为占据来岛海贼之自称。文禄四年（1595），受封于风早郡。文禄六年（1597）转封于丰后国森藩。文中"须户"即为来岛氏受封于风早郡时的家臣。

先生便每晚独自巡逻家宅周边三次，毫不懈怠。时值九月下旬，须户之子召集数人欲于夜半时分侵入吉长公宅。吉长公事先知晓此事，便对家臣等人说："我听闻，今夜贼子便将入侵此处。务必要大开门户，将贼子悉数放进宅中。我父子今日便要讨贼。尔等且手持火枪，藏身门后，倘若有贼人欲逃，便以火枪击之。但万不可于贼人入宅时出手惊动。"夜半时分，贼人正欲闯进宅邸，家臣慌张间抢先开枪，于是贼人大惊而逃。吉长公追逐贼人数百米而未得，无奈只得回返。于是吉长公乃使先生带刀与其一同等待贼人。先生不仅未有丝毫惧色，只可查见定讨来贼之豪志。吉长公见先生年虽幼却毫无怯馁忧惧之气，不由大喜。是年冬，跟随祖父从风早郡返回大洲。

元和七年至宽永二年（1621—1625）十四至十八岁

这期间先生一直生活在大洲，相继失去三位亲人。十四岁那年祖母去世，十五岁那年祖父吉长公去世，十八岁那年春天亲生父亲吉次公去世。

先生十四岁时，"某日，家老大桥氏[①]携数武士相伴，来吉长公家拜访，彻夜长谈。先生心想：家老身份如此高贵，其言谈定然异于常人。因此藏于墙后，终夜听其言，然并无可取者。由此先生心生疑窦，深感奇怪。"

先生曾入寺修习书法，其间还学作诗、联句，有佳作。先生平日里，在与同僚相互应酬之间，倘有一过失之处，便深感为他人所耻而暗自懊悔，纵使月余，亦不能忘。先生的羞恶之心如此强烈，因此即使一物之授受亦极为谨慎。

先生十七岁那年夏天，通过医师的邀请，有禅师从京都前来，并讲解《论语》。此时的大洲藩风气，重武而轻文。因此除先生以外，当地武士无去听讲《论语》者。大概是先生年少时就失去了祖父母，继承家业，侍奉大名，因此虽有修身、齐家之念，却不知如何作为。再加之过去学习《大学》时，曾学到过"正心""修身""齐家"等词，虽知儒学中有着修身、齐家的道理，却不得遇传授儒学之人，因而只能作罢。今听闻有禅师讲学，实感有幸，便悄悄前往

[①] 大桥氏：疑为家老大桥作右卫门重之，是大洲藩家老中身份最为尊崇之人。晚年法号荣忠。卒于宽永十六年（1639）。

听讲。待《论语》上篇讲毕，禅师便返回京都。先生再次忧心于无可以为师者，便求得《四书大全》。然而由于忌惮他人的诽谤，先生只能白天同武士同僚应酬，每天深夜尚要完成读二十页书的任务后方才入睡。其中书中未解之处，常念而不敢忘。然未解之处，仿若有人于梦中释解，于睡梦之间，所得者甚多。先生先读《大学大全》近百遍后，终于通晓其义。通读《大学大全》之后，再读《语》《孟》，其意皆通。

宽永四至六年（1627—1629）二十至二十二岁

先生独尊朱子学，以朱子学格套为立学之基。是年，中川贞良等人开始立志向学，遂汇集同志者数人，一同开始研读《大学》，并以弘圣学为己任，以儒学礼法祭祀祖父。翌年著《大学启蒙》一书，其书内容主要以《四书大全》为参照。其后，先生再观此书，感其于细微之处仍有缺漏，遂毁弃之。二十二岁那年春天，先生前往同僚儿玉氏家中。荒木氏也在席间，看到先生前来，便随口说道："孔子阁下尊驾光临了！"他此话乃是讥讽先生于私下里学习儒学。先生说："你是喝醉酒了吗！"荒木氏回道："你这说的是什么话？"先生说："孔子已卒于两千年多年前。今天，你把我当孔子，如果不是你喝醉了的话，那便是你眼盲了。你大概是因为我修习儒学，才来讥讽我是孔子罢。然而学文一途，才是武士正途。像你这般文盲，便只配为人奴仆！"听闻此言，荒木氏赶忙自辩道："在下只是开玩笑，万望见谅！"此时先生性格有棱角如是。后来，随着先生德行日益精进，性格变得圆融。

宽永九至十年（1632—1633）二十五至二十六岁

先生二十五岁那年春天，请假返回江州省亲。先生邀请母亲一同搬至予州，以尽晨昏定省之孝。然而母亲年老，不意离乡远行。不得已，先生独自返回予州。回程途中，在船上罹患哮喘之疾，病情甚重。时年，先生改仕织部正。织部正乃出羽守加藤泰兴之弟。出羽守分诸士于织部正，先生亦属被分配者之列。因为先生未能将母亲接至予州，以尽定省之孝而哀叹。偶有所感赋诗一首《癸酉之岁旦》："羁旅逢春远耐哀，缗蛮黄鸟止斯梅。树欲静兮风不止，来者可追归去来。"

宽永十一年（1634）二十七岁

是年冬十月。先生致仕返回江州。在致仕前，先生每每对家老佃氏进言："我有老母尚在家乡。我虽欲请老母同来此地，却未得应允。因此唯愿家老能向君上奏言，批准我致仕还乡之请。"家老佃氏说："诺，我必将之告请君上。"言虽如此，此事却经年未回音。究其想法，盖因为爱惜先生才华，且疑心先生为另谋厚禄而改仕他人之故，因而未准先生之致仕。为此，先生另作奏疏敬献家老佃氏，行文向天起誓以表绝无仕他人之意。其文如下：

"今吾向君上上禀辞官回乡之意。传左卫门阁下与助右卫门阁下见我所请，心中哀悯，予我种种忠告，吾不胜感激，乃至惶恐。辞官之因由如前所奏，其一乃如君上所知，吾于两三年前便染上恶疾，如此病躯哪怕是普通的官职也难以承担，因此颇感为难；其二乃是老母在故乡独居十余年。因除我外无可赡养老母之兄弟，又无可托付老母之亲戚。是故四五年前老母陷于饥寒时，吾曾请求老母来此地供养。前年又做此请，然则前去拜见老母时，老母年岁已高，再加之老母之病体，甚至已无法于乡间自由走动。此外，若依女子之义，背井离乡之事乃甚于死亡，是故不得已，唯得辞母独返。于吾而言，虽有养父母与生身父母四个亲人，然则于吾年少时，三人已故，今唯余老母一人。而今吾家唯一母一子而已。加之老母如今或仅有八九年之余命，因此如今吾欲告假辞官，返回乡间，于老母在世时尽心奉养，待至老母离世后，吾之进退便全赖于君上裁定。若君上下令任用，我当做好随时出仕尽忠之觉悟。除此之外，再未做他想。然据我所知，臣下之事，并未得信于君上。有人猜疑我其上所言种种，乃是权宜推诿之辞，实乃为求厚禄而申请辞官。但我此前数次上言，倘若存有丝毫此种想法，便让我立刻蒙受天道之冥罚，使我再不得与母亲相见。若君上能听到我如此恳切之请求，对我感到同情，还望答应我告假回乡之请。也还望请君上切勿听信那些言吾皆为权宜之计之妄语。除奏请告假辞官外，再无他事。恐惧谨言。"

上奏后，藩主始终未应允先生致仕之请。于是先生不得已隐匿行踪逃回江阳。此年禄米，皆积置于米仓。倘有从朋友处所借稻谷，便以遗留于此地之器物偿还。先生到达江阳时，身上盘缠仅剩银钱三百余文。身边有一下人，乃是从先生祖父时便一直使唤之人。先生悯于其无处可归，与之二百文钱，并说："且带着这些银钱，回予州经商糊口吧。"然而下人坚决推辞说："您也仅余下三百文钱，还要给我大半。我不打算收下您的钱，只愿随您共克艰难。"然而先生坚决要其收下财物。下人带着银钱流涕而别。

冬十一月，先生在京都。先生担心因为自己逃走，招致藩主怨恨而封锁了其返回江阳之路。于是寓居京都旧友家中，在此等待藩主命令百余日。发现并未受追究后，乃返回江阳。先生花百余文钱买酒，然后转卖于农家，以其收益奉养老母。后，又卖刀换得十枚银钱①，以之买米，借与农家。然借米所设之利息，较世人甚少。是以先生虽不催收债款，农人也纷纷来还。

宽永十二至十三年（1635—1636）二十八至二十九岁

先生始通卜筮之法。先生曰："于《易》之理，尽我心力或可得其万一。然于卜筮一道，非习《易》而不可得。"因此，先生前往京都寻访能讲《易》之老师。寻访到一人，然而其人曰："待吾讲后，需得给我数枚银钱酬劳方可。"因先生向来清贫，只得拒绝。后又寻到一人，其人曰："讲《易》期间，即便一日也不可往他处去，如此这般我才为你讲《易》。"先生问："何故如此？"答曰："在此之前，曾有一人，听我讲《易》还未半便自行离开，之后反来评价我所讲种种。我担心再次出现这种情况。因此只得定下规矩。"先生心想：虽说不得褒贬是非这一条是应有之义，然而一日也不得往他处去这一条，实难遵守，因而也只能拒绝。因此，先生到处求取易书，得来《启蒙》一书。返回江州后，先生熟读并参考此书，于是通晓了卜筮之道。

先生过去曾说："我从予州回来后，稍有闲暇便卧榻而眠，如此酣然而眠者一年有余。这或许是这几年，心中常常挂念着世间杂事，总在无用之事上操太多心的缘故，我在予州生活时夜半安寝后，每有呼声或是稍有脚步声，便骤然醒转。因此我想，所谓心明者，或近于"寝不尸"的状态。如今想来，这也正是受勉力支持与自我约束的思想所致。

先生二十九岁时，赶赴京都，与平素好友池田某相会。当时因

---

① 一枚银钱约价值四十三文，十枚即四百三十文，重约八点六两。

为池田氏从筑州来洛，于是先生特意赴京都会之。此外，先生还在京都初识嶋川子藤右卫门，两人畅论《易经》，经月而返。

宽永十四年（1637）三十岁

先生三十岁娶高桥氏之女①为妻，盖此时先生仍拘泥于朱子学格法之中，为践行"三十而有室"的儒家礼法所致。先生之妻，相貌甚是丑陋。先生之母，为此甚为忧心，数次想要让先生休妻。然而先生坚决拒绝。先生之妻，容貌虽丑，但为人聪颖，且持心行事皆正。先生常与门人弟子相会，有时彻夜相谈，或是直至清晨，然而回房休息时，先生之妻始终未睡，必不于先生之前就寝，十余年间皆若此。平日里，即使是些微小事，也必是先请示先生后方才行动。

宽永十五年（1638）三十一岁

其年，谷川寅、落合左兄弟等人开始在先生门下受业。此外，还有大野了佐也在先生处求学。大野了佐父乃是先生密友，其虽家中嫡子，然其人天资极为愚钝，不足以继承武士家业，因而其父曾打算让其以经营贱业谋生。大野了佐心忧此事，说："我意在行医，唯愿受医书句读之法。"先生同情其想法，于是传其《医方大成论》②。先是教其两三句话，光这两三句话便从巳时教到申时，教了二百余遍才渐渐记住。待到吃过饭再回头来读，便已全然忘记。只得再学百余遍，方才熟记。从此以后，大野了佐长年每日前往先生处求学。先生考虑到其学力不足，便作《医荃》③以授之，然后又为其讲解此书。此后，大野了佐便凭医术行走世间，足以养育数口之家。先生曾说："于了佐身上，我可谓是绞尽心力。"在座之人，皆感叹于先生授业之能。先生曰："我虽有授业之实，但若非了佐勤勉亦不可行。了佐性虽愚鲁，然其勤勉之力值得称道。更何况那些不如了佐之人，更应当知晓勤勉之道。"

夏，先生著《持敬图说》与《原人》两书。此前，先生一心攻

---

① 高桥氏之女：在藤树书院祠堂神主陷中所刻名讳处有"名久"字样。
② 《医方大成论》：中国元代人孙允贤所著医书。
③ 《捷径医荃》：共六卷，现存明历元年（1655）版本。

读四书，严守格法。先生所想，乃是逐一受用圣人所定之规矩格式。然因种种规矩格式已不合时宜，乃至滞碍难行，由此心生质疑："如此圣人之道，于当今之世，非我辈所能及。"于是又取五经熟读之，大受触动，深有感悟。是故作《持敬图说》与《原人》二书以示门人。然而笃行此道数年，无法施行之处其多，甚至有时违背事物礼法而重归人心私欲者。因此，先生心中仍然对此抱有疑问。

宽永十六至十七年（1639—1640）三十二至三十三岁

先生三十二岁那年春天，作《藤树规》与《学舍座右铭》，以示诸生。三月，山田权从予州前往先生处学医。夏四月，中川熊从予州前来受业。夏，先生为诸生讲《小学》。讲学一直持续到翌年冬天方结束。秋，先生讲《论语》。待讲至"乡党"篇，突生感触大有所得，于是欲为《论语》做注解。随先从"乡党"篇做起，然后又陆续完成了"先进"等两三篇内容，之后遭受病痛之苦而未能完书。后来，先生自觉此书不合心意之处颇多。

先生三十三岁那年夏天，读《孝经》，觉其意味深长。从此每早诵读不辍。其年，又读《性理会通》[①]，深有体悟，由此每月初一，必斋戒后祭拜太乙神[②]。盖古时，有天子祭天，士庶无祭天之礼。先生以此作士庶人祭天之礼，长行此祭不怠。其后，此事因先生为妻服丧而中止。服丧期后，又因先生身体抱恙未能继续祭拜。先生欲著《太乙神经》[③]一书，完成大半书稿，但最终也因患病而未能成书。

秋，应予州朋友要求，著《翁问答》一书。完书后，自觉书中不合心意者颇多，想要重修此书，故即便在朋友间也并未广而示之。然而宽永二十年春，有梓人盗走此书稿并刊行。先生听闻此事，要求其停止刊行并毁之。其后，先生打算重新修撰此书，乃作《改正篇》。先生曰："上卷乃我读《孝经》所感，写就而成，所以其论尚为妥当。下卷乃是我忧愤世事，想要矫弊治乱之言，故其论不免有褒贬太过之误。因此吾欲先修改下卷。"于是修改了下卷数条内容，

---

① 明代钟人杰编著。正编七十卷，续编四十二卷。（详见《翁问答》译注·下卷之末·一〇三）
② 天帝。"太乙"同"太一"，意指万物本初。
③ 记录太乙神功德之书。正文已佚。《中江藤树文集》收录有《大上天尊太乙神经序》。

然而终因抱疾而未能完成。

冬，先生得《王龙溪语录》①。初读此书时，所得所感颇多，甚为喜悦。然而其书间杂颇多佛语，乃近于禅学，不由担心。后，得《阳明全集》②，读此书后方知龙溪之学与禅学所差远矣。且知其佛语混杂，乃阳明深悯世人故。盖圣人之学，以太虚为一贯之准则。老佛之道皆未离此一贯之道，唯有精粗大小之别耳。学贯此道者，何悼于老佛之言哉。况其时，学佛者甚众。间杂佛语，乃是为其示佛学亦不出于此道，令众人皆能通悟太虚一贯之道所为。

宽永十八年（1641）三十四岁

三十四岁夏，先生率众弟子前往伊势神宫参拜。自此之前，先生曾认为：神明者，无上之至尊也。以贱士之身而近贵人，尚有亵渎之嫌。更何况神明乎。因此始终未曾参拜神明。后，随着先生学问日益精深，于是认为：士庶之人亦有祭拜神明之礼。换言之，即不可不祭拜神明。况且，伊势神宫所祭者，乃我朝开辟之元祖③。凡于我日本国生育者，此生必来此参拜。于是率众参拜伊势神宫。

秋，先生欲作《孝经启蒙》。又因疾而未成。次年，终于完成了《孝经启蒙》一书。后，因其论有不合经旨者，又欲重修此书却未果。

其年，先生始觉专守格法之非。先前，先生唯独尊信朱子所注经典，每日为学生讲解朱子学说，并示门人弟子以《小学》之法。是故，门人弟子治学囿于格法之间，日益受缚，心性也愈发狭隘。或是先生性格仍有棱角，因此更难融入同志者之间。某日，先生对门人言曰："我受用朱子格法日久。近来渐觉其非。虽说受用格法之心与求名取利之志不可同日而语，然则均失了人真性活泼之体。我等为人，当脱离束缚，笃信本心、不拘于形。"门人听闻此言，大受触动。某日，先生对门人道："昨日，我梦到一人，授我光嘿轩之号。

---

① 王龙溪（1498—1538）：名畿，字汝中，号龙溪，明代学者，绍兴府山阴（今浙江绍兴）人。师事王阳明，为王门心学"浙中派"创始人。现存的二十卷版《王龙溪先生全集》中的前八卷，即为《王龙溪语录》。
② 关于藤树购得的王阳明的书籍名称，暂无准确说法。一说乃崇祯年间（1628—1644）刊行，施邦曜所编的《阳明先生集要》十五卷、年谱一卷十二册。另有乃是《王文成公全书》三十八卷一说。亦有其他说法流传。
③ 指伊势神宫所祭奉的是日本皇室的祖先天照大神。

光嘿之号。于我过之。只受嘿轩之号尚可。"从此，先生便自称嘿轩。如今想来，先生正是所谓如光之德下，默然而行者。老天为何不能保佑他呢。

冬，熊泽继伯①来此受业。秋，熊泽蕃山请托他人想要拜谒先生。先生不知其意之真伪，是故严词拒绝。熊泽蕃山还是多次请求在先生门下受业。先生修书一封以拒之。熊泽藩山再次请求道："哪怕无法得到先生教导，也还请允许我拜谒您一次。"其情甚为恳切，乃至落泪。先生听闻此事，深悯其人。于是应许藩山之拜谒。然尚不同意授业于之。强行让其返家。其年冬，再次赶赴先生处，多次请求在先生门下受业。于是先生终于应允将其收于门下。

宽永十九至二十年（1642—1643）三十五至三十六岁

先生三十五岁春，中村叔贯开始受业，先生此时专讲《孝经》，常以"爱敬"两字为例，以让门人体会心之本体。先生言："心之本体，原本是爱敬的。便如逢水便湿，遇火即燥的道理一般。只不过我辈拘泥于习心、习气，蒙蔽了心体之明，然而爱亲敬兄之心，见婴儿所生慈爱之心，类此者尚未绝灭，时而能见。倘能承认此心，且终日存养而不失时，即可谓圣人之心。"

冬十一月，嗣子虎②出生。此前先生曾诞有二男一女，然皆尚未足月即夭折。翌年先生三十六岁时，为弟子山田氏、森村氏撰《小医南针》③一书。其年冬，先生讲《诗经》，讲至《周南》《召南》而终。中西长庆也听了这次讲学，离开时有言道："我过去曾长期在予州，京都两地听那些俗儒的讲学。此前我听说先生之学，异于世间俗儒，我还心生怀疑。而今听了先生的讲学，乃大受震撼，敬服不已。"于是，投入先生门下。是岁冬，清水氏④来此受业。

---

① 熊泽蕃山（1619—1691）：名继伯，通称左七郎。其时以浪人身份居于湖东蒲生郡桐原村，虽过着贫困生活但苦学不辍。根据《集义外书》第六卷中的记载，蕃山入门时间是七月二十四日，同年九月至翌年四月之间一直在藤树身边求学。
② 幼名虎之助，字宜伯，通称太右卫门。藤树死后，出仕冈山藩，卒于宽文四年（1664）。
③ 森村氏：名伯仁，其他不详，或与大洲藩士森村太兵卫为同一人。《小医南针》：医书，原本已佚，但其中一部分被编入明历版的《捷径医荃》一书。
④ 清水季格：通称十兵卫，原大洲藩藩士。其后改姓西川。后来曾经著《集义和书显非》两卷，批驳熊泽蕃山之学风。

正保元年（1644）三十七岁

春，先生为森村伯仁、山田权撰《神方奇术》①。

夏四月，加世氏次春来此受业。秋八月，岩田长来此受业。其年，先生求得《阳明全集》。读之，此前种种感悟皆得印证，甚为喜悦。先生学问也日愈进益。先生对门人道："我曾赠予山田氏三纲领之解。其中'至善'之解乃曰：'为事能尽善然无善心者，非至善也。有善心然不能为善事者，亦非至善矣。'当时我仍未脱支离之病矣。是故误作此解。"门人闻此言问曰："我觉此解颇为恳切妥当，为何以之为支离之说？"先生曰："心与事，原为一物也。是故，行善事而无善心者未之有也。有善心而不为善事者亦未之有也。"门人乃道："便如狂者，内心清净无所欲求，光明正大之人，其行事也难免有缺。而如乡愿者，其行虽似中行之君子，然其心中实乃脏污。由此观之，心与事分明乃是二物。"先生曰："诚然狂者心中光明之时，行事光明磊落，并无些许遮掩。然而狂者轻蔑于世俗，不通于人情乃是其心未入精微中庸之道之故。有精微之心而行事有缺者，未之有也。乡愿之孝悌、忠信、廉洁、无欲种种，皆为出于媚世存身之私心所为。是以其所行事亦不以为善。其所行之事，有似中行君子所为之善事者，皆出于功利之心也。然则有人言：'此道大哉。盗贼若不得此道，亦不可成事。行于众人之先乃勇、退处众人之后乃义。分赃时亦能做到公正，此为仁。不得此三者，亦不可为大盗也。是故应知，道之不可离。'此说实在是可笑可悲。"

某日，先生对门人道："我曾著《持敬图说》《原人》两书。当时只觉要养成修养所需不过这般。直至积累了修养后，方知当时之论并不透彻。"

正保二年至庆安元年（1645—1648）三十八至四十一岁

先生三十八岁时，为帮助门人在修养上取得进益，摘录出经典中切要之语，并想采取信笺形式来进行注解。当年十一月开始撰稿，但该工作仅仅进行了开头，终未能完成。

---

① 藤树所撰医书，有写本传世。

先生三十九岁之正月二十五日，次男锴①诞生。其年，先生会见了大沟藩藩主分部伊贺守嘉治②。其人待先生颇为有礼，然终未求问于大道之事。夏四月三十日，夫人高桥氏去世，享年二十六岁。翌年续弦，娶别所氏之女。次年七月四日，三男弥③诞生。当年秋天，《鉴草》出版。先生曾著《翁问答》上下两卷。然随先生学问日益精进，此书愈发不合先生心意。遂有重修其书之意，因而也未将其广授门人。然而癸未（1643）之年，此书流至梓人之手并付梓。幸而先生早早知晓，将此书毁弃。由于出版者再三慨叹毁弃书稿之损失。作为补偿，先生过去为劝诫妇女所著一书托付与之。此书稿完成后一直搁置，此次方定名《鉴草》并授权出版。

庆安元年（1648）秋八月二十五日，朝卯时④，藤树先生卒于藤树之下。时四十一岁。

---

① 义同锅，幼名锅之助，名仲树，通称藤之丞。出仕冈山藩，担任近习一职，俸一百五十石。宽文五年病死京都，享年二十岁。
② 大沟藩藩主分部嘉治：卒于万治元年（1658），享年三十二岁。
③ 藤树第三个儿子，通称弥三郎，字季重，号常省。其母为大沟藩藩士别所氏之女。其九岁时出仕冈山藩，因兄长仲树去世，继任家督与学校奉行一职。中年以后致仕辞官，前往家乡和京都讲学，其后，被请去对马藩担任客卿。其子藤助受赐二百石。卒于宝永六年（1709），子孙世代皆在对马藩出仕，并传承中江藤树家系。
④ 朝卯时，指早上六点左右。

总跋

2013年本人在日访学期间，为调研日本阳明学的生成轨迹，前往日本阳明学创始人中江藤树的家乡滋贺县高岛市，参访了"近江圣人中江藤树纪念馆"、挂有光格天皇1796年亲赐"德本堂"堂匾的藤树书院以及日本阳明园，真切感受到了阳明心学文化在日本经久不衰的影响力和日本阳明学的特色，萌生了将"原汁原味"的日本阳明学介绍到我国的想法。后与国际中江藤树思想学会合作在北京大学举办"阳明学与东亚文化"学术研讨会（2014年12月），又受邀参加贵州阳明文化研究院举办的"阳明文化与社会主义核心价值观"高端学术论坛（2015年1月），进一步认识到译注日本阳明学原著对于中国学界深化研究阳明学普世价值和时代意义的必要性，确立了进行"日本阳明学家经典著作译注与研究"课题的基本构想。随之在贵州师范大学的领导和该校社科处的支持下进行课题设计、论证和组建团队，申报了2015年国家社科基金重点项目，于当年6月成功获批立项（项目批准号：15AZX011）。可以说，没有这一课题的立项，就没有这套《日本阳明学家经典著作译注与研究丛书》，因此我们首先要向为这一课题的构思、设计、选材、论证及成功申报给予诸多支持和帮助的时任贵州师范大学副校长的徐晓光教授，贵州阳明文化研究院院长郭齐勇教授、常务副院长韩卉教授，日本中江藤树纪念馆馆长中江彰先生，国际中江藤树思想学会常务副会长海村惟一教授，贵州师范大学刘齐文教授，北京大学潘钧教授等表示由衷的谢意。

这套丛书是在上述国家重点课题结项成果的基础上编辑而成的。课题的目标是对日本近世6位著名阳明学家的7部原著进行中文译注，对著者的生平和该著的成书经纬、思想内容及其价值意义进行专题研究，可称是一项集文本译注与思想研究为一体的综合性、多单元的大课题。其翻译任务之艰巨、注释工作之庞杂、研究难点之繁多、校勘和统稿之耗力，在中国日本学翻译与研究史上也属罕见。也正因如此，本课题从立项开题，确定课题组成员对应6个单元的任务分工开始作业，到完成课题结项，及至编辑成丛书出版，共耗时7年之久。

7年来，课题组成员以完成课题任务为使命，在中外有关专家、学者的支持和指导下，围绕课题的宗旨和目标、翻译的原则和文体、注释的范围和体例、研究的路径方法和内容创新等，先后召开了规模不等的研讨会十数次，集思广益解决译注和研究过程中的问题，公开发表学术论文11篇。为提高译注和研究的水平和质量，在兢兢业业进行艰苦汉译作业的同时，多方求教于阳明学研究专家，"恶补"中日阳明学有关理论知识，广泛借鉴前人的研究成果，潜心研究作家作品和竭力撰写"思想评述"。没有这样一支日文功底深厚、汉译经验丰富、学术思想活跃、内聚力强和敬业务实的学术团队，要完成如此艰巨的课题是不可想象的。这一课题凝聚了每位成员的智慧和汗水。我作为课题主持人，在此谨向课题组全体成员致谢并道一声辛苦。他们是：担任第一辑《中江藤树〈翁问答〉译注与研究》译著的北京邮电大学日本文化研究所所长左汉卿副教授；担任第二辑《熊泽蕃山〈集义和书〉译注与研究》译著的贵州师范大学讲师张凌云博士、严薇老师以及负责审定的刘齐文教授；担任第三辑上卷《三重松庵〈王学名义〉译注与研究》译著的贵州师范大学刘静讲师、担任第三辑中卷《三轮执斋〈日用心法〉·〈四句教讲义〉译注与研究》译著的贵州师范大学潘琳静讲师、担任第三辑下卷《佐藤一斋〈言志录〉译注与研究》译著的外交学院日语教研室主任代红光博士；担任第四辑《大盐中斋〈洗心洞札记〉译注与研究》译著的北京邮电大学日语专业负责人李凡荣博士。

　　当然，本课题之所以能够顺利完成和出版，必须感谢众多中日有关专家、学者的热情支持、多方指导和帮助。他们是：在开题活动中为课题开展出谋划策的贵州师范大学社科处处长杨斌教授、贵州大学王晓梅教授、浙江工商大学李国栋教授等，在课题研究中惠予我们诸多启迪和指导的时任中华日本哲学会会长的王青教授、北京大学魏长海教授、浙江省社会科学院钱明研究员和吴光研究员、复旦大学吴震教授、南开大学刘岳兵教授、山东大学邢永凤教授、日本国际基督教大学小岛康敬教授、日本帝京大学安达义弘教授等，对课题稿件进行审阅和指教的贵州省社会科学院王路平研究员、贵州师范大学娄贵书教授、海南大学金山教授、中国科学院诸葛蔚东教授、宁波社科院陈礼权研究员、广岛大学客座讲师杨刚博士等，谨记于此，一并表示衷心的谢忱和敬意。

本丛书得以作为"阳明文库"系列之一出版，有赖于贵州日报当代融媒集团和孔学堂书局的青睐和鼎力支持。在此谨向为策划、组织丛书出版殚精竭虑的张发贤副总编辑，向为丛书文稿的编辑、校对付出辛勤劳动和智慧的编辑们致以诚挚的感谢！

我们深知，日本阳明学是思想史上一个奇特的现象，日本近世阳明学家著作是其集中体现，能否完成好其经典著作的译注与研究任务，对于我们这个多出身于日本语言文化专业的课题组而言，无疑是非常艰巨的挑战。所以尽管我们磨砺 7 年，尽了最大努力，但肯定会有不少力所不逮乃至错谬之处，敬请读者和学界同仁不吝批评和指正。

课题主持人·丛书主编 刘金才谨识

2022 年 10 月 16 日于北京